西南民族大学经济学院实验教材

Statistical Principle and the Application in Excel

统计学原理

——Excel在统计学中的应用

陈　桢◎主编

中国经济出版社
CHINA ECONOMIC PUBLISHING HOUSE
北　京

图书在版编目（CIP）数据

统计学原理：Excel 在统计学中的应用/ 陈桢主编
. --北京：中国经济出版社，2018.9（2021.7 重印）
ISBN 978 -7 -5136 -4300 -9

Ⅰ.①统… Ⅱ.①陈… Ⅲ.①表处理软件 - 应用 - 统计分析 Ⅳ.①C819

中国版本图书馆 CIP 数据核字（2016）第 163519 号

责任编辑 李煜萍 李若雯
责任印制 巢新强

出版发行 中国经济出版社
印 刷 者 北京柏力行彩印有限公司
经 销 者 各地新华书店
开　　本 710mm×1000mm 1/16
印　　张 21
字　　数 320 千字
版　　次 2018 年 9 月第 1 版
印　　次 2021 年 7 月第 3 次
定　　价 52.00 元
广告经营许可证 京西工商广字第 8179 号

中国经济出版社 网址 www.economyph.com 社址 北京市东城区安定门外大街 58 号 邮编 100011
本版图书如存在印装质量问题，请与本社销售中心联系调换（联系电话：010 -57512564）

应用经济学实践实训系列教材编委会

丛书总序

为了有效地培养高校经济学类专业学生“学以致用”的应用实践操作能力，让实践实训教学更好地适应创新创业的时代发展趋势，我们组织长期在实践实训教学一线中富有经验的教师们编写了这套实践实训教材，涵盖金融学、金融工程、投资学、保险学、经济学、财政学、国际经济与贸易等本科专业的相关专业基础课及专业课。

本套教材体现了仿真性、操作性、实用性及创新性等方面的特色，弥补了以往传统实训教学环节中缺乏配套教材的不足，有利于帮助教师在实践实训教学环节中将经济学理论与实践结合起来，充分合理地利用实践实训平台，为学生提供仿真实训的工作场景及环境，教师以实践实训教材为依托指导学生进行模拟操作，完成经济类课程的实践实训环节。教材既可供经济管理相关专业课程的实践实训教学使用，也可作为经济管理在职人员业务能力提升的学习参考书。

本套实践实训教材的编写得到西南民族大学教务处和研究生院的大力支持，教材的出版得到四川省高等教育人才培养质量和教学改革项目“民族高校应用经济类专业拔尖人才培养的研究与实践”和西南民族大学学科建设基金的资助，在数据资料收集整理上得到了相关企业和兄弟院校同仁们的指导及帮助，你们的支持及鼓励是我们不断进取的动力，在此一并感谢！

编委会

2016 年 12 月

前言

“统计学”课程是教育部规定的经济管理类专业的核心课程之一，该课程介绍的理论与方法无论对学生继续学习深造，还是毕业后的工作发展，都有重要的作用。在现代信息社会，各大机构和国际企业均设立完善的信息系统，统计是信息系统中不可缺少的部分；所有具规模的企业均视数据库为“金矿”，统计便是开采这个“金矿”的最有效工具。正如美国著名学者戴维·R．安德森（David R. Anderson）所说：“在今天的全球商务和经济环境中，有极大数量的统计信息是可利用的，最成功的管理人员和决策制定者是那些能够理解信息并有效利用信息的人。”因此，《统计学》教材建设是提高学校教育教学质量的关键之一。

本书的编写在指导思想上，力求更加适应经济管理类各专业学生使用，突出了统计方法的应用性，尽量避免数学公式的繁琐推导，力求简捷、实用。本书不仅加大了统计调查内容的深度和广度，增加了“国民经济核算”内容，同时还加强了与“概率论与数理统计”课程的联系和衔接。对于重要的统计方法，都配有必要的实例，用最新的全国统计数据去讲解统计理论和分析方法，使学生在学习课程内容的同时，对我国当前社会经济发展现状有一个基本的了解，增加他们的社会经济常识，使学生更加深刻地理解统计的重要性，这必将有助于学生喜欢和学好“统计学”课程。本书既可作为高等院校经济管理类各专业的教科书，也是社会科学研究人员和经济工作者的重要参考书。

本教材在各章之后附有统计学在 Excel 软件中的实训练习题，以供教学实验课之应用。

编者

2017 年 7 月

目录

第一章

总论

【本章学习目的和要求】

通过本章内容的学习，要求学生在了解统计发展史的基础上，重点掌握统计的内涵，统计研究的对象、职能、任务、方法、工作过程及统计学的有关基本概念，并对统计的应用领域有一个全面系统的认识，为掌握全书的逻辑体系和各章节的内容打下基础。

第一节　统计学的产生和发展

一、统计学的产生和发展

统计作为一种社会实践活动具有悠久的历史，可以说，自从有了国家就有了统计实践活动。最初，统计只是一种计数活动，为满足统治者的管理需要而进行搜集资料，通过统计计数来弄清国家的人力、物力和财力，作为管理国家的依据。战国时期，商鞅在《商君书》的“去强篇”中，就有“强国知十三数”，即“境内仓口之数，壮男壮女之数，老弱之数，官士之数，以言说取食者之数……欲强国，不知国十三数，地虽利，民虽众，国愈弱至剥”的精辟论述。远在周朝（公元前841—），我国就有了统计报表制度，《天官篇》中写道：“司会掌邦之六典，八法，八则……以参互考日成，以月要考月成，以岁会考岁成之事。”郑玄注：“司会主天下之大计，计官之长。”这里所指“参互”就是“日报”，“月要”就是“月报”，“岁会”就是“年报”。但当时这种统计的萌芽远不足以证明统计学的产生。随着社会管理的日趋复杂，仅仅用简单数字来计量客观现象已不能满足社会经济管理的需要，人们试图对客观现象进行定量分析。到了17世纪，威廉·配第运用当时新兴的分析方法——统计分析方法为英国的繁荣而求根论据时，才产生了统计学这门学科。

统计学的产生和发展是从几个不同领域开始的，主要有以下统计学派：

（一）政治算术学派

政治算术学派产生于17世纪资本主义的英国，代表人物是威廉·配第（William Petty，1623—1687年）。他在1671—1676年写成《政治算术》一书。在这部书中，他以数字资料为基础，用计算和对比的方法，对英国、法国、荷兰三国的经济实力进行比较，提出了英国社会经济发展的方向和道路。他主张一切论述都用数字、重量和尺度来进行，并配以朴素的图表形式，这种理论和方法对后来统计学的形成和发展有着深远的影响。这也正是现代统计学广为采用的方法和内容。由于威廉·配第对统计学的形成有着巨大的贡献，因此，马克思评价道："威廉·配第——政治经济学之父，在某种程度上也可以说是统计学的创始人。"

政治算术学派的另一代表人物是约翰·格朗特（John Graunt，1620—1674年）。17世纪上半叶，英国多次发生严重的瘟疫，政府定期公布有关人口出生和死亡的数字资料。约翰·格朗特利用这些资料研究并发表了《对死亡表的自然观察和政治观察》的论著。通过大量观察的方法，研究并发现了一系列人口统计规律，如男婴出生数多于女婴，基本上为14:13；男性的死亡率高于女性；一般疾病和事故的死亡率较稳定，而传染病的死亡率波动较大等。

政治算术学派采用数字计量分析的方法即大量观察法、分类法以及对比法来综合研究社会经济问题，具有开创性的意义。尽管当时还未采用统计学之名，却已有统计学之实了。

（二）国势学派

国势学派又称记述学派，产生于18世纪的德国，主要代表人物海尔曼·康令（H. Conring，1606—1681年）。他以叙述国家重要事项和国家政策关系为内容，在大学开设了"国势学"课程，很受当时学者的欢迎。后来由马丁·休姆采尔（Martin Schneitzel，1679—1747年）将其更名为《政治学·统计学讲义》。其中统计学一词的语意来源于拉丁语系的"状态"，而后转化为"国家"，可见统计学在国势学派看来是指对国家政治状况的研究。国势学派的最重要的继承人是休姆采尔的学生高特弗瑞德·阿痕瓦尔（Gottfried Achenwall，1719—1772年），他被当时的德国誉为“统计学之父”，而他自己则推崇康令为统计学之父。他在1749年确定了统计学这一学科的名称及有关统计学的一些术语，认为统计学是关于各国基本制度的学问，是一个国家显著事项的整体。但它缺乏数字内容，用文字表述。这种以文字描述的方式记述国情国力的系统知识是记述学派的主要特征，由于他们没有采用统计学中的数量对比分析方法，故被认为是有统计学之名，但无统计学之实。

（三）数理统计学派

最初的统计方法是随着社会、政治和经济发展的需要而初步得到发展的，直到概率论被引入统计学之后，才逐渐形成为一门成熟的科学。在统计发展史上，最初卓有成效地把古典概率论引入统计学领域的，是法国的天文学家、数学家、统计学家拉普拉斯（P. S. Laplace）。他推广了概率论在统计中的运用，明确了统计学的大数定律，并进行了大样本推断的尝试。

19世纪比利时的统计学家、数学家、天文学家阿道夫·凯特勒（Adelphi Quetelet，1796—1874年），著有《统计学的研究》《概率论书简》《社会物理学》等。他对统计学的重要贡献在于最先把概率论原理应用于人口、人体测量和犯罪等问题的研究，并对观测到的数据进行误差计算和分析，以此论证社会现象的发展并非出于偶然，而是具有其内在的规律性。他对统计理论方面最大的影响是把概率论与统计学相结合，从而提出了关于统计学的新概念，他的主要功绩在于使统计方法获得普遍应用。他是古典统计学的完成者，近代统计学的先驱，也是数理统计学派的奠基人；同时，他还是第一届国际统计会议（1853年）的召集人，因此，他被称为“近代统计学之父”。

其后，经过多方面的研究，特别是数理统计学吸取了生物学研究中的有益成果，由高尔顿（Fancis Galton，1822—1911年）、皮尔逊（Karl Pearson，1857—1936年）、戈赛特（William Sealy Gosset，1876—1937年）和费雪（Ronald Aylmer Fisher，1890—1962年）等统计学家，提出并发展了回归和相关、假设检验、方差分析和 t 分布等理论，使数理统计学逐渐发展成为一门完整的学科。

（四）社会统计学派

社会统计学派产生于19世纪后半叶的德国。因德国的资本主义产生较晚，所以为之服务的社会统计学派，较英国的政治算术学派晚了近半个世纪。但由于当时数理统计学尚未充分发展，社会统计学派便在欧洲大陆占据优势地位，并向世界各国广泛传播。该学派的创始人是克尼斯（K. G. A. Knies，1821—1898 年），他认为统计学是一门独立的具有政治算术内容的社会科学。另一位有影响的创始人是乔治·逢·梅尔（Georg von Mayr，1841—1925 年）。他把统计学作为实质性研究的社会科学，并认为统计学是以社会集团的规律性为其独立的研究对象，以大量观察法为其特殊的研究方法，初步建立了社会统计的学科体系。另外，恩格尔（Lonrenz Ernst Engel，1841—1896 年），通过工人家庭生活费用的调查发现了“恩格尔法则”，并用一定消费单位“凯特”表示整个家庭的消费能力等。

20 世纪 50 年代以后，统计理论、方法和应用都进入了一个全面发展的阶段。统计学由于受计算机、信息论等现代科学技术的影响，加之新的研究领域层出不穷，几乎所有的科学研究都要用到统计学。尽管应用领域不同，统计学在不同领域的发展具有各自的特点，但所用的统计方法基本上是相同的。可以说，现代统计学已发展成为一门基础性的方法科学。

从世界范围看，自 20 世纪 60 年代以后，统计学的发展有三个明显的趋势：第一，统计学依赖和吸收数学的东西越来越多；第二，向其他学科领域渗透的速度越来越快，以统计学为基础的边缘学科不断形成；第三，随着统计学应用的日益广泛和深入，特别是电子计算机和统计分析软件的发展，统计学发挥的功效也越来越强。

二、统计及其内涵

“统计”一词，是由英语“Statistics”翻译而来，该词具有以下三方面含义：统计工作、统计数据（或统计资料）和统计学。

（一）统计工作

1. 统计工作的概念

统计工作（或活动），是指设计、搜集、整理与分析研究统计数据资料的工作过程。如全国人口普查中对普查方案的设计，对人口数据的搜集、分类、加工整理和分析等活动都是统计工作。

2. 统计工作的过程

通常，统计工作过程大致可以分为统计设计、统计调查、统计整理、统计分析四个阶段。其中，统计设计是指根据统计研究对象的性质和研究目的，对统计工作的各个环节和各个方面进行统筹安排（定性认识过程）；统计调查是指根据统计设计的要求，运用各种统计调查方法来搜集统计资料的工作过程（定量认识过程）；统计整理是对调查资料的科学汇总，使之条理化、系统化（定量认识过程）；统计分析是分析研究经过加工汇总的资料（定性认识过程）。

3. 统计工作的组织

在我国，为便于统计工作的组织与开展，更好地为社会、经济、科技发展服务，国家建立了实行统一领导、分级负责的统计管理体制。国务院设立国家统计局，负责组织领导和协调全国统计工作。各级人民政府、各部门和企事业组织，根据统计任务的需要，设置统计机构、统计人员。

（二）统计数据

1. 统计数据的概念

统计数据（data），是指在统计工作过程中所取得的具有社会、经济、科技内涵的各种数字资料及其分析、说明、图表等资料的总称。一般表现为统计资料的汇编、统计年鉴、统计图表和统计分析报告等。

统计资料与统计工作的关系是结果与过程的关系，没有统计工作的有效开展也就没有统计数据。

2. 统计数据的类型

（1）按照计量尺度不同，可以将统计数据分为分类数据、顺序数据和数值型数据

①分类数据（categorical data or nominal data），是指只能归于某一类别的非数字型数据，也称定类尺度的数据。定类尺度数据（nominal level data）是一种以区分各组统计数据属性差异为目的的统计计量尺度。其一般做法是将数字作为现象总体中不同类别或不同组别的代码，不同的数字代表不同类（组）别的品质差别。定类尺度的特点是：不同代码反映同一水平的各类

（组）别，但不反映其大小顺序；各类中可以计算它的单位数，但不能反映第一类的一个单位可以相当于第二类的几个单位等，该尺度不反映各组之间的量的顺序或量的大小；其主要数学特征是“=”或“≠”。例如，将国民经济按其经济类型可以分为国有经济、集体经济、私营经济、个体经济等类，这样，我们就可以用定类尺度（01）代码表示国有经济、（02）表示集体经济、（03）表示私营经济、（04）表示个体经济等。分类数据作为统计分类的结果，具有明显的特点。比如，分类数据是用文字来表述的、各类别之间是平等的并列关系，无法区分优劣或不反映其数量的大小、各类别之间的顺序是可以任意改变的等。

②顺序数据（ordinal data），是指只能归于某一有序类别的非数字型数据，也称定序尺度数据（ordinal level data）。它是一种既考虑各组统计数据之间属性差异，又考虑各组之间某种次序关系的统计计量尺度。例如，学生成绩可以分为优秀、良好、中等、及格和不及格；对合格产品按其性能和好坏，分成优等品、一等品、合格品等。顺序数据也是统计分类的结果，但与分类数据的明显区别是该类数据是有顺序的，它除了具有数学上的“=”或“≠”特性外，还具有“>”或者“<”的数学特性。除了可用于分类（组）外，在变量数列分析中还可以确定中位数、四分位数、众数等指标的位置。

③数值型数据（numerical data），是指按数字尺度测量的观测值。比如重量按千克，长度按米，产品按件等。数值型数据与分类数据、顺序数据相比较，存在着性质上的区别：分类数据和顺序数据说明的是事物的品质特征，也称之为定性数据或称品质数据；数值型数据说明的是现象的数量特征，也称之为定量数据。在现实统计工作与研究中，我们处理的数据大多为数值型数据。数值型数据主要有定距尺度和定比尺度的数据。

定距尺度数据（interval level data）也称间隔尺度，是对事物类别或次序之间间距的一种统计计量，通常使用自然或度量衡单位作为计量尺度。例如，学生某门课程的考分，可以从高到低分类排序，形成90分、80分、70分直到零分的序列。定距尺度是比定序尺度高一层次的计量尺度，其特点是：它不仅能将事物区分为不同类型并进行排序，而且可以准确地指出类别之间的差距是多少；它们不仅有明确的高低之分，而且可以计算差距；其计量结果表现为数值，可以进行加或减的运算，但却不能进行乘或除的运算。

定比尺度数据（ratio level data）是在定距尺度的基础上，确定可以作为比较的基数，将两种相关的数加以对比，形成新的相对数，用以反映现象的构成、比重、速度、密度等数量关系的统计计量尺度。其主要数学特征是“+”或“×”。由于定比尺度是在比较基数上形成的尺度，所以能够显示更加深刻的意义。例如，将某地区人口数和土地面积对比计算人口密度指标，说明人口相对的密集程度。甲地区人口可能比乙地区多，但甲地区的土地更广阔，用人口密度指标就可以相对说明甲地区人口不是多了，而是少了。

上述几种计量尺度对事物的计量层次是由低级到高级、由粗略到精确逐步递进的。高层次的计量尺度具有低层次计量尺度的全部特性，但不能反过来。显然，我们可以很容易地将高层次计量尺度的测量结果转化为低层次计量尺度的测量结果，比如将考试成绩的百分制转化为五等级分制。在统计分析中，一般要求测量的层次越高越好，因为高层次的计量尺度包含更多的数学特性，所运用的统计分析方法越多，分析时也就越方便，因此应尽可能使用高层次的计量尺度。

（2）按照统计数据的收集方法，可以将其分为观测数据和实验数据

①观测数据（observational data）是指通过调查或观测而收集到的数据。其特点是该类数据是在没有对事物人为控制的条件下而得到的。有关社会经济现象的统计数据几乎都是观测数据。

②实验数据（experimental data）是指在实验中通过控制实验对象而收集到的数据。比如对农药效果的实验，对新药疗效的实验等。在自然科学领域里大多数数据都是实验数据。

（3）按照被描述的对象与时间的关系可以将统计数据分为截面数据和时序数据。

①截面数据（cross - sectional data）也称静态数据，是对现象在某一时刻的变化情况所进行的描述。例如2016年中国国内生产总值、人口数等数据。

②时序数据（time - series data）也称动态数据，是对现象随时间变化的结果进行的描述。例如，中国2000—2016年国内生产总值数据。

3. 统计数据的来源

从统计数据本身的来源看，统计数据最初都是来源于直接的调查或实验。但从使用者的角度看，统计数据主要来源于两种渠道，即直接的调查和科学

实验、别人调查或实验。对于前者我们称之为第一手或直接的统计数据，对于后者我们称之为第二手或间接的统计数据。

在统计研究工作中，第二手统计数据主要来源于各国政府编印的统计年鉴或统计资料汇编，除此之外，我们还可以通过有关国际组织出版的统计资料汇编、各国统计机构或各国际组织的网站获取有关统计资料。

（三）统计学

1. 统计学的概念

《不列颠百科全书》对统计学的定义是：统计学是“关于收集和分析数据的科学与艺术”。具体而言，统计学是一门研究如何搜集、整理、分析、解释数据，从而认识现象数量特征和数量规律的方法论科学，它是一种从数据资料中获得信息的方法。

统计学与统计工作是理论与实践的关系，统计学产生于统计工作，并反过来指导统计工作的顺利进行，并为统计学的发展开创方向。

2. 统计学的性质

从统计学的发展史来看，统计学是从研究社会经济现象开始的，经过三百多年的演变与发展，统计学逐渐趋于成熟，成为一门研究客观事物总体数量方面的方法论科学。这里所指的方法论包括指导统计活动的原理原则，统计过程所应用的核算和分析的方法以及组织方法。人们通过对客观事物中各种数量关系的研究来认识客观事物发展的规律性。值得特别注意的是，统计学在研究社会经济现象时，首先从定性研究开始，然后进行定量分析，最后达到认识客观现象的本质、特征或规律。这就是“质——量——质”的统计研究过程和方法。由于统计学的研究对象既存在于自然领域也存在于社会领域，因此，统计学是一门具有跨学科性质、有较高概括程度和较大适应范围的一般方法论学科。

3. 统计学的学科体系

随着统计方法在各领域的广泛应用，统计学已发展成为具有多个分支的学科体系。

①按统计方法的不同构成，可以将统计学划分为描述统计学和推断统计学。

描述统计学（descriptive statistics），是研究如何取得反映客观现象的数据，并通过图表形式对所搜集的数据进行加工处理和显示，进而概括并分析得出反映客观事物规律性的数量特征。它包括统计数据的搜集方法、数据的加工处理方法、数据的显示方法、数据分布特征的概括与分析方法等。

推断统计学（inferential statistics），是研究如何根据样本数据去推断总体相关数量特征的方法，它是在对样本数据进行描述的基础上，对统计总体的未知数量特征做出以概率形式表述的推断。

描述统计学和推断统计学是统计学的两个组成部分。描述统计学是整个统计学的基础，推断统计学则是现代统计学的主要内容，并且，它在现代统计学中的地位和作用越来越重要，已成为统计学的核心内容。这是因为，在对现实问题的研究中，主要是采用抽样调查取得样本的数据资料。但是，这并不等于说描述统计学不重要，如果没有描述统计学搜集可靠的统计数据并提供有效的样本信息，即使再科学的统计推断方法也难以得出切合实际的结论。从描述统计学发展到推断统计学，既反映了统计学发展的巨大成就，也是统计学走向成热的重要标志。

②按统计方法的不同作用，可以将统计学分为理论统计学和应用统计学。

理论统计学是指研究统计学的一般理论和统计方法的数学原理的学科，它的立足点是统计方法的研究。由于现代统计学几乎用到了所有方面的数学知识，特别是概率论和数理统计，所以从事统计理论和方法研究的人员需要有坚实的数学基础。理论统计学是统计方法的理论基础。

应用统计学是指研究如何应用统计方法去解决实际问题的科学。由于在自然科学及社会科学研究领域中，都需要通过数据分析来解决实际问题，因而，统计方法的应用几乎扩展到了所有的科学研究领域。例如，生物统计学、医疗卫生统计学、农业统计学、经济统计学和社会统计学等。

三、统计的应用领域

根据统计数据内涵，统计的应用领域涵括自然科学、社会科学、经济学、管理学等。

（一）统计在自然科学研究领域中的应用

自然科学的发展与统计学的应用是密不可分的，无论是灯泡的发明还是人造卫星的上天，统计在其中都发挥了非常重要的作用。

统计在自然科学中的应用，主要是科学实验的设计与检测，所使用的工具有抽样推断、假设检验、相关与回归分析等。由于科学实验可以对现象发展变化的条件加以控制，所以统计数据对现象发展变化的规律的体现比较明显，对于影响因素的分析也较为准确。统计学在自然科学中的具体应用包括地震预报、临床卫生统计、新产品试制等。

（二）统计在社会科学研究领域中的应用

社会科学也是统计的一个重要研究领域。从近几年的研究成果来看，统计在社会科学中的应用涉及了政治、文化、教育、法律等诸多方面。比如，在 2006 年，北京光华管理学院的聂海峰教授以北京大学为例，运用专业吸引力概率模型和 2002—2004 年的录取数据，对热门专业和影响因素进行了分析；中国台湾政治大学统计系的郑宇庭教授，运用统计方法就智慧财产权刑事案件的量刑的合理性进行了分析；东北财经大学经济与社会发展研究院的宋旭光教授，对腐败的主观测评方法进行了研究；内蒙古财经学院统计系的锋利英老师对内蒙古自治区的人口文化素质进行了统计分析。

统计在社会科学中的应用，特点是使用的统计指标为社会统计指标。

（三）统计在经济学研究领域中的应用

统计在经济中的应用非常广泛，研究范围包括国际经济研究、经济发展与经济增长研究、金融保险研究、财政税收研究、收入与消费研究等。

运用统计方法进行国际经济研究，是近几年的统计研究新兴热点之一，研究的内容包括国际经济运行、国际贸易、国际金融等。其中，关于汇率问题的研究，目前更为学术界关注。例如，赫伊津哈（Huizinga）于 1987 年提出了均衡汇率估计的统计方法。

关于经济发展与经济增长的统计研究，其研究内容已远远超过了就经济增长率所开展的一般性统计分析，有关学者目前更为关注经济的增长路径问题、均衡问题、效应问题。例如，2006 年，天津财经大学的肖红叶教授、河北大学的顾六宝教授对中国经济增长路径中的稳态推移问题进行了政策模拟；厦门大学经济学院的卢二坡和王则填二位老师运用中国的跨地区面板数据，对短期波动的长期增长效应问题进行了研究；南京大学经济系的沈坤荣、蒋锐老师，就中国城市化对经济增长的影响问题进行了实证研究。

统计在金融保险中的应用研究，只要涉及到金融保险业的运营分析、金融信用分析、风险分析等都会用到统计。例如，在2006年，中国台湾辅仁大学的庄瑞珠、陈穆贞对房屋贷款信用评价模型进行了研究；中国人民大学的孟生旺、浙江大学的滕帆，对保险公司风险度量的未偿率模型进行了研究；河北大学的高亚春、刘树对河北省的金融保险业进行了投入产出分析。

统计在财政税收中的应用研究，财政支出与经济增长的关系、财政政策效应、税收政策有效性等有关问题的研究，是目前统计在财政税收问题研究中的热点，这方面的成果也是比较多的。例如暨南大学的李美洲、韩兆洲对非线性财政政策效应下的财政赤字可持续性进行了研究等。

（四）统计在管理学研究领域中的应用

统计在管理中的应用，无论是国家、地区，还是企业，其经营管理的根本目的是取得最佳的效益，然而要想取得最佳的效益，就必须使人、财、物得到最佳的利用，要想使人、财、物得到最佳的利用，就必须首先了解自己的人、财、物有多少？利用了多少？还有多大潜力？利用中存在什么问题？这些问题都需要统计来解决。如国家宏观经济运行的监测预警研究、企业的绩效考核、市场占有率分析、价格研究等均是目前的研究热点。

实践证明，在这个信息时代，统计被广泛地应用于社会、生物、自然科学及市场学、人类资源、财政金融、会计、经营管理等。因为所有这些对社会和自然现象观察的科学，都是使用样本调查或实验的方法来观察事物的发展和检验的新理论。这样统计学在所有的科学领域中就是科学研究方法的主要工具之一，也是知识的发展所必需的。如统计方法被人们在商业中用来预测销售和利润。在工程和制造业方面，统计方法被用来监测产品质量。在管理审计中，统计方法对会计师抽样检查账目来说是新的有用的工具。

当今各大机构和国际企业均设立完善的信息系统，统计是信息系统中不可缺少的一项功能，所有具规模的企业均视数据库为“金矿”，统计学便是开采这个“金矿”的最有效的工具。如果学会了统计学，所有以上被提及的学科，学习起来将会非常容易。统计学在所有这些领域中都扮演着重要的角色。

第二节　统计学的研究对象与方法

一、统计学的研究对象

一般来说，统计学的研究对象是大量的客观现象总体的数量方面，即数量特征和数量关系。如统计研究我国人口总体的情况，主要研究人口总体的总数量、总体内的各种数量关系（男女性比例关系、不同民族人口的比例关系等）。凡是客观现象总体的数量方面，都是统计所要分析和研究的对象。概括地讲，统计学的研究对象为客观现象所有活动过程的数量方面。通常具有以下几个方面的特点：

（一）数量性

数量性是统计研究对象的基本特点。数字是统计的第一语言，数据是统计的原料。统计的特点是用大量数字资料来说明事物的规模、水平、结构、比例关系、发展速度等。如国家统计局每年年初发布的国民经济和社会发展公报中都有大量的数据资料，表明上一年度社会经济发展的基本情况。但要注意，统计在研究数量关系时不是单纯的研究现象的数量关系，而是在质与量的密切联系中研究现象的数量关系。一切客观事物都有质和量两个方面，没有质量就没有数量，没有数量也就没有质量。量变引起质变，质变又能促进新的量变。这种质与量相互关系的哲学观点，是统计研究客观现象数量关系的准则。

（二）总体性

统计研究客观现象的数量方面是指从整体上反映和分析事物的数量方面，而不是着眼于个别事物的研究。从总体上研究客观现象的数量方面，是统计区别于其他学科的一个主要特点。客观现象是各种复杂因素相互交错作用的结果，它从数量上呈现出一种多变的情景。统计对客观现象总体数量方面的研究，采用的是大量观察法和综合研究法等。其研究过程是从个体到总体，即必须对足够大量的个体进行登记、整理和综合，使它过渡到总体的数量方面，从而把握客观现象的总规模、总水平及其变化的总趋势，以此来表明现象发展的规律性。

（三）具体性

统计在研究现象的数量关系时是具体的，它不像数学那样脱离具体事物只研究某一抽象的数量关系，这是它不同于数学的重要特点。如15,000这个数，只是一个抽象的数字，并没有实际意义，但如果是经过大量的统计调查，得出某市某年职工的年平均收入为15,000元，则该数就有了实际的意义，它代表了该市职工的年收入水平。统计是研究客观现象在一定时间、地点和条件下的数量表现，即研究现象具体的量变规律。它是从定性认识开始，进行定量研究的。比如，只有对增加值、利润、劳动生产率等统计指标有确切的了解，才能对它们进行科学的统计。

（四）变异性

统计研究对象的变异性，是指总体各单位的特征表现存在着差异。统计学研究同类现象总体的数量特征，它的前提就在于这个特征在总体各单位的具体表现各不相同，而且这种差异并不是由某种固定的原因事先给定的。例如，研究一个地区居民家庭的收入水平，就是因为各家庭的收入有高有低，参差不齐，这样才有必要研究该地区的人均收入水平及其分布状况。如果各单位不存在这些差异也就不需要进行统计；如果各单位之间的差异可以按已知条件事先推定，也就不再需要统计方法。统计上把总体各单位由于各种复杂因素引起某一标志表现的差异称为变异。从各单位变异中归纳概括出它们的共同数量特征，这就是统计的特点。

二、统计学与其他学科的关系

从统计的产生和发展过程中我们可以看出，其发展过程始终是沿着两条主线展开的：一是以“政治算术学派”为开端形成和发展起来的以社会经济问题为主要研究对象的社会经济统计；二是以概率论的研究为开端并以概率论为基础形成和发展起来的以方法和应用研究为主的数理统计。统计学与哲学、政治经济学和数学关系非常紧密。

（一）统计学以马克思主义哲学作为其研究的方法论基础

统计学是在客观现象质与量的密切联系中，研究事物的数量关系，是一门方法论科学。哲学是关于自然、社会和思维发展的最一般规律的科学，是世界观的科学，是最高层次的方法论。哲学所揭示的认识论原理、相互联系的原理、事物发展的原理、质量互变规律、对立统一规律，以及本质与现象、个别与一般、必然与偶然的关系原理等，既构成了统计学的一般理论和方法论基础，又为统计学研究提供了具体的方法论指导。如马克思主义哲学中"实践第一的观点"，统计学中要求：统计数据要真实，不能虚报瞒报。因此，统计学以马克思主义哲学作为研究的方法论基础。

（二）统计学以政治经济学等实质性学科作为其理论指导

实质性学科的内容及任务在于揭示社会经济现象发展变化的规律，以指导人们按照规律的要求去认识世界和改造世界。如政治经济学、人口学、工业经济学、财政学等。尤其是政治经济学，它对社会经济统计学的指导作用表现在：为统计学提供有关各种社会经济范畴之间关系的知识；提供有关社会经济现象发展规律的认识；指导统计学对社会经济领域的现象数量方面进行深入的研究。如对增加值、工资、劳动生产率、资金、成本、利润等指标进行统计研究，必须以政治经济学阐明的关于社会再生产理论，特别是社会主义市场经济规律的理论为基础，来进行数量关系研究。

（三）统计学与数学和数理统计学的关系十分密切

数学是研究客观世界中抽象的数量关系和空间形式的科学。一门科学只有在成功地运用了数学时，才算真正达到了完善的地步，对于统计学来说尤其如此。统计学的研究对象是自然与社会现象的数量方面，数学分析方法适用于一切数量分析。因此，数学为统计学提供了数量分析的方法论基础，特别是概率论和数理统计，它研究随机现象的数量关系和变化规律，它从数量方面体现了偶然与必然，个别与一般，局部与总体的辩证关系，为统计科学的现代化奠定了基础。如大数定律（又称大数法则），它是说明大量的随机现象的平均结果具有稳定性质的法则，即说明如果被研究的总体数量特征是由大量的相互独立的随机变量形成的，每个变量对总体的影响都相对小，那么对大量随机变量加以综合平均的结果使变量的个别影响相互抵消，而显现出它们共同作用的倾向，使总体数量特征具有稳定的性质。大数定律正是从数量方面表现了偶然与必然的辩证关系，因而我们可以通过对大量随机现象的综合概括来消除偶然性的误差，发现必然性的趋势。因此，数学理论和方法被引入统计学是统计学发展的必然趋势，它为统计学的广泛应用奠定了理论和方法基础。

三、统计研究的方法

根据统计研究对象的性质和特点以及统计研究任务，统计学构建了专门的统计研究方法。这些方法包括：大量观察法、统计分组法、综合分析法、统计模型法、归纳推断法等。

（一）大量观察法

大量观察法是指对所研究总体中的全部或足够多的单位进行调查研究，使其中非本质的偶然因素互相抵消或者削弱，以显示研究对象总体的一般特征或规律性的研究方法。

统计研究要运用大量观察法，这是由研究对象的大量性和复杂性所决定的。统计研究的对象是现象的数量方面，而任何复杂的社会现象都是在各种因素的相互依赖、相互制约共同作用下形成的，每个单位所承受的各因素的影响程度和影响方面不尽相同，使得数量上的变化带有偶然性。因此要认识现象的特征和发展趋势，必须对研究对象的全部单位或足够多的单位进行调查、观察。只有通过大量观察才能使这些偶然性互相抵消，呈现出现象的本质特征，进而认识其规律。

（二）统计分组法

统计分组法是指根据事物内在的性质和统计研究任务的要求，将总体各单位按照某种标志划分为若干组成部分的一种研究方法。

构成总体的各个部分既有共性又有个性，是对一些同类或类似的社会现象的认识，只从整体上进行分析研究，几乎无法或很难认识其基本特征。因此，除了进行总体研究外，还必须对总体的各个组成部分进行分析研究。采用统计分组法，将研究对象按某一特征进行分组后，再进行结构对比分析，能够使认识得以深化。

（三）综合分析法

综合分析法是指运用各种统计综合指标来反映和研究社会经济现象总体的一般特征和数量关系的研究方法。

在统计分析阶段广泛采用多种统计方法和指标体系去说明社会现象的综合数量特征。常使用的综合分析法有综合指标法、时间数列分析法、统计指数法、因素分析法、相关分析等。

（四）统计模型法

统计模型法是根据一定的经济理论和假定条件，用数学方程去模拟现实经济现象相互关系的一种研究方法。

统计模型法是综合分析法的扩展。它是根据一定的理论和假定条件，用数学方程去模拟现实客观现象相互关系的一种研究方法。利用这种方法可对客观现象和过程中存在的数量关系进行比较完整和近似的描述，凸显所研究的综合指标之间的关系，从而简化了客观存在的复杂的其他关系，以便利用模型对所关心的现象变化进行数量上的评估和预测。

（五）归纳推断法

归纳推断法是指以一定的置信标准要求，根据样本数量特征推算总体数量特征的一种推理方法。归纳推断法可用于对总体数量特征的估计，也可用于对总体某些假设的检验。它是统计研究中常用的方法。

上述五种统计研究方法并不是所有的方法，在运用上还应注意多种方法的结合。在调查方法上要注意把大量观察和典型调查结合起来统计研究社会经济现象和过程。运用大量观察法从整体上考察事物变化的规模和趋势，使我们的认识有一个正确充分的事实基础，但对于新生的个别事物则必须运用典型调查，了解它的成长过程，总结先进经验。在分析方法上要把综合指标分析和具体情况分析结合起来，这样才能使我们的认识更加全面深入。

第三节　统计工作的基本任务、职能与活动过程

一、统计工作的基本任务

统计工作在社会经济中的重要性是不言而喻的。列宁曾有过一句名言："统计是认识社会的最有力的武器之一"，统计工作的基本任务是为实现社会主义现代化建设服务。《中华人民共和国统计法》（2010 年 1 月 1 日实施）中第二条明确规定："统计的基本任务是对经济社会发展情况进行统计调查、统计分析，提供统计资料和统计咨询意见，实行统计监督。"当前，在社会主义市场经济的条件下统计工作的具体任务有以下几方面：

（一）准确、及时、全面、系统地反映国民经济和社会发展情况，为国家制定政策和长远规划提供事实依据

统计信息是管理社会所必需的基本信息，是社会主义市场经济的"晴雨表"。党政领导应根据客观的具体统计数据，制定符合实际的各项方针政策，促进生产力的迅速发展。

（二）对国民经济和社会运行情况进行监督和预警，为国家的宏观调控提供对策和建议

统计是观测社会、经济、科技发展的"晴雨表"。它应根据社会经济发展规律和党的方针政策，密切关注国民经济发展态势，紧密围绕宏观经济调控目标，灵敏跟踪各项政策的执行情况，严格监督和准确判断各项经济杠杆的调控效应，及时进行监测预警。目前，我国已基本形成一个自上而下，渗透社会各个角落的统计监督网络，发挥着国民经济"检测仪"的作用。

（三）为企业提供灵通的市场供需和价格信息，作为经营决策的导向

政府应及时地发布各种统计信息来指导企业；而企业应通过各种渠道广泛地搜集统计信息，把自己的微观活动纳入国家宏观经济发展战略的轨道，从而克服市场经济活动中的自发性和盲目性，提高企业在市场竞争中的能力。

（四）推广统计资料的开发利用，做好资料的提供工作，为社会公众服务

统计信息已成为现代社会一种重要的战略资源和生产要素。随着市场经济的不断深入和发展，政府和企业都应面向市场。统计部门必须全方位开发统计信息资源，积极为社会各方面开展咨询服务，实现统计信息的社会化、商品化。

另外，随着全球经济的一体化，统计部门要加强国外经济发展各方面统计资料的研究，为提高我国企业的国际竞争力发挥重要作用。

二、统计的基本职能

统计的职能是信息、咨询、监督。

（一）信息职能

根据科学的统计指标体系和统计调查方法，灵敏、系统地采集、处理、传递、存储和提供大量的以数量描述为基本特征的社会经济信息。

（二）咨询职能

利用已掌握的丰富的统计信息资料，运用科学的分析方法和先进的技术手段，深入开展综合分析和专题分析研究，为科学决策和管理提供各种可供选择的咨询建议和对策方案。

（三）监督职能

根据统计调查和统计分析的结果，及时、准确地从总体上反映经济、社会和科技等的运行状况，并对其全面、系统地定期检查、监测和预警，以便促进国民经济按照客观规律的要求，持续稳定协调地发展。

以上三种职能是相互联系、相辅相成的。信息职能是统计职能中最基本的职能，它是保证统计咨询职能和监督职能的基础和前提，统计咨询职能是统计信息职能的延伸和深化，统计监督职能是在信息、咨询职能基础上的进一步拓展，三种职能彼此依存、相互联系，构成一个有机的整体。在社会主

义市场经济的发展过程中，统计要充分发挥自身具有的信息、咨询、监督三大职能，为社会主义现代化建设服务。

三、统计活动的过程

统计是对客观现象数量方面的调查研究活动，这种调查研究活动通常是由以下环节构成：统计任务的确定、统计设计、统计数据的搜集（统计调查）、统计数据的整理、统计数据分析、统计数据的管理与提供。

（一）统计任务的确定

它根据统计工作的具体需要来确定，统计任务的确定是统计活动的首要问题，它决定如何安排调查、如何整理数据、如何分析数据等一系列问题，它是一切统计活动的依据。

（二）统计设计

统计设计是统计工作的第一个环节，是根据统计研究对象的性质和研究目的，对统计工作的各个环节和各个方面进行统筹安排。统计设计的关键任务，是通过对客观现象质的认识来确定研究对象的范围和反映这一对象范围的指标及其指标体系。通过统计设计这个首要环节，从而使统计工作有序地开展起来。它属于定性认识过程。

（三）统计调查

统计调查是统计工作过程的第二个阶段，它是根据统计设计的要求，运用科学的方法，有组织、有计划、有步骤地搜集统计资料的工作过程。它是统计工作对客观现象进行认识的基础性阶段。在整个统计过程中，统计调查担负着提供原始资料的任务。所有的统计整理和统计分析工作，都必须以统计调查阶段所提供的原始资料为基础。它属于定量认识过程。

（四）统计整理

统计整理是统计工作过程的第三个阶段，它是根据统计研究目的，对统计调查所取得的原始资料进行科学的分类和汇总，或者对已经加工过的次级资料进行再加工，为统计分析准备系统化、条理化的综合资料的工作过程。在整个统计工作中，统计整理是一个中间阶段。它是统计调查的继续，统计分析的前提。统计整理所取得的资料在一定程度上能够反映现象总体的基本数量特征。它属于定量认识过程。

（五）统计分析

统计分析是统计工作过程的后一个阶段。它是根据研究目的和要求，以加工整理的大量统计资料为基础，利用综合指标和专门的统计分析方法，对客观现象的本质规律及其发展前景，从数量方面进行判断、推理并做出说明的工作过程。它是统计工作过程的决定性阶段。一般以统计分析报告的形式来表现其最终的成果。它属于定性认识过程。

（六）统计数据的管理与提供

社会、经济管理、各种科学研究活动都需要统计数据的支持，统计部门需要对统计数据进行科学的分类管理，通过建立数据库、信息库，随时满足各方面对统计数据的需要。

第四节　统计学中的几个基本概念

一、统计总体与总体单位

（一）统计总体

统计总体（population）就是统计所要研究对象的全体，它是由客观存在的、具有某种共同性质的许多个别事物构成的整体，简称总体。任何一个统计总体都必须同时具备同质性、大量性、变异性三个特征。

同质性是指构成统计总体的每个单位，必须至少在一个方面具有共同的属性。大量性是指构成统计总体的总体单位必须是大量的，或者说是足够多的。变异性是指构成统计总体的单位，除了在某一方面必须是同质的以外，在其他方面又要有差异。否则，就没有必要进行统计分析了。

总体可以分为有限总体和无限总体。总体所包含的单位数是有限的，称为有限总体。如人口数、企业数、商店数等都是有限总体。总体所包含的单位数是无限的或不可数的，称为无限总体。如现代化流水生产线上，连续、大量地生产的某种产品的数量、大海里的鱼资源数、森林里的树木等都是无限总体。对有限总体可以进行全面调查，也可以进行非全面调查。但对无限总体只能进行非全面调查，从而推断总体情况。

（二）总体单位

总体单位是构成统计总体的个别事物，简称单位或个体。如对工业企业进行调查研究，全国的工业企业是总体，而每一个工业企业是总体单位。

（三）统计总体与总体单位的关系

总体和总体单位是一个相对的概念，它们不是固定不变的。随着统计研究目的、研究范围的不同，总体和总体单位之间在一定条件下可以相互转换。如研究某市纺织行业中各个企业的经营状况时，该市所有的纺织企业是统计总体，其中的每个纺织企业是总体单位。而如果目的是研究某市各工业行业的经营情况，则该市所有的工业行业是统计总体，其中的每个工业行业是总体单位。这时纺织行业就由原来的总体转化为总体单位了。

二、标志与指标

（一）标志

标志是说明总体各单位属性或特征的名称。标志可分为品质标志和数量标志。品质标志是说明总体单位属性的特征的名称，只能用文字说明。比如，为调查某企业职工情况，该企业的每一个职工是总体单位，性别、民族、工种、籍贯等调查项目是用文字来说明的，是品质标志。数量标志是表示总体单位量的特征的名称，用数值来表示。如上例中，工人的年龄、工资、工龄等调查项目即为数量标志。

标志还可以分为不变标志和可变标志。不变标志是指某个标志在所有总体单位的具体表现都相同，它是构成统计总体的前提。而当一个标志在各单位的具体表现有可能不相同时，便称这个标志为可变标志，有了可变标志才有统计的必要。

（二）指标

统计指标（indicator）是反映总体数量特征的科学概念和具体数值。一个完整的统计指标包括指标名称和指标数值两部分。比如，中国2009年国内生产总值335,353亿元，比上年增长8.7%。第三产业增加值142,918亿元，增长8.9%，第三产业增加值比重为42.6%，比上年上升0.8个百分点。

指标名称是指标质的规定，它反映一定的社会经济范畴；指标数值是指标量的规定，它是根据指标的内容所计算出来的具体数值。统计指标一般有三个特点：数量性，所有统计指标都能用数字表示；综合性，统计指标是说明总体综合特征的；具体性，统计指标是说明总体在具体时间、地点、条件下的数量特征。

统计指标按其所反映总体内容的不同，可分为数量指标和质量指标。数量指标是用来反映现象的总规模、总水平或工作总量的统计指标，其数值的大小随总体研究范围的大小而增减。如人口数、企业数、产品产量、增加值、利润总额等。由于这类指标反映的是总体的各种总量，故也称总量指标，一般用绝对数表示。质量指标是指反映客观现象的劳动效果或工作质量等事物内部数量关系的指标，其数值的大小与总体研究范围的大小无直接联系。一般用相对数或平均数表示的是总量指标的派生指标。如资金利润率、失业率、平均工资、劳动生产率、单位产品成本等。统计指标还有许多的分类，我们将在后面的章节详述。

（三）标志和指标的关系

标志和指标既有区别，又有联系。其区别：第一，标志是说明总体单位属性或特征的名称；而指标是说明总体数量特征的名称。第二，标志有只能用文字表达的品质标志和用数值表示的数量标志两种，而指标都能用数值表示。两者的联系是：第一，有许多统计指标的数值是由总体单位的数量标志值汇总而来的。如某市工业职工人数指标是由该市各工业企业的职工人数汇总而来的。第二，由于总体和总体单位是可变的，则说明总体的指标和反映总体单位的标志之间也存在着变化关系。即由于研究目的的不同，原来的统计总体如果变成总体单位了，则相应的统计指标也就变成数量标志了。

三、变异与变量

（一）变异

统计中的变异（variability）是普遍存在的，标志和指标的具体表现各不相同，有差别有变化，这种差别变化称为变异。变异是一种普遍现象，有变异才有必要进行统计，变异是统计的前提。

变异可分为属性变异和数量变异两类。属性变异表明质的差别，数量变异表明量的差别。

（二）变量

变量（variable）是指可变的数量标志和所有的统计指标。变量的数值表现称为变量值。

变量按其取值是否连续，可分为离散变量和连续变量。只能取整数的变量是离散变量，如企业的职工人数、工厂数、设备台数等。可取小数的变量是连续变量，如身高、体重，增加值、资金、利润等。

变量按其所受影响因素的性质不同，可分为确定性变量和随机性变量。确定性变量是指变量受某个或某些因素的影响，其数值变动沿着一定的方向呈上升或下降趋势。如在一定的允许范围内，增加施肥量，能使农作物收获量增多，这是确定性因素的影响。随机变量则是受随机因素影响的变量。所谓随机因素，是指各种不确定的、偶然性的因素。这种因素影响变量值的大小和方向都是不确定的，如在同样条件下加工的某种零件，其尺寸大小总是存在着差异，造成这种差异的原因可能有原材料的质量差异、电压的变化、气温和环境的变化以及生产工人的注意力等，这些因素都是不确定的，带有偶然性的因素。统计研究的客观现象的数量特征，既包括确定性变量，又包括随机性变量。因此，统计研究往往要根据具体的目的和要求，对各种复杂的变量采用专门的统计分析方法来深入地研究。

四、统计指标体系

单个统计指标只能反映总体某一方面的数量特征。但是客观现象错综复杂，统计总体往往具有多种特征。为了全面反映客观现象的数量特征，就要用一整套的统计指标。这种具有内在联系的一系列指标所构成的整体，称为统计指标体系。如为了反映工业企业生产经营的全貌，就要设立产量、品种、质量等生产成果指标体系；原材料的收、拨、存、消耗及生产设备、劳动力等生产条件的指标体系；固定资产、流动资金的占用、周转以及利润、税金等财务指标体系；此外，还有企业市场状况及科技创新等方面的指标体系。

统计指标体系大体上可分为基本统计指标体系和专题统计指标体系两类。基本统计指标体系是反映国民经济和社会发展基本情况的指标体系，包括社会指标体系、经济指标体系和科技指标体系等。专题统计指标体系是针对某项社会经济问题而制定的专项指标体系，如企业经济效益指标体系、价格指标体系、小康生活指标体系等。指标体系是随着社会经济的发展变化而变化的。但是指标体系一经制定，就要力求保持相对稳定，以便积累历史资料，便于比较分析。

本章小结

本章的有关内容实际上回答了统计学的几个最基本的问题，这就是：统计是如何产生和发展的？什么是统计？统计怎样来研究问题？统计的研究领域有哪些？

统计一词的三种含义：统计工作、统计资料和统计学。

一个完整的统计工作过程包括统计设计、统计调查、统计整理和统计分析。

统计学的研究对象是大量客观现象总体的数量方面。其特点有：数量性、总体性、具体性、变异性。

统计学的基本方法包括：大量观察法、统计分组法、综合分析法、统计模型法和归纳推断法。

统计的职能有：信息、咨询、监督。最基本的职能是信息职能。

统计学中最基本的概念是统计总体和总体单位、标志和指标、变异和变量、指标和指标体系等。对这些概念必须辩证地理解，根据具体的研究目的和对象加以确定。尤其在研究具体的变量关系时要注意区分离散型变量和连续型变量，要具体情况具体分析。

本章练习题

1. 简述统计指标和标志的关系。

2. 浏览国家统计局官网，建立一个 Excel 文件并将2000年以来 GDP 数据复制其中。

第二章

统计调查与统计整理

【本章学习目的和要求】

本章的目的在于介绍各种调查方法及组织形式的特点、应用条件、统计分组的方法、统计资料的表现形式等。通过本章内容的学习，要求学生理解统计调查的概念和意义，深入领会各种调查方式方法的特点及适用场合，学会根据实际选择适当的调查方式。掌握调查方案的设计、统计分组的方法，学会汇总技术和统计图表的编制，并能熟练运用。

第一节　统计调查

一、统计调查的意义和种类

（一）统计调查的概念和意义

1. 统计调查的概念

统计调查是按照统计研究的任务和目的要求，运用科学的调查方法，有组织、有计划地向社会实际搜集统计资料的工作过程。

统计调查所搜集的资料有两种：①原始资料，即直接从调查单位搜集的尚待加工整理汇总的资料；②次级资料，即已经过加工整理的资料。统计调查搜集的资料主要是原始资料。

2. 统计调查的意义

①统计调查是统计工作中的基础环节。它担负着提供基础资料的任务，决定着整个统计工作的质量，决定着统计整理和统计分析的结果的正确性。如果调查工作搞得不好，搜集到的数据资料不准确或残缺不全，根据这些数

据资料进行汇总和分析的结果，就不能如实地反映客观事物的真相，甚至可能得出相反的结论。

②统计调查是人们认识社会的基本方式。没有调查，就没有发言权。人的认识是由存在决定的，离开对实际情况的调查，人的认识就成了无源之水，绝不会得到正确的结论。因此，统计调查在整个统计工作中具有十分重要的地位。

（二）统计调查的基本要求

统计调查的基本要求包括准确性、及时性和完整性。准确性，是统计资料符合实际情况，数据真实可靠。及时性，是统计资料能够及时满足社会各方面对数据的需要和及时完成各项调查资料的上报任务。完整性，是统计资料必须包括应该调查的全部单位的资料。在统计调查中，准确性要求和及时性要求是相互结合、相互依存的。及时性只有在准确性的前提下才有意义，而准确性也不能损害及时性的要求。

（三）统计调查的种类

1. 全面调查和非全面调查

按调查对象包括的范围不同，统计调查分为全面调查和非全面调查。全面调查是对调查对象中的所有单位逐一进行的调查。例如，人口普查、工业普查和全面统计报表等。全面调查能够掌握比较全面的、完整的统计资料，了解总体单位的全貌，但它花费的人力、物力和财力较多，操作比较困难。非全面调查是对调查对象中的一部分单位进行的调查。重点调查、抽样调查、典型调查等均属于非全面调查。非全面调查的调查单位少，可以用较少的时间和人力调查较多的内容，并能推算和说明总体的基本情况，收到事半功倍之效。例如，对职工家庭收支情况的调查，对有些破坏性产品的质量检查等，不可能进行全面调查，只能采用非全面调查。

2. 经常性调查和一次性调查

按登记事物的连续性不同，统计调查分为经常性调查和一次性调查。经常性调查是根据调查总体情况的变化和发展，连续不断地进行登记的一种调查的方法，其主要目的是为了搜集现象在一定时期的数据资料。例如，对企业的产值、产量、原材料和燃料消耗的数据及时进行登记等。这些指标随时间的推移不断变化，时间越长其指标数值越大，必须连续不断地进行登记，才能取得完整、系统的资料。一次性调查，是为了配合经济和社会发展的需要，每隔一段时间对现象进行的一次性登记，其主要目的是为了搜集现象在一定时点上的数据资料。例如，基本单位数、人口数，由于其数值在一定时期内变化不大，往往采用一次性调查就能获得必要的资料。一次性调查，可以是定期进行，也可以是不定期进行。

3. 统计报表和专门调查

按调查的组织形式不同，统计调查分为统计报表和专门调查。统计报表，是按照一定的表式和要求，自上而下统一布置，自下而上提供统计资料的一种统计数据采集的方式。例如，工业统计报表、金融统计报表。专门调查，是为了研究某些专门问题而专门组织的调查。例如普查、抽样调查、重点调查、典型调查等。

4. 直接观察法、采访法、报告法、卫星遥感法

统计调查按搜集资料的方法分为直接观察法、采访法、报告法、卫星遥感法等。直接观察法，就是调查人员亲自到现场对调查对象进行观察和计量以取得数据资料的一种调查方法。采访法，就是调查人员面对面地对被调查者进行采访，根据被调查者的答复取得资料的一种调查方法。报告法，就是以各种原始资料为基础，由调查单位按照有关规定和所属关系，逐级向上提供统计资料的方法，如统计报表的报送。卫星遥感法是利用卫星的高度分辨辐射来取得资料的方法。如通过地面农作物的颜色来估计农产量。

统计调查的方式多种多样，实际组织调查时采用何种调查方法，须根据调查的任务目的及调查对象本身的特点来决定，同时还要根据事物的客观情况和工作条件的变化来选择。

二、统计调查方案及调查表的设计

统计调查是一项复杂的工作，特别是大型调查，涉及面广、涉及人员多，要使调查圆满完成，无论采用何种调查方式，在组织调查之前，首先应设计一个周密的调查方案。一个完整的统计调查方案应包括以下六方面基本内容：

（一）调查任务和目的

确定调查任务和目的是制定统计调查方案的首要问题。它决定着调查对象、调查单位、填报单位和调查项目等问题。

（二）调查对象、调查单位和填报单位

调查对象是根据调查目的确定的调查研究的总体或调查范围。调查单位是调查对象中的具体单位。填报单位则是负责上报调查资料的单位。如要了解我国工业企业职工情况，调查对象是全国工业企业的所有职工，调查单位是全国工业企业的每一名职工，填报单位是全国每一个工业企业。调查目的决定调查对象、调查单位和填报单位。实际工作中，还须注意区分调查单位和填报单位。调查单位是调查项目的承担者，它可以是个人、企事业单位，也可以是物。填报单位是负责上报调查资料的单位，一般在行政上、经济上具有一定独立性。两者有时一致，有时不一致。例如当调查国有工业企业生产情况的资料时，每一国有工业企业既是调查单位，也是填报单位；当调查国有工业企业中高精尖设备使用情况的资料时，国有工业企业中的每一台高精尖设备是调查单位，而填报单位则是每一国有工业企业。

（三）调查项目、调查表和调查问卷

在确定了调查目的、调查对象、调查单位和填报单位之后，就需要确定调查的内容，即确定具体的调查项目、调查表及调查问卷等。

1. 调查项目

调查项目就是调查的具体内容，它是由调查单位来承担的。其具体内容由调查对象的性质、调查的目的和任务决定。如我国第五次人口普查规定的调查项目包括户别、本户普查登记人数、本户户籍人口中外出不满半年人数、本户住房间数、本户住房面积等“按户填报项目”23 项，姓名、与户主关系、性别、年龄、民族、出生地、户口登记状况、受教育程度等“按人填报项目”26 项，共计 49 项。

拟定调查项目时应注意下述问题：①确定的调查项目应与所设计的统计指标和指标体系相一致，并本着“少而精”的原则，只列必需的项目；②应

根据需要和可能来确定调查项目，对于有需要但无法或很难取得资料的项目，不列入调查方案；③注意各调查项目之间尽可能相互联系，彼此衔接，以便于相关项目之间的核对，提高调查资料的质量。

2. 调查表

将调查项目科学地排列在一张表格上就构成了调查表。调查表通常由表头、表体和表脚三部分组成。表头是调查表的名称，用来说明调查的内容、被调查单位的名称、性质、隶属关系等；表体是调查表的最主要部分，包括调查的具体项目；表脚由填表人签名、填报日期、填表说明等内容构成，通常以示责任。

调查表有单一表和一览表两种。单一表是指在一份调查表中只登记一个调查单位的内容，如表2－1。在调查项目较多时宜使用单一表。一览表是指在一份调查表中登记多个调查单位的内容，如表2－2。在调查项目较少时宜使用一览表。

表2－1　普查百岁以上老人登记卡（单一表）

<table>
<tr><th>姓名</th><th>性别</th><th>出生年月</th><th>周岁</th><th>民族</th><th>文化程度</th><th>退休前职业</th></tr>
<tr><td></td><td></td><td></td><td></td><td></td><td></td><td></td></tr>
<tr><td rowspan="2">健康状况</td><td colspan="3" rowspan="2"></td><td colspan="3">生育状况（妇女填写）</td></tr>
<tr><td colspan="3">生产（活产）：　人；其中，男：　女：</td></tr>
<tr><td>个人简历</td><td colspan="6"></td></tr>
<tr><td>长寿经验</td><td colspan="6"></td></tr>
<tr><td>备注</td><td colspan="6"></td></tr>
</table>

表2－2　人口普查表（一览表）

姓名	与户主关系	性别	年龄	民族	户主状况与性质

申报人：　普查员：　填报日期：　年　月　日　户主姓名：

3. 调查问卷

问卷就是有问有答的调查表。问卷是用来搜集调查数据的一种工具，是调查者根据调查目的和要求设计的，由一系列问题、备选答案、说明及代码表等组成的书面文件。

(1) 问卷的基本要素

问卷的基本要素由四个部分组成：前言、问题和备选答案、编码、资料登录地址。

①前言。前言是给应答者的简短信函，一般写在问卷的首页或封面上。其基本内容应包括：调查者自我介绍（说明自己的身份和调查研究单位的名称）；说明调查目的及其重要性；解除应答者的思想顾虑；请求给予合作并表示感谢。前言不要写得太长，文字要简明扼要，通俗易懂。

②问题和备选答案。问题和备选答案是问卷的核心内容。问题，是向应答者提出的要求回答的事实、态度、行为和愿望等。归纳起来大致有四个方面的问题：事实方面的问题，如年龄、性别、职业、家庭人口等；态度、观念、志趣方面的问题，如你对实施物权法持什么态度？赞成、反对、无所谓等；行为方面的问题（包括已经做出的行为和将要做出的行为），如是否参加某种活动或组织等；理由方面的问题，即要求应答者对自己的态度、观念和行为等做出解释，说明其理由。

备选答案，它反映了研究对象的不同状况和水平。有以下两种形式：事先规定答案。如你每月的收入在：1000 元以下；1000 ~ 2000 元；2000 ~ 3000 元；3000 ~ 4000 元；4000 ~ 5000 元；5000 元以上；只提问题，不规定答案（答案的内容是事后才知道的）。

③编码。编码就是用自然数给各种答案编上号码。如家庭经济水平，本来可以用货币单位准确地计量，但为了研究方便往往把家庭经济水平分成三等或五等。贫困、一般、富裕，或很贫困、贫困、一般、富裕、很富裕，分别可用：1、2、3 或 1、2、3、4、5 来代表。

④资料登录地址。登录地址是指明每一项资料在汇总时，登录在什么地方，实际上起着资料索引的作用。

例 2.1 问卷案例

父母对子女教育方式调查问卷

我们是某中学的教学研究人员，为了解父母对子女的教育方式，以便对学生更好地施教，我们向你询问一些情况，希望你能如实回答，答案没有是非好坏的分别，只要如实回答就行。我们的调查不记名，请你考虑后在你持有的看法档次中划“√”，希望能得到你的真诚合作，谢谢！

1. 你父母有无酗酒、赌博、无故晚归等不良嗜好和习惯？

① 有　② 不知道　③ 没有

2. 你父母是否当着你的面吵架？

① 是　② 说不清　③ 不是

3. 你向父母提出要求时，他们的回答是否一致？

① 不一致　② 说不清　③ 一致

4. 你犯错误时，你父母是否对你进行批评教育？

① 不管不问　② 说不清　③ 批评教育

5. 你父母是否关心你的学习？

① 不是　② 说不清　③ 是

6. 你父母是否关心你的为人处世和交朋友的事情？

① 不过问　② 说不清　③ 关心指导

7. 星期日或假日你是否愿意与父母一起度过？

① 不愿意　② 无所谓　③ 愿意

由上述问卷可知，综合指标的统计值为 7 ~ 21 分，统计值越高，说明教育方式越好。因此，统计编码的顺序一定要保持一致，否则就会互相抵消。

（2）设计问卷时应注意的问题

①对每个问题和答案的设计，应充分考虑到问题的统计方法。如考虑在统计时应计算什么数值及怎样计算等。另外，上例中问题的设计顺序要一致。

②提问的问题要准确、清楚。要使用一般的语句，尽量避免使用专业术语。可使用 6w（who，where，when，why，what，how）准则检验。例如：“请问您使用什么牌子的洗发水？”改为“请问您最近三个月使用什么牌子的洗发水？”再如：“您觉得这种电视机的画面质量如何？”（画面质量——太笼统，含义不清楚）改为“您觉得这种电视机的画面是否清晰？”

③问题要适用于调查对象的最低文化程度。如：“您是否认为使用电脑数字技术制作的广告更具有吸引力？”可能很多人不知道“电脑数字技术”。

④问题应当短小，便于做明确的答复。（太长容易给应答者在理解上带来一定的困难）

⑤问题的排列要具有逻辑性。一般从远到近、由浅入深地按照思维的逻辑顺序排列，习惯上将性别、年龄、职业、收入等基本问题，放在问卷的最前面，作为过渡性问题及将来分析的分类标准。

⑥对敏感性问题设计问卷时应遵循保密的原则。如私人财产调查、性问题调查等都属于敏感性的个人隐私问题。进行这类问题调查时，如果不注意方式、方法和措辞等，就会造成相当高的拒答率，或得不到真实的答案。

（3）问卷设计的程序

①确定调研目的、来源、局限；②确定数据收集方法；③确定问题回答形式（开放式、封闭式、量表应答式问题）；④决定问题的措辞，用词清楚，避免诱导性用语，考虑应答者回答问题的能力、意愿；⑤确定问卷的流程编排；⑥评价问卷和编排（评价方法：问题是否必要；问卷是否太长；问卷是否回答了调研目标的应获信息；邮寄及自填问卷的外观设计；开放试题是否留足空间；问卷说明是否用了明显字体）；⑦获得相关方面的认可；⑧预先测试、修订；⑨准备最后的问卷；⑩实施。

另外，问卷的评价还要注意以下问题：①所有题目与研究目的相符合，题目都是所要调查的项目；②问卷能够显示出一个重要的主题，是填答者认为重要的，愿意长时间去填答的；③问卷仅在收集其他方法无法收集的资料；④问卷尽可能简短，其长度只要获得重要资料即可，填答时间应控制在 20 分钟之内；⑤问卷的题目要依照心理次序排列，按照一般性到特殊性的逻辑；⑥问卷题目设计要符合编题原则，避免获得不正确答案；⑦问卷收集的资料要利于列表和解释；⑧问卷指导语和填答标示清楚，使填答者不会有错误的反应；⑨阅卷编排格式要清楚，翻页要顺手，指示符号要明确，不该有瞻前顾后的麻烦；⑩印刷纸张不能太薄，字体不能太小，间隔不能太小，装帧不能随便。

（四）调查时间和调查期限

调查时间是指调查资料所属的时间。资料所属时间应明确规定所调查的是哪个时期或时点上的资料。调查期限是指调查工作从开始到结束的时间长度。如全国第二次基本单位普查的标准时间是 2001 年 12 月 31 日，普查年度为 2001 年日历年。调查期限是 2001 年 9 月至 2002 年 6 月底。

（五）调查方法

确定调查方法是指选择什么样的调查组织方式和数据收集方式。关于此问题的选择，在本节的“统计调查的组织方式”内容中有详细说明。

（六）调查的组织实施计划

调查工作的组织实施计划是指对调查所涉及的人、财、物的统筹安排，包括调查机构设置、人员的安排及组织培训、调查经费的预算开支、资料的印刷及汇总的物质准备等问题。安排好调查所涉及的人、财、物是做好调查的保障。值得注意的是，调查人员的素质往往直接影响到调查的质量。因此，在大型调查之前组织专门的普查人员培训工作是必不可少的环节。

三、统计调查的组织形式

统计调查按组织形式分为统计报表和专门调查，专门调查又分为普查、抽样调查、重点调查和典型调查。我国的调查方法体系以普查、抽样调查和统计报表为主。

（一）统计报表

1. 统计报表的概念和特点

（1）统计报表的概念

统计报表是我国搜集统计资料的一种重要的组织形式。它是按照国家或上级部门统一规定的表式、统一的指标、统一的报送程序和报送时间，自下而上逐级提供基本统计资料的一种调查方式。

（2）统计报表的特点

①报表资料的来源建立在基层单位的各种原始记录的基础上，基层单位也可利用其资料对生产、经营活动进行监督管理。

②由于统计报表是逐级上报和汇总的，各级领导部门能获得管辖范围内的报表资料，了解本地区、本部门的经济和社会发展情况。

③由于统计报表是属于经常性调查，调查项目相对稳定，有利于积累资料并进行动态对比分析。

2. 统计报表的种类

（1）按报表内容和实施范围不同，分为国家统计报表、部门统计报表和地方统计报表。国家统计报表是国民经济基本统计报表，由国家统计部门统一制发，用以搜集全国性的经济和社会基本情况，包括：农业、工业、基建、物资、商业、外贸、劳动工资、财政等方面最基本的统计资料。部门统计报表是为了适应各部门业务管理需要而制定的专业技术报表。地方统计报表是针对地区特点而补充制定的地区性统计报表，是为本地区的计划管理服务的。

（2）按调查范围的不同分为全面统计报表和非全面统计报表。全面统计报表要求调查对象中的每个单位都填报；非全面统计报表，只要求调查对象中的一部分单位填报。目前大多数统计报表都是全面报表。

（3）按报送周期长短的不同，可分为日报、旬报、月报、季报、半年报和年报等。周期短的，要求资料上报迅速，填报的项目比较少；周期长的，内容要求全面；年报具有年末总结的性质，内容要求更全面，以反映方针政策和计划的执行情况。

（4）按填报单位的不同分为基层报表和综合报表。基层报表是由基层企事业单位根据原始记录，汇总整理出的统计报表。综合报表是由主管部门或地方根据基层报表逐级汇总填报的报表。

（5）按报送方式的不同，可分为电讯报表和书面报表等多种形式。这与现代化手段的应用有直接的关系。

3. 统计报表制度

统计报表（statistical report forms）制度是由政府主管部门根据统计法规，采用行政手段以统计表格形式自上而下布置，而后由企事业单位自下而上层层汇总上报的一种以全面调查为主的调查方式。

统计报表制度是我国重要的国家管理制度之一。它的任务是经常地、定期地搜集反映国民经济和社会发展基本情况的资料，为各级政府和有关部门制定计划以及检查计划的执行情况服务。这种定期的、比较稳定的搜集资料的方法在我国几十年的政府统计工作中，已形成了一套比较完备的统计报表制度，已成为国家和地方政府部门统计数据的主要来源。我国目前有关国计民生的重要的统计资料很大部分还是依靠统计报表制度取得的。

统计报表制度是由一个庞大的组织系统形成的。它不仅要求各基层单位有完善的原始记录、台账和内部报表等良好的基础，而且要有一支熟悉业务的专业队伍。因此，它需要耗费很大的人力、物力和财力。

4. 原始记录与统计台账

统计报表的资料来源于基层单位的原始记录。从原始记录到统计报表，中间还需要经过统计台账，因此，建立和健全统计原始记录和统计台账，是保证统计报表质量的基础。

（1）原始记录。原始记录是基层单位通过一定表式，对生产经营活动过程和成果所做的第一手数字或文字记载，是未经过加工整理的初级资料。例如，工业企业的产品产量、质量记录；原材料、燃料、动力消耗记录；工人出勤和工时记录等。原始记录的质量，直接影响着统计报表数字的准确性和及时性。基层单位进行经济核算所需的各种资料都来自于原始记录。统计核算、会计核算和业务核算都是以原始记录为依据的，因此建立和健全原始记录制度对贯彻执行统计报表制度和加强经济核算工作都具有十分重要的意义。

（2）统计台账。统计台账就是根据填报统计报表和统计核算工作的需要，将分散的原始记录资料按时间顺序进行系统登记，以积累统计资料的表册。统计台账种类繁多，格式多样，应根据各个基层单位的具体情况和实际需要而定。其基本形式大体上可以分为多指标的综合台账和单指标的分组台账。多指标综合台账是在同一个表册上，按时间顺序，同时登记若干个有关指标数值的动态情况，例如，企业或车间为检查各项主要指标完成情况而设置的主要指标完成情况台账。单指标分组台账是在同一个表册上，按时间顺序，同时登记各个下属单位某一项指标数值的动态情况。

综上所述，原始记录、统计台账和统计报表三者之间有着密切的联系。就企业内部统计资料汇总的基本过程而论，原始记录是进行大量观察、取得最基本的数字资料的最初环节，是统计报表资料的主要来源。通过中间环节即统计台账，将原始记录的数字资料分门别类逐日登记，进行系统整理和综合，是积累统计资料的手段。最后，将整理过的资料进行汇总和核算，按照一定的报表形式进行填报。总之，建立和健全基层单位的原始记录和统计台账，不仅对提高统计工作的质量具有重要意义，而且对加强基层单位的经济管理也十分重要。

（二）普查

1. 普查的意义

普查（census）是为了某一特定目的而专门组织的一次性的全面调查。它用来搜集那些不能或不适宜用定期的全面统计报表来搜集的统计资料，以搞清重要的国情国力。它一般用来调查处于某一时点状态上的社会经济现象的数量。如人口普查、基本单位普查、工业普查、国有资产普查等。世界各国一般都定期进行各种普查，以便掌握有关国情、国力的基本统计数据。普查是适合于特定目的、特定对象的一种调查方式，其目的是掌握特定社会经济现象的基本全貌，为国家制定有关政策或措施提供依据。

2. 普查的特点

（1）普查通常是一次性的或周期性的。由于普查涉及面广、调查单位多，需要耗费大量的人力、物力和财力，通常需要间隔较长的时间，一般情况下，每隔 10 年进行一次。如我国的人口普查从 1953 年到 2000 年共进行了五次。我国的普查逐步走向规范化、制度化。目前我国每逢末尾数字为“0”的年份进行人口普查；为“3”的年份进行第三产业普查；为“5”的年份进行工业普查；为“1”的年份进行基本单位普查。

（2）普查有统一规定的标准时点。确定标准时点，以避免调查中出现重复登记或遗漏，保证普查结果的准确性。如我国第五次人口普查的标准时间为 2000 年 11 月 1 日 0 时。标准时间一般定为调查对象比较集中、相对变动较小的时间。

（3）普查的规范化程度较高，有统一规定的项目和指标。普查项目一经统一确定，不能任意更改，以免影响汇总综合，降低资料质量。同一种普查，每次调查的项目和指标应力求一致，便于对比分析，从而掌握调查对象的发展变化趋势。

3. 普查的方式

普查基本上有两种方式：一种是成立专门的普查机构，派出普查人员，对调查单位进行调查。如人口普查就是这种方式。另一种是利用企事业单位的原始资料或报表资料进行填报，或根据这些资料结合实际盘点的情况进行填报，如企业的设备普查。

（三）抽样调查

1. 抽样调查的意义

抽样调查（sampling survey）是一种非全面调查，它是按照随机原则从总体中抽选一部分单位进行调查，并根据部分单位（样本）的指标数值对总体做出具有一定可靠程度的估计和推断的方法。如我们要检验某种产品的质量，就要从全部产品中随机抽取若干产品作为样本进行检验，看它们的合格率如何，再以此推断全部产品的合格率，从而推算合格产品的数量。

抽样调查的作用体现在以下几个方面：

（1）主要适用于不可能或不必要进行全面调查的场合。

（2）抽样调查与全面调查相结合，可以补充和修正全面调查的数据。

（3）抽样调查常用于生产过程中的产品质量控制。

（4）抽样调查利用小概率原理，可以对某些假设进行检验，以判断假设的真伪。

2. 抽样调查的特点

（1）按照随机的原则抽选单位，完全排除个人主观意图的影响。

（2）抽样调查的目的是从数量上推算总体情况。

（3）抽样调查必然产生抽样误差，但此误差可以事先计算并可以控制在一定的范围内。

3. 抽样调查与其他非全面调查的比较

抽样调查除了非全面调查所具有的经济性和时效性外，还有如下显著特点：

（1）适应面广。抽样调查可以适用于各个领域、各种问题的调查。从适用的范围来看，抽样调查既可用于全面调查能够调查的现象，也能调查全面调查所不能调查的现象，特别是适合于一些特殊现象的调查。如产品质量的检验、农产品试验、医药的临床试验等。在社会经济现象中，有很多现象是无法进行全面调查的，只能采用抽样调查方法。

（2）准确性高。抽样调查的数据质量有时比全面调查更高，因为全面调查的工作量大、环节多，登记性误差往往很大；而抽样调查由于工作量小，可使各环节的工作做得更细，误差往往很小。当然，用样本数据去推断总体时，不可避免地会有推断误差，但这种误差的大小是可以计算并能控制的，其理论基础和方法基础就是概率论数理统计。现在世界上许多国家广泛采用抽样调查方法。

抽样调查的方法我们将在本书第四章详细介绍。

（四）重点调查

1. 重点调查的意义

重点调查（key survey）是在调查对象范围内，选择部分重点调查单位进行的非全面调查。所谓重点单位，是指标志总量在总体标志总量中占有绝大比重的单位。它们在总体中的单位数很少，但却具有举足轻重的作用。通过对这部分重点单位的调查，可以从数量上说明整个总体在该标志总量方面的基本情况或基本趋势。如选择首钢、鞍钢、上钢、武钢、太钢、包钢、邯钢等几个钢铁企业进行调查，就能及时地了解到全国钢铁企业生产的基本情况，因为这些企业的钢铁产量占全部钢铁企业总产量的绝大比重，可以满足调查任务需要的资料。因此，重点调查的关键是如何选择重点单位，其着眼点是这些单位的标志值在所研究现象的标志总量中占比重的大小。

2. 重点调查的特点

（1）调查单位少。即可以用较少的人力、物力和财力来调查较多的项目，从而了解的情况就比较详细，能够取得较好的效果。

（2）适用于调查对象的标志值比较集中于某些单位的场合。重点调查的主要目的在于了解研究对象的基本情况和基本趋势，而不要求全面准确地推算总体数字资料。因此，当调查任务只要求掌握总体的基本情况，而且总体中确实存在重点单位时，采用重点调查是比较适宜的。但必须指出，由于重点单位与一般单位的差别较大，通常不能由重点调查的结果来直接推算整个调查总体的数量特征。

3. 重点调查的方式

主要采取专门调查的组织形式，有时也可以结合定期统计报表，由被调查的重点单位填报，定期观察这些重点单位的主要技术经济指标的完成情况及其变动。

（五）典型调查

1. 典型调查的意义

典型调查（model survey）就是根据研究目的，在对调查对象充分认识了解的基础上，有意识地选取若干具有典型意义或有代表性的单位进行的非全面调查。

典型调查具有以下两个突出的作用：第一，研究处于萌芽状况的新生事物或某种倾向性的社会问题。通过对典型单位深入细致的调查，可以及时发现新情况、新问题，探索事物发展变化的趋势，形成科学的预见。第二，分析事物的不同类型，研究它们之间的差别和相互关系。例如要研究工业企业的经济效益问题，可以在同行业中选择一个或几个经济效益突出的单位做深入细致的调查，从中找出经济效益好的原因和经验，便于推广。典型调查的目的是通过调查来区别先进事物与落后事物，分别总结它们的经验教训，提出对策以促进事物的转化与发展。

2. 典型调查的特点

（1）调查单位少，能深入实际，深入群众，搜集详细的第一手数字资料。

（2）典型单位是有意识地选出的，具有一定的代表性。

（3）典型调查机动灵活，可节省人力和物力，提高调查的时效性。

3. 典型单位的选取

典型调查的中心问题是如何正确选择典型单位。典型单位的选择直接关系到调查的质量和效果。选择典型单位必须依据科学的理论，尊重客观实际，倾听各方面的意见，使所选择的典型具有充分的代表性。切忌主观片面性和随意性。根据不同的研究目的和要求，有以下三种选择典型的方法：

（1）选择中等水平的典型单位。这种方法适用于总体内各单位差别不太大的情况。通过对个别代表性单位的调查，来说明总体的一般性水平。

（2）“划类选典”的方法。当同一总体内各个单位的差别明显时，首先把总体划分为若干个类型组，使各类型组的内部差异较小；然后，从各类型组中分别选出一两个有代表性的单位进行调查，即为“划类选典”法。

(3)“抓两头”的方法。从社会经济组织管理和指导工作的需要出发，可以分别从先进单位和落后单位中选择典型，以便总结经验和教训，带动中间状态单位，推动整体的发展。

4. 典型调查的方式

典型调查的方式有两种：第一种是“解剖麻雀”式的典型调查。即通过深入细致的调查研究，了解个别单位的生动具体情况，以便总结经验、改进工作。有时为了观察事物发展变化的过程和趋势，系统地总结经验，也可对选定的典型单位连续地进行长时间的跟踪调查。如对新生事物或处于萌芽状态的事物的研究，就适宜采用这种定点的跟踪调查。第二种是“划类选典”的方法。这种调查既可用于分析总体内部各类型特征以及它们的差异和联系，也可综合各种类型对总体情况做出大致的估计。值得注意的是，这种估计总体的准确性较差。因为它带有主观意识的影响，且调查的单位数不多。

上述各种统计调查方式都有不同特点和作用，但同时也各有局限性和不足之处。在实际工作中，我们应根据不同的调查对象和研究任务，灵活运用，尽可能结合使用各种统计调查方式，使其发挥各自的长处，互相补充验证，这样才能搜集到准确、丰富的统计资料。

四、统计调查误差

(一) 统计调查误差的概念与种类

1. 统计调查误差的概念

将统计调查取得的统计数字与调查总体实际数量之间的差别，称为统计调查误差。它一般有两种表现形式，即统计误差的绝对数和相对数。如某地区某年水稻实际总产量为100万公斤，统计调查结果为99万公斤，统计调查误差就是1万公斤，以相对数表示的误差为1%。又如据我国第五次人口普查公报表明，我国第五次人口普查的数据经过抽样调查数据的验证，其误差率为1.81%，完全符合要求。一般认为，世界各国人口普查的误差率在1%～2%是允许的。

2. 统计调查误差的种类

统计调查误差的产生可以归结为两种，一种是登记性误差，另一种是代表性误差。

登记性误差是由于调查过程中各有关环节的工作失误造成的。产生登记误差的主要原因有：调查方案中有某些规定或指标解释不明确；遗漏或重复调查单位；调查人员了解情况不深入、不准确；调查人员或单位有意弄虚作假，虚报、瞒报；计量工具不准确；计算、登记、汇总、抄写上有错误等。这些误差产生的原因主要来自两方面，一是统计人员本身的工作态度、业务水平等问题；二是统计调查涉及被调查者的个人或小集团的利益，如一个贫困地区，为说明脱贫致富的工作成绩，有可能虚报该地区的产值、产量和人均收入等统计数据，而有的单位为了向上级有关部门争取各种经济援助，又有可能瞒报有关指标数据等。从理论上讲，登记性误差是可以消除的。

代表性误差是由于非全面调查只调查总体的一部分单位，这部分单位不能完全反映总体的特征而产生的误差。代表性误差又分为系统性误差和抽样误差两种。系统性误差又称偏差，是由于从总体中抽取调查单位时违反随机原则而造成的误差。抽样误差即偶然性的代表性误差，指在抽样调查中，即使严格按照随机原则抽取调查单位，也不可避免地产生误差，这是由于抽中的不同随机样本造成的。这类误差通常是无法消除的，但可以事先进行控制。

（二）防止与减少调查误差的办法

对于代表性误差，应从各方面来提高样本数据的代表性，尽量缩小抽样所造成的代表性误差。要充分估计在调查过程中可能出现的问题，并采取相应的措施通过各种方式方法来进一步缩小误差，并应严格按照随机的原则抽取样本。如调查方案的进一步完善、增大样本的容量、不同抽样方式间的验证等。而对于登记性误差，则应从整个调查工作的全过程来进行控制。

1. 调查前的误差控制

首先要设计科学的调查方案。调查方案中包含的各项内容，必须详细地加以规定和说明，以便使调查人员和填报人员对方案中的各项内容有一致的理解；其次要搞好调查人员的培训，提高调查人员的业务素质。这是从组织上保证统计调查工作质量的重要基础措施，特别是一次性的全面调查。如人口普查需要组织庞大的临时调查人员队伍，必须对其进行针对性的培训，并进行必要的业务考核，达到标准才可上岗工作；另外还要搞好试点工作，特别是对一次性的全面调查，在正式开展工作之前，应先试点调查，及时发现调查方案及调查中可能出现的问题，并对调查方案进行适当的修订和补充，以保证正式调查时统计数据的质量。

2. 调查中的误差控制

首先要搞好宣传工作。宣传的内容包括统计调查工作的意义，为被调查人保密的制度和措施等。通过宣传，充分发动群众，取得被调查人对调查工作的积极配合；其次在调查过程中要做到一边登记一边检查。这种检查的措施包括自查、互查、分级检查等。依靠这些措施，力争做到就地发现错误能就地改正。

3. 调查后的误差控制

统计调查结束后，应在汇总前对调查资料进行准确性、及时性、完整性检查。发现问题要及时予以订正。

第二节 统计数据的整理

一、统计数据整理的意义和原则

（一）统计数据整理的概念

统计数据整理是根据统计研究的目的，对统计调查所获得的大量原始资料，进行科学分类和汇总，使之条理化、系统化，得出能够反映现象总体特征的综合资料的工作过程。广义地讲统计整理也包括对已加工过的资料进行再加工，但主要是对大量原始资料的加工整理。

（二）统计数据整理的意义

通过统计调查，我们取得了大量的反映社会经济现象个体特征的具体资料，但这些资料是分散的和零碎的，不能反映现象总体的特征，也不能达到认识现象总体规律的目的。如通过人口普查我们得到了每个人的性别、年龄、文化程度、民族、职业等资料，这些资料只反映了每个个体的情况，不能反映一个国家或地区的人口总体的基本情况。只有通过统计整理工作，把这些零碎的个体资料加工成人口总体的性别构成、年龄构成、文化程度构成、民族构成、职业构成等资料，才能说明人口总体的基本特征。

统计整理工作是统计工作过程的第三个阶段，是统计工作过程的中间环节，是统计调查的继续，统计分析的前提，起着承前启后的作用。统计整理工作做得不好，统计调查工作就会前功尽弃，而统计资料整理的质量，决定着统计分析结果的正确性和科学性。因此，统计整理工作在整个统计工作中具有重要的地位。

（三）统计数据整理的原则

为了保证统计数据整理的质量，在资料整理时应遵循目的性、联系性和简明性原则。

目的性原则。一定要根据统计研究的目的进行科学的分类、汇总、计算，才能得出所需要的大量数据资料。

联系性原则。应从整体出发，考虑事物的联系性，研究与整体有关的各方面数据资料。

简明性原则。应在深入分析现象的基础上，抓住最基本、最简明、最能说明事物本质特征的统计分组和统计指标，对统计资料进行整理。

二、统计数据整理的步骤

（一）统计数据整理方案的设计

正确制定统计数据整理方案是保证有计划、有组织地进行统计数据整理工作的第一步，是统计设计在统计整理阶段的具体化。应该根据统计研究目的，将所有调查项目的内容进行归类整理，以反映事物的本质特征。规定各种分组和各项分组标准，编制整理表和汇总表。

（二）统计数据的审核

统计资料的审核是保证统计数据整理质量的关键性工作，它包括汇总前的审核和汇总后的审核两种。审核的内容主要包括资料的准确性、及时性和完整性审查。

资料的完整性审查主要是检查应调查的单位有无遗漏，应调查的内容是否齐全。资料的及时性审查主要是检查资料是否按规定时间报送，如发现未按时报送的应查明原因及时处理。统计资料的准确性审查是统计资料审查的重点，主要审查统计调查过程中的误差。审查的重点是登记性误差。常用的方法有逻辑性检查和技术性检查两种。

1. 逻辑性检查。它是用来检查资料的内容是否合理、有关项目之间是否存在矛盾的方法。这就要求审查人员要有高度的责任感，并要熟悉内容情况，有熟练的业务能力。

2. 技术性检查。它主要包括：检查填报单位有无遗漏或重复；调查表有关的调查项目是否填写齐全，所填内容、表格等是否符合规定，有无错行错栏等情况；计量单位是否正确；合计、乘积等数据计算是否正确等。

另外，对于历史资料（通常指次级资料）也需鉴别与审查，审查资料的真实可靠程度。可从四方面入手：①辨别清楚是什么单位，出于什么目的而收集、整理资料，从而判明这些历史资料是否可用；②对调查整理的方法进行审查，辨别历史资料的真伪和质量的优劣；③从历史资料本身的性质来评定资料的质量，如正式发表的统计资料（如统计公报）要比新闻报道的资料可靠；④可从历史资料有关指标间的关系和动态发展的特点中检查历史资料的质量。此外，对指标的口径、范围、时间界限和计算方法等都须加以审查。

（三）对调查数据进行编码及录入

按照统计设计要求，借助计算机对调查数据进行编码，将调查表和调查问卷中所有项目的信息，转化为计算机能识别的符号并进行录入，以便计算机有效识别和处理。

（四）统计分组和汇总

科学的分组是统计整理的关键、前提和基础。统计分组是将统计调查来的大量原始资料，按照一定的标志区分为不同的类型或不同的组。统计汇总是对分组后的资料进行汇总和必要的计算，汇总出各组的合计数和总体合计数，通过汇总将个体特征的资料过渡为反映总体特征的资料。

（五）统计图表的编制

统计图表的编制是表现统计资料的主要形式。是将统计整理的结果，用图表的形式简明、形象地表示的方法。

（六）统计资料的积累与开发

对整理好的统计资料，妥善保存积累，并进行深入研究，充分开发和利用统计资料。

三、统计分组

（一）统计分组的概念

统计分组是根据统计研究的任务和目的，将总体按照一定的标志划分为若干性质不同的组成部分的一种统计方法。其目的在于揭示现象之间存在的差别，要保持同一组内统计资料的同质性和各组之间统计资料的差异性。统计分组是一个相对的概念，对总体而言是“分”，即将总体区分为各个性质不同的若干组成部分；而对总体单位（个体）而言是“合”，即将性质相同的总体单位合为一组。如对人口总体按性别分组，对总体而言是将人口总体区分为男女两个性质不同的组成部分；而对每个人而言是将性别相同的人合为一组。

（二）统计分组的作用

统计分组是统计研究特有的分析方法，是在统计总体内进行的一种定性分类，在统计整理和统计分析中起着重要作用。具体表现在以下四个方面：

1. 发现现象的特点与规律

通过统计调查取得的资料，常常是分散、零碎和杂乱无章的，只有将其进行适当的分组，才能发现事物的特点与规律。

例 2.2　为确定灯泡的使用寿命（小时），在一批灯泡中随机抽取 100 只进行测试，所得结果如下：

651 676 685 691 695 698 704 709 717 727 658 677 685 691 695 699 705 710 718 728 661 679 685 691 696 699 706 710 718 729 664 681 688 692 696 700 706 712 719 729 665 681 688 692 696 700 706 712 720 733 666 682 689 692 697 701 707 713 721 735 668 683 689 693 697 701 707 713 722 736 671 683 690 693 698 702 708 715 722 741 673 683 690 694 698 702 708 716 725 747 674 684 691 694 698 703 708 717 726 749

以上数据资料是杂乱无章的，很难看出其特点与规律，而我们将上面的资料进行分组汇总后，就能清楚地看出其规律性。如表 2－3。

表 2－3　灯泡使用寿命分组表

按使用时间分组（小时）	频数（个）	频率（%）
650～660	2	2
660～670	5	5
670～680	6	6
680～690	14	14
690～700	26	26
700～710	18	18
710～720	13	13
720～730	10	10
730 以上	6	6
合计	100	100

根据表 2－3 数据可以清楚地看出灯泡的使用寿命，以及在不同使用时间上灯泡的分布状况。通过分组可知 71% 的灯泡使用寿命在 680～720 小时。

2. 划分现象的类型

社会经济现象有多种多样的类型，不同类型的现象有着本质的差别，通过统计分组可以把不同类型的现象区分开。如将企业按经济类型分组，可以反映不同经济类型的企业在国民经济中的地位和作用，对于认识总体的本质特征具有重要的意义。

3. 揭示现象的内部结构

通过统计分组可以计算各组数值在总体中所占的比重或各组之间的比例关系，从而反映现象的内部结构情况，如表 2－4。

表 2-4　全国历次人口普查中民族构成状况　万人

	第一次普查 1953.7.1		第二次普查 1964.7.1		第三次普查 1982.7.1		第四次普查 1990.7.1		第五次普查 2000.11.1	
	人口数	比重（%）	人口数	比重（%）	人口数	比重（%）	人口数	比重（%）	人口数	比重（%）
全国	59,435	100.00	69,458	100.00	100,818	100.00	113,368	100.00	126,583	100.00
汉族	54,728	93.94	65,456	94.24	94,088	93.32	104,248	91.9	115,940	91.59
少数民族	3,532	6.06	4,002	5.76	6,730	6.68	9,120	8.04	10,643	8.41

从表 2-4 分析可以看出，我国五次全国人口普查人数及民族构成发生了很大变化。第五次人口普查与第一次人口普查相比，汉族人口数增长了 111.85%，而少数民族人口数增长了 2 倍。少数民族人口的构成也由第一次人口普查的 6.06% 上升为第五次人口普查的 8.41%，增长了 2.35 个百分点，这体现了我们对少数民族的优惠政策。

4. 分析现象之间的依存关系

现象是一个复杂的总体，一切现象相互联系、相互依存、相互制约，通过统计分组可以揭示现象间的依存关系。如商业企业中商品销售额和流通费用水平的关系，见表 2-5。

表 2-5　某地区商业企业商品销售额与流通费用水平分析表

按销售额分组（万元）	企业数（个）	流通费用率（%）
100 以下	15	11.42
100～200	14	10.11
200～300	12	6.43
300～400	10	5.92
400～500	18	3.09
500～600	16	2.66
600 以上	15	1.94

从表 2-5 资料分析可以看出，企业的商品销售额越大其流通费用率却越低，两者呈反方向变动关系。

以上统计分组的作用，并不是彼此孤立的，在统计实践中往往相互补充结合运用。从统计分组的作用我们可以看出，统计分组法不仅是统计整理的基础，也是统计分析的方法。

（三）统计分组的方法

1. 分组标志的选择

统计分组的关键问题是正确选择分组标志和划定各组间的界限。分组标志是指用来作为分组的标准和依据。如人口按年龄分组，年龄就是分组标志；企业按利润额分组，则利润额就是分组标志。

任何一个统计总体，都可以采用许多标志进行分组。分组时所采用的标志不同，得出的结果也就不同。分组标志的选择是否恰当，不仅关系到能否正确地反映总体的数量特征及其变化规律，还决定着能否实现统计研究目的。在选择分组标志时应注意以下基本原则：

（1）根据研究目的选择分组标志。统计总体的各个单位都有许多标志，分组标志的选择必须紧密结合统计研究目的进行。由于研究目的不同，选择的分组标志也不同。如我们研究河北省人口的民族构成情况时，就应按“民族”这个分组标志进行分组。而研究河北省不同经济类型的工业企业在经济发展中所起的作用时，应按企业的“经济类型”标志进行分组。只有按照研究目的选择分组标志进行分组，才能完成统计研究的任务。

（2）要选择能反映事物本质特征的标志作为分组标志。明确分组的目的，并不意味着分组标志的选择工作已经完成。因为，同一研究目的会有不同的分组标志可供选择。如工业企业按规模大小分组时，反映企业规模大小的标准有：企业的职工人数、产品年生产能力、生产用固定资产原值等，用哪一个标准作为分组标志，应看哪个标志最能体现研究事物的本质特征。如果企业是以手工操作为主的劳动密集型企业（如手工刺绣企业），则“职工人数”最能体现其本质特征；如果企业是以机械操作为主的技术密集型企业（如家电行业），则“年生产能力”最能体现其本质特征；如果企业是重工业企业（如钢铁行业），则“年生产能力和生产用固定资产原值”两个标志共同作为分组标志，才能体现其本质特征。

（3）要结合现象所处的具体历史条件或经济条件来选择分组标志。社会经济现象总是随着时间、地点、条件的变化而变化的。因此，分组标志应随着具体历史条件或经济条件的变化而变化。如我国企业按“经济类型”分组，从新中国成立初期到现在，我们对“国民经济类型”的分组内容，进行了几次调整。不同的时期分组的情况差别很大，只有因时、因地考虑现象所处的条件，分组才有意义。

在确定了分组标志以后，还必须划定各组的界限标准，即在分组标志的变动范围内，划定各个相邻组之间的性质界限和数量界限。划定各组界限时应注意组内单位的同质性和组间的差异性。

2. 统计分组方法

(1) 按品质标志分组。按品质标志分组是指选择反映事物属性差异的标志作为分组标志，并在品质标志的变动范围内划定各组间的界限的方法。其概念较为明确，分组也相对稳定。如人口按性别分为男、女两组，这样的分组就很简单明了。品质标志本身就决定了组数和组的界限。但是有的分组标志的表现却比较复杂，存在着不同性质的过渡状态，使分组现象不易划分。如以农产品为原料的产品，属于工业品还是农副产品，就很难界定。为了避免认识不同可能造成的差错，保证统计分组的统一性和可比性，联合国及各国的统计部门，都规定统一的分类目录，作为划分组别的统一标准。

(2) 按数量标志分组。按数量标志分组是指选择反映事物数量差异的标志作为分组标志，并在数量标志的变动范围内划定各组间界限的方法。如企业按商品销售额分组、人口按年龄进行分组等均为按数量标志分组。由于数量标志的变异表现为许多不等的变量值，因此，使用同一资料会有多种分组形式。如何分组、分多少组、各组的界限如何等内容，我们将在本节后面的内容中详细介绍。

四、统计分组体系

(一) 简单分组和平行分组体系

1. 简单分组

将总体按一个标志分组称为简单分组。如学生按“考分”分组。在实际工作中，简单分组很难满足多方面反映事物全貌的要求。

2. 平行分组体系

对同一总体采用两个或两个以上的分组标志分别进行的简单分组平行排

列起来，就形成了平行分组体系。将某企业职工分别按性别、工龄和年龄分组，就形成了一个平行分组体系。如表2－6，平行分组体系特点是：每一次分组只能区分一个因素对差异的影响。

表2－6 某企业职工性别、工龄和年龄情况

按性别、工龄和年龄分组	人数（人）	比重（%）
性别	618	100.00
男	360	58.25
女	258	41.75
工龄	618	100.00
10年以下	300	48.54
10～20年	180	29.13
20年以上	138	22.33
年龄	618	100.00
30岁以下	260	42.07
31～45岁	280	45.31
46岁以上	78	12.62

（二）复合分组和复合分组体系

1. 复合分组

将同一总体按两个或两个以上的分组标志重叠起来进行分组称为复合分组。例如，可以同时选择学科、专业、性别等分组标志对高校在校学生进行分组，见图2－1。又如表2－7、表2－8，都是将某地人口按性别、民族重叠起来进行分组。

表2－7 某地人口性别、民族情况（一）

按性别、民族分组	人数（千人）
男性	550
汉族	533
少数民族	17
女性	450
汉族	436
少数民族	14
合　计	1000

表 2-8 某地人口性别、民族情况（二）

性别	汉族（千人）	少数民族（千人）
男	533	17
女	436	14
合　计	969	31

2. 复合分组体系

对同一总体按两个或两个以上的分组标志重叠起来进行分组，形成的树型结构分组体系称为复合分组体系。如图 2-1。建立复合分组体系，应根据统计研究目的的要求，确定分组标志的主辅顺序，先按主要标志对总体进行第一层次分组，再按辅助标志在第一次分组的基础上进行第二次分组，直至最后一层为止。复合分组体系的特点是：有几次分组就能同时区分几个因素对差异的影响。

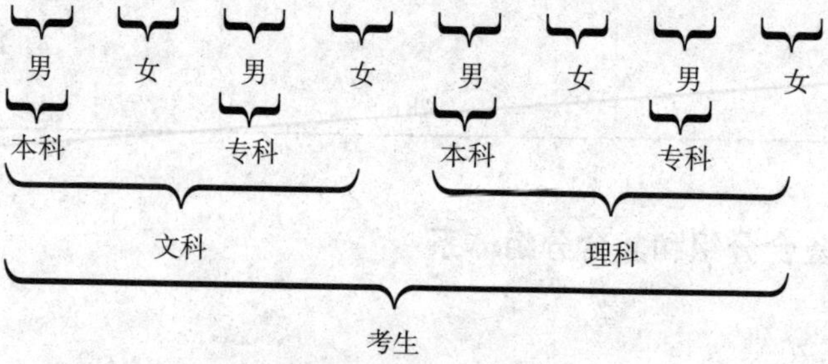

图 2-1 考生分组体系

五、分布数列

（一）分布数列的意义

1. 分布数列的概念

分布数列是指在统计分组的基础上，将总体的所有单位按组归类，并按顺序排列，形成总体中各单位在各组间的分布，又称分配数列。分布在各组的单位数称为次数，也叫频数（frequency）。将各组的次数与次数总和相比求得的比重称为频率，它表明各组变量值对总体的相对作用程度，也可表明各组变量值出现概率的大小，按顺序列出的各组变量值及相应的频率，即成为变量的频率分布。很显然，任何一个频率分布都必须满足两个条件：一是各频率大于等于0；二是各组频率之和等于1（或100%）。

2. 分布数列的意义

次数分布是统计整理的一种重要形式，也是统计描述和统计分析的一种重要方法，它不仅可以表明总体的分布特征及其结构情况，还可以研究总体在某一标志下的平均水平和变动规律。

（二）分布数列的种类

分布数列由两个要素组成：①总体的分组标志；②各组对应的分配次数（频数）或频率。

分布数列主要有品质分布数列和变量分布数列两种。

1. 品质分布数列

按照品质标志分组形成的分布数列，称为品质分布数列，简称品质数列。见表2－7、表2－8。

2. 变量分布数列

按数量标志分组所形成的分布数列称为变量分布数列，简称变量数列。见表2－9、表2－10。

变量数列又可分为单项式变量数列和组距式变量数列两种。

①单项式变量数列指以每一个变量值作为一组，按各组顺序简单排列而编制的变量数列。如表2－9所示。

表2－9 某班组日产机器零件情况

日产零件（个）	人数（人）	比重（%）
15	7	20.00
16	20	57.14
18	8	22.86
合计	35	100.00

②组距式变量数列指以两个表示一定范围的变量值作为一组，按各组顺序排列而编制的变量数列。如表2－10所示。

表 2－10　某班学生统计学考试情况

按考分分组（分）	人数（人）	比重（%）
60 以下	3	7.5
60～70	6	15.0
70～80	7	17.5
80～90	20	50.0
90～100	4	10.0
合　计	40	100.0

（三）变量分布数列的编制

例 2.3　某企业有 50 名工人的月产量资料如下（公斤）：

146 176 198 227 298 137 173 194 222 267 140 175 196 224 282 129 164 188 211 255 135 171 191 219 260 126 162 186 209 252 122 160 184 204 243 117 159 183 203 237 100 153 181 201 229 112 157 181 203 232

首先，将总体各单位的标志值按由小到大的顺序排列。

将上例中某企业 50 名工人的月产量资料按由小到大的顺序排列如下：

100 112 117 122 126 129 135 137 140 146 153 157 159 160 162 164 171 173 175 176 181 181 183 184 186 188 191 194 196 198 201 203 203 204 209 211 219 222 224 227 229 232 237 243 252 255 260 267 282 298

其次，考虑编制单项式变量数列或组距式变量数列。

1. 单项式变量数列的编制

如果变量值的变动范围较小，并且变量值主要集中在几个数值时，编制单项式变量数列较适宜，如表 2－9。而上述资料如果编制单项式变量数列，就会分为 48 组，除两组 2 人外，其余各组均为 1 人，这种分组不能反映出工人月产量的规律性。此时，客观上要求减少组数，扩大组的距离，应编制组距式变量数列。

2. 组距式变量数列的编制

组距式变量数列的编制是将所有的变量值依次划分为几个区间，一个区间内的所有变量值归为一组的方法。如表 2－10。

组距式变量数列的编制步骤如下：

（1）确定全距。全距（range）是变量的最大值与最小值之差。通常根据全距的大小来决定组数的多少和组距的大小。

全距 = 最大值 - 最小值 = 298 - 100 = 198（公斤）

（2）确定组数。组数（number of classes）是指变量数列分组的数目。

应在全面分析资料所反映的事物内容、变量值的分散程度等因素的基础上，确定组距与组数。可以先确定组距，也可以先确定组数。美国学者斯特吉斯提出：在总体各单位标志值分布趋于正态分布的情况下，可以根据总体单位数 N 首先确定应分组数 n。

公式为：

$$n = 1 + 3.33\lg(N)$$

如例 2.3 资料，$N = 50$ 则：

$n = 1 + 3.33\lg50 = 1 + 3.33 \times 1.7 = 6.6 \approx 7$ 组(此为建议的组数)

也可以大致按如下标准分组，观察值的个数（个）小于 50 个数据分 5 ~ 7 组；50 ~ 200 个数据分 7 ~ 9 组；200 ~ 500 个数据分 9 ~ 10 组；500 ~ 1,000 个数据分 10 ~ 11 组。

（3）确定组距。组距（class width）指分组条件下每组变量值的变化范围，是组的上限值（组的最大值）与组的下限值（组的最小值）之差。组距和组数是相互联系的，在同一变量数列中，组距的大小与组数的多少成反比。

组距 = 组的上限值 - 下限值 = 全距 ÷ 组数 = 198 ÷ 7 = 28.3 ≈30（公斤）。

根据组距是否相等，组距分组又可以分为等距式分组和不等距（异距）分组。等距式分组，指各组组距相同。如表 2 - 10。异距分组，指各组组距不相等的分组。当变量值变动很不均匀时，或根据现象本身的特点要求，需要采用异距分组。异距分组中，多数情况是根据事物性质变化的数量界限来确定组距。如对少年儿童年龄的分组，必须注意到不同年龄生理变化的特点，可分为 1 岁以下，1 ~ 2 岁，3 ~ 6 岁，7 ~ 12 岁等组。组距分组不可避免地使资料的真实性受到损害，此时假定变量值在各组内的分布是均匀的。

（4）确定组限。组限（class limit）是指各组变量值变动的两端界限，是每组的起点和终点值。每组的起点值称为下限，每组的终点值为上限。由于变量值有离散型和连续型两种。因此，其组限的划分也有所不同。

第一，组限是否重叠设置。对于连续变量，组限必须重叠设置，否则部分变量值将无组可归。因为连续变量在两个变量值之间可以有无限个数值，不可能逐一列举。因此，相邻组的上限和下限无法用两个确定的数值来分别表示，在这种情况下，前一组的上限和后一组的下限应重叠即相同。例 2.3 资料工人日产量（公斤）属于连续变量，组限必须重叠设置：按照工人日产量分组为 100～130 公斤，130～160 公斤，160～190 公斤，……，270～300 公斤以上。160 公斤是第二组的上限，也是第三组的下限。在统计分组时，凡遇到某总体单位的变量值刚好等于相邻两组上下限时，一般把此值归并到作为下限的那一组，如把 160 公斤归到第三组中，即“上组限不在内”原则。而对于离散变量，组限不重叠设置。离散变量可以逐一列举，且相邻两组的组限数值之间没有中间数值，即相邻组的上限和下限可用相邻的两个确定的数值来分别表示。例如，企业按职工人数分组可以表示为：499 人及以下，500～999 人，1,000～1,999 人，2,000 人及以上等。

第二，组限是否开口设置。组限是否开口主要是指首、末两组的组限设置。通常条件下，首末两组应设置成封口组，只有当最大的变量值大于邻组上限值的一个组距或最小的变量值小于邻组下限值的一个组距时，为了避免空白组的出现而在首末两组使用“××以下”“××以上”，即组限开口设置。

组中值指各组上限和下限的中点数值。组中值的计算：

封口组→组中值 =（上限值 + 下限值）÷2

$$\text{开口组}\begin{cases}\text{缺下限组的组中值(首组)} = \text{邻组组中值} - \text{邻组组距}\\ \text{缺上限组的组中值(末组)} = \text{邻组组中值} + \text{邻组组距}\end{cases}$$

（5）分组归类、合计（形成次数分布）、制成统计表。如表 2－11 所示。

表 2－11　按工人月产量分组资料

按工人月产量分组（公斤）	人数（人）	比重（%）
100～130	6	12.0
130～160	7	14.0
160～190	13	26.0
190～220	11	22.0
220～250	7	14.0
250～280	4	8.0
280～310	2	4.0
合　计	50	100.0

从表 2－11 资料分析可以看出，该企业有 48% 的工人月产量在 160～220 公斤，有 12% 的工人月产量在 250 公斤以上，而有 26% 的工人月产量在 160

公斤以下，工人月产量差距较大，如果不进行上述分组就很难看出这些规律和特点。

（四）次数与频率的累计分布

在研究次数和频率的分布时，我们常常需要编制次数或频率的累计分布数列，它是将变量数列各组的次数或频率逐组累计相加得到的分布。累计分布有以下两种：

向上累计是指将各组次数或频率由变量值低的组向变量值高的组逐组累加。表明各组的上限值及以下各组变量值共包含的次数或频率有多少。见表2－12。

向下累计是指将各组次数或频率由变量值高的组向变量值低的组逐组累加，表明各组的下限值及以上各组变量值共包含的次数或频率有多少。见表2－12。

表2－12　某班统计学考试成绩次数分布

考分（分）	次数		向上累计		向下累计	
	人数（人）	比率（%）	人数（人）	比率（%）	人数（人）	比率（%）
60以下	2	5.0	2	5.0	40	100.0
60～70	7	17.5	9	22.5	38	95.0
70～80	11	27.5	20	50.0	31	77.5
80～90	12	30.0	32	80.0	20	50.0
90～100	8	20.0	40	100.0	8	20.0
合计	40	100.0	—	—	—	—

（五）次数分布的主要类型

常用的次数分布，按其分布形态主要分为三种类型：

1. 钟型分布

钟型分布是以某变量值为中心，其分布次数最多，而两边变量值的分配次数逐渐减少的分布形态，即其分布曲线形如一口古钟，故称“钟型分布”。例如，人的身高、体重、职工工资、农作物亩产量、市场价格等现象都属于钟型分布。钟型分布又可细分为以下两种：

（1）正态分布。中间变量值分布的次数最多，两侧变量值分布的次数随着与中间变量值距离的增大而渐次减少，并且围绕中心变量值两侧呈对称分布，见图 2－2（a）。

（2）偏态分布。是相对于正态分布而言的非对称钟型分布。当变量值存在极大值时，次数分布曲线会较正态分布向右延伸，这种分布称为右偏分布；当变量值存在较小的极端值时，次数分布曲线就会较正态分布向左延伸，这种分布称为左偏分布，见图 2－2（b）。

2. J 型分布

J 型分布的特征是变量值的次数一边小，一边大的单调分布，即形如字母 J 字。J 型分布有两种类型，即正 J 型分布和反 J 型分布，如图 2－2（c）。

3. U 型分布

U 型分布是与钟型分布图形相反的分布，其特点是：靠近中间的变量值分布次数较少，靠近两端的变量值分布的次数较多。见图 2－2（d）所示。

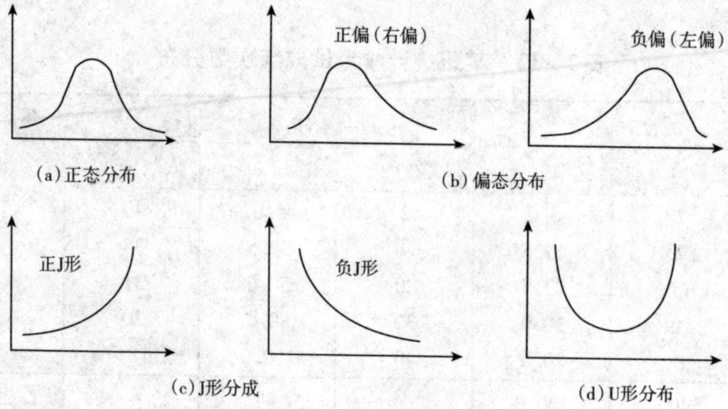

图 2－2　常见的次数分布图

第三节　统计数据的显示

一、统计表

（一）统计表的概念

把统计数字资料，按照一定的顺序和格式列在适当的表格中，这种容载统计资料的表格就是统计表。常见的统计表包括调查表、汇总表、计算分析表等。

使用统计表可以把复杂、无章、大量的数字资料组织得更为系统化、条理化、科学化、合理化，不仅能够使人在阅读时一目了然，还便于在分析时对照比较。

（二）统计表的构成

1. 统计表的外形结构

从外形上看，统计表一般由四个主要部分构成：总标题、横行标题、纵栏标题以及数字资料。这四个部分比较形象：总标题是表的名称，位于表的最上方，用以概括说明统计表所列的全部资料的内容。横行标题是横行的名称，位于表内左方，通常使用总体或总体各组成部分的名称来表示，它表示统计表所要说明的对象。纵栏标题是纵栏的名称，位于表内右上方，通常使用统计指标来表示，它反映了总体及总体各组成部分的特征。数字资料是指列在各横行标题与各纵栏标题交叉处的指标数值。如表 2 – 13 所示。

2. 统计表的内容结构

从内容上看，统计表包括主词和宾词两部分。主词是指统计表所要说明的总体或总体的各组成部分，它通常使用总体或总体各组成部分的名称来表示。宾词是说明总体的统计指标，包括指标名称及相应的指标数值。如表 2 – 13所示。

总标题

表 2 – 13　2008 年中国国内生产总值及其构成

纵栏标题

按产业分组	国内生产总值（亿元）	构成（%）
第一产业	34,000	11.31
第二产业	146,183	48.62
第三产业	120,487	40.07
合　　计	300,670	100.00

横行标题　　数字资料

主词　　宾词

（三）统计表的种类

按照主词是否分组及分组的情况，可以将统计表分为三种：简单表、简单分组表和复合分组表。

1. 简单表

简单表是指主词未经任何分组的统计表。常见的有空间数列表和时间数列表。见表 2－14、表 2－15。

表 2－14　世界主要国家人口与 GDP 资料

国家或地区	2008 年 GDP（亿美元）	2008 年平均人数（万人）	2008 年人均 GDP（美元）	国内生产总值增长率（%）					
				2003 年	2004 年	2005 年	2006 年	2007 年	2008 年
世　界	605,870	669,203	9,054	2.6	4.0	3.4	3.9	3.7	3.0
中　国	43,262	132,564	3,263	10.0	10.1	10.4	11.1	11.4	9.0
日　本	49,093	12,770	38,444	1.4	2.7	1.9	2.4	2.1	-0.7
加拿大	14,001	3,331	42,032	1.9	3.1	3.1	2.8	2.7	0.4
美　国	142,043	30,406	46,715	2.5	3.6	3.1	2.9	2.2	0.4
德　国	36,528	8,214	44,470	-0.3	1.1	0.8	2.9	2.5	1.3
英　国	26,456	6,140	43,088	2.8	3.3	1.8	2.9	3.1	0.7

资料来源：中国统计年鉴（2009 年）

表 2－15　中国人口及人均国内生产总值情况

年　　份	出生率（‰）	死亡率（‰）	自然增长率（‰）	人均国内生产总值（元）
1978	18.25	6.25	12.00	381
1990	21.06	6.67	14.39	1,644
2000	14.03	6.45	7.58	7,858
2007	12.10	6.93	5.17	18,934
2008	12.14	7.06	5.08	22,698

资料来源：中国统计年鉴（2009 年）

2. 简单分组表

简单分组表是指主词按一个标志分组的统计表。可以按品质标志分组，也可以按数量标志分组。如表 2－10、表 2－11 等均为简单分组表。

3. 复合分组表

复合分组表是指将主词按照两个或两个以上标志重叠分组形成的统计表，

复合分组表能够提供更多的信息量。见表2－7，表2－8。

（四）统计表内容的设计

统计表主词的设计可以体现在是否对总体进行分组以及分组形式的选择上，这些内容在前面的章节中已经介绍过，在此主要介绍宾词的设计。

统计表宾词的设计，有简单设计和复合设计两种方法，在实际工作中应根据现象的研究目的，选择适当的方法对宾词指标进行设计。

1. 宾词的简单设计

宾词的简单设计是指宾词指标的平行排列，本节中上述各表均为宾词指标的简单设计。再如表2－16，如果拟对某商场某年某月商品销售计划完成情况进行分析，则可通过宾词的简单设计完成。如果要考虑宾词指标在时间上发生的前后，则要结合分析的逻辑顺序来进行排列。

表2－16　×商场×年×月商品销售计划完成情况分析表

万元

部门	本期			实际与计划离差		上期	本期为上期的%	上年同期	本期为上年同期的%
	计划	实际	计划完成%	绝对数	相对数				
（甲）	（1）	（2）	(3)＝(2)/(1)	(4)＝(2)－(1)	(5)＝(3)－100%	(6)	(7)＝(2)/(6)	(8)	(9)＝(2)/(8)
家电部 鞋帽部 ……									
合计									

2. 宾词的复合设计

宾词的复合设计是指宾词指标的重叠排列。如表2－17为某年中国各类型单位从业人员情况统计表。宾词指标重叠排列时，应注意重叠的层次不要太多，指标的排列也应按照先主要，后次要的顺序设置。

表 2-17　×年中国各类型单位从业人员情况统计表

单位	人数	高级职称人数（人）							中级职称人数（人）							初级职称人数（人）					
		小计	30岁以下		31～45岁		46岁以上		小计	30岁以下		31～45岁		46岁以上		30岁以下		31～45岁		46岁以上	
			男	女	男	女	男	女		男	女	男	女	男	女	男	女	男	女	男	女
事业																					
机关																					
社团																					
其他																					
合计																					

（五）统计表的制表技术

通用的统计表一般具有固定的格式，这样不同的使用者能够按照统一的标准进行阅读浏览，对于统计表所要表述的数字信息才不会产生歧义。因此在编制统计表时应注意遵循下列规则：

1. 统计表的各种标题应能简明、确切地表达其内容，尤其是总标题，应十分简要地概括出统计表的基本内容和表中资料所属的时间与空间。

2. 一般按照先局部后整体的原则排列统计表中的主栏和宾栏，即先排列出各个项目后再列总计；在没有必要列出所有项目时，应先列出总计，之后再列出其中部分重要的项目。

3. 如果表中栏次较多，可加以编号。主栏和计量单位栏（即用文字表述的部分）用（甲）、（乙）等文字标明，宾栏（即用数字表述的部分）常用（1）、（2）、（3）等数字标明。表中有关栏次如有计算上的关系，可同时标明，如“（3）=（2）/（1）”等。

4. 表中数字应对准位数，填写整齐，填好的统计表中不应当存在空白格。当数字为0或不足单位起点时，应写上0；当缺乏某项数字时，用“……”表示；无法计算的数字用“—”表示。

5. 统计表中必须注明计量单位。若横行有不同的计量单位，可专设计量单位一栏，纵栏的计量单位，可写在指标名称下（后）面，如果各纵栏的计量单位一样，可以将其计量单位标在表的右上方。

6. 统计表的表式，通常是左右开口的，即左右两端不画竖线；表中项目之间通常也不画横线。

7. 必要时，应在统计表下方注明表中某些资料的来源，或对某些数据的计算方法、计算口径等做出说明。

二、统计图

（一）统计图的概念及构成

1. 概念

统计图是运用各种几何图形或具体事物来形象地表示现象之间数量关系的图形。利用统计图来表现和分析统计资料的方法叫做统计图示法。

它具有直观、形象、简明、便于比较等显著特点，在资料的统计分析中发挥着重要作用。

2. 统计图的构成

一张完整的统计图通常由图题、图轴、标目、图形、图注等部分构成。

（1）图题是统计图的名称，又称标题，一般位于图下正中处。

（2）图轴是指在直角坐标上作图的纵横两轴，分别称为纵坐标和横坐标，也有少量一些统计图没有图轴。

（3）标目是指在纵横两轴上表示间距刻度的各种单位名称。

（4）图形是指用来说明图中代表不同事物的图形线条或颜色的含义。

（5）图注是指图形或其局部某一点需要借助文字、数字加以补充说明的内容。

（二）统计图的种类

统计图的种类众多，下面从品质型数据以及数量型数据对于统计图的不同要求出发，介绍几种常用的统计图。其中条形图和饼形图，既适用于品质型数据，也可用于数量型数据，其余几种图形适用于数量型数据。

1. 条形图（bar chart）

在平面直角坐标系中，用纵轴表示类别，横轴表示频数或频率，使用具有固定宽度的条形，并用条形的长度表示总体中各组成部分的频数或所占比重的分布，这种图形就叫做条形图。如果用横轴表示类别，也可称之为柱状图。条形图有单式、复式等形式，复式的条形图可用于比较不同总体在各类别上的频数或频率的分布情况；条形图还有二维和三维之分，三维图形更加形象。

例2.4　在某地一项有关住房问题的研究中，随机抽取了1,000个有购房意向的居民，经调查影响居民购房的最主要因素及其所占比重见表2－18，根据此数据绘制条形图2－3。

表2－18　某地居民在购房时主要影响因素的频数分布情况

影响因素	人数（人）	频率（%）
价格	415	41.5
位置情况	179	17.9
交通状况	113	11.3
户型设计	258	25.8
配套设施及服务	35	3.5
合　计	1000	100.0

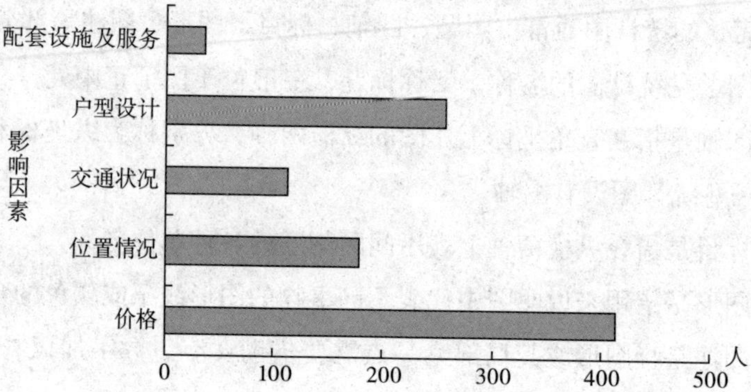

图2－3　某地居民在购房时主要影响因素的条形图

2. 饼形图（pie chart）

饼形图主要用于表示总体中各组成部分的构成情况，用整个圆形表示总体，用圆内扇形的面积表示总体中各组成部分在总体中所占比重的图形为饼形图。圆内各个扇形面积的中心角度是按各部分百分比占360度的相应比例来确定的。例如有41.5%的居民认为价格是影响其购房的最重要因素，那么表现在饼形图中，其扇形所对应角度为0.415×360度＝149.4度。根据表2－18数据绘制的饼形图，如图2－4所示。

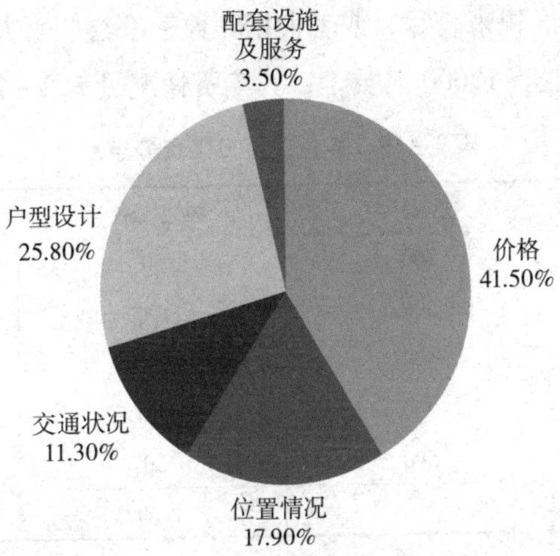

图 2-4　某地居民在购房时主要影响因素的饼形图

3. 直方图（histogram）

在平面直角坐标系中，用横轴表示数据分组，纵轴表示各组对应的频数或频率，各组与其相应的频数或频率形成的矩形就是直方图。因此，直方图实际上是使用矩形的面积表示各组的频数或频率分布情况的图形。

利用例 2.2 数据和表 2-3 为抽出的灯泡使用寿命（小时）绘成直方图，如图 2-5 所示。从直方图上可以直观地看出灯泡的使用寿命以及在不同使用时间上灯泡的分布状况。

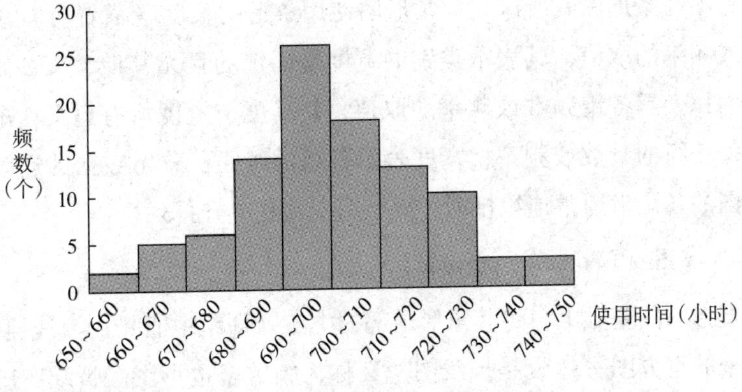

图 2-5　灯泡使用寿命的直方图

在等距分组的情况下，矩形的高度可以直接表示频数的分布情况。但是在不等距分组的情况下，不能使用矩形的高度表示各组频数的分布情况，此时可以使用矩形的面积来表示，或者根据频数密度绘制直方图。

例 2.5　某企业有 1,000 名员工，其工资情况见表 2－19。

表 2－19　某企业员工工资分组表

按工资分组（元）	组距	频数（人）	频数密度＝频数/组距
500～600	100	60	0.60
600～800	200	170	0.85
800～1,200	400	500	1.25
1,200～1,500	300	220	0.73
1,500～2,000	500	50	0.10
合　计	—	1,000	—

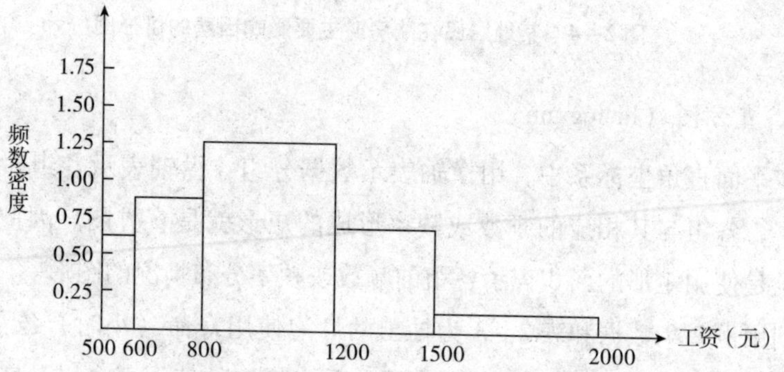

图 2－6　某企业员工工资分布的直方图

直方图与条形图有所区别：条形图使用条形的长度（横置时）表示各类别频数或频率的取值，其表示类别的宽度是固定的且无其他含义；而直方图是使用面积表示各组频数或频率的取值，其高度与宽度均有意义，矩形的高度表示每一组的频数或频率，宽度表示各组的组距。分组数据的连续性决定了直方图的各矩形通常连续排列，而条形图则是分开排列。

4. 折线图（frequency polygon）

在直方图的基础上，将其矩形顶部的中点（即组中值）用直线连接起来，再将原来的直方图去掉就是折线图，又称为频数多边形图。折线图应与横轴相交，这样折线图所围成的面积就与直方图的面积相等，两者所表示的频数分布也可一致。具体的做法是将第一个矩形顶部中点与其竖边中点（即该组频数一半的位置）连接并延长与横轴相交，将最后一个矩形顶部中点与其竖边中点连接同样延长到横轴即可。例如，在直方图 2 -7 基础上绘制的折线图，如图 2 -8 所示。

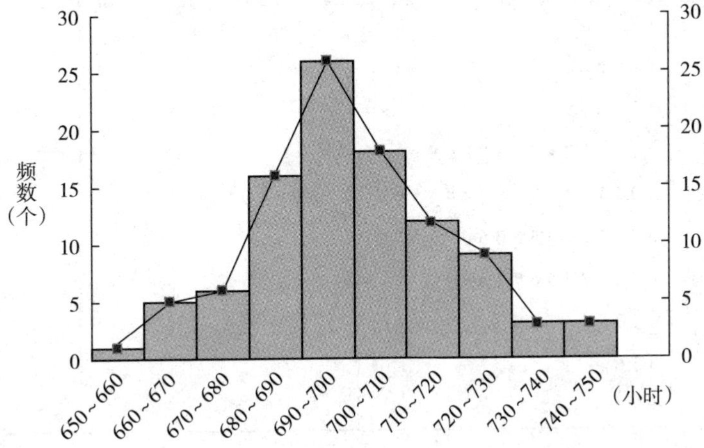

图 2 -7 灯泡使用寿命的直方图及折线图

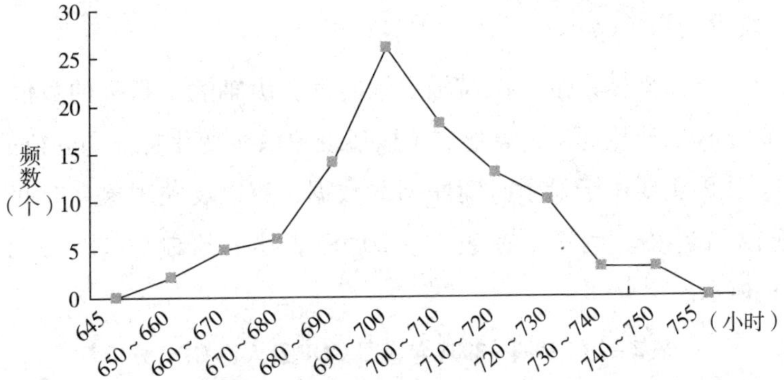

图 2 -8 灯泡使用寿命的折线图

5. 茎叶图（stem - and - leaf display）

直方图与折线图适用于分组数据，能够显示出一组数据的频数或频率的分布状况，但不能给出数据的具体取值。而茎叶图适用于未分组数据，既能显示出数据的分布状况及离散状况，又能给出每个数据的原始数值。茎叶图由数字组成，主要由“茎”和“叶”两部分构成。绘制茎叶图的关键在于树茎的设计，通常是以数据的高位数值作为树茎，将低位数值依次排列在树茎的右方作为树叶。下面我们以灯泡使用寿命一例的数据做茎叶图，见图 2 -9。

茎叶图没有绝对的茎数，如果认为其表示的数据过于分散，可以通过减少高位数字的方法进行集中；如果认为其表示的数据过于拥挤，可以将其扩展。

树茎（stem）	树叶（leaf）	频数（frequency）
65	1 8	2
66	1 4 5 6 8	5
67	1 3 4 6 7 9	6
68	1 1 2 3 3 3 4 5 5 5 8 8 9 9	14
69	0 0 1 1 1 1 2 2 2 3 3 4 4 5 5 6 6 6 7 7 8 8 8 8 9 9	26
70	0 0 1 1 2 2 3 4 5 6 6 6 7 7 8 8 8 9	18
71	0 0 2 2 3 3 5 6 7 7 8 8 9	13
72	0 1 2 2 5 6 7 8 9 9	10
73	3 5 6	3
74	1 7 9	3

图 2 -9　灯泡使用寿命的茎叶图

6. 线图（line chart）

在平面直角坐标系上，用横轴表示时间，纵轴表示指标的数值，用线段将对应的坐标点连接起来，就形成了描述现象数量变化特征和规律的统计图，即线图。线图主要用于显示时间序列的数据，用以反映现象在时间上发展变化的规律和趋势。例如，在表 2 - 20 的基础上绘制线图，如图 2 - 10、图 2 - 11所示。

表 2 - 20　1988—2008 年我国 GDP 及人均 GDP 分析表

年份	国内生产总值 GDP（亿元）	GDP 环比增长速度（%）	人均 GDP（元）	人均 GDP 环比增长速度（%）
1988	84,402.3	—	6,796	—
1999	89,677.1	6.25	7,159	5.34
2000	99,214.6	10.64	7,858	9.76
2001	109,655.2	10.52	8,622	9.72
2002	120,332.7	9.73	9,398	9.00
2003	135,822.8	12.87	10,542	12.17
2004	159,878.3	17.71	12,336	17.02
2005	183,217.4	14.60	14,053	13.92
2006	211,923.5	15.67	16,165	15.03

续表

年份	国内生产总值 GDP（亿元）	GDP 环比增长速度（%）	人均 GDP（元）	人均 GDP 环比增长速度（%）
2007	257,305.6	21.41	19,524	20.78
2008	300,670.0	16.85	22,698	16.26

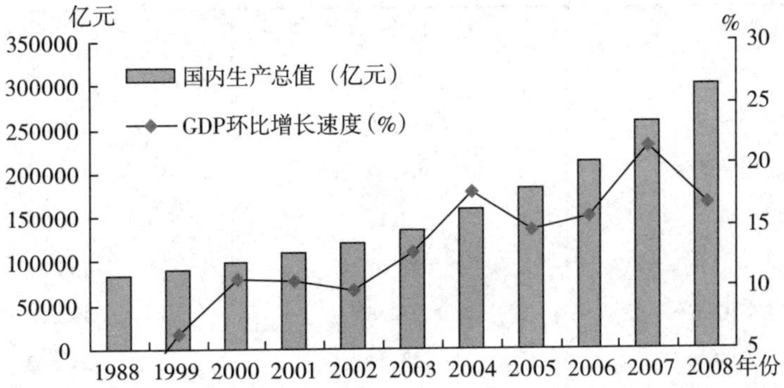

图 2－10　1988—2008 年我国国内生产总值及其环比增长情况线图

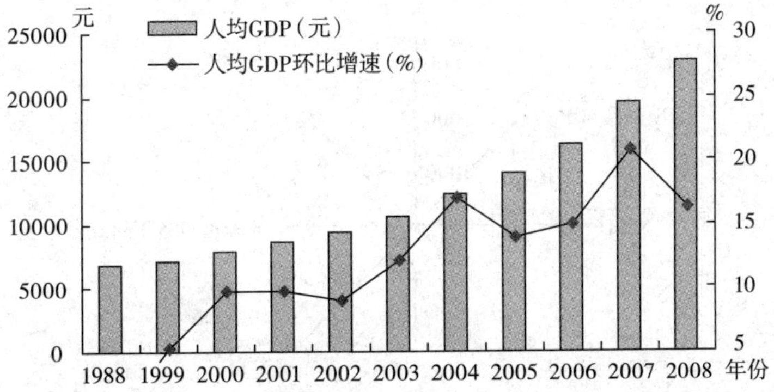

图 2－11　1988—2008 年我国人均 GDP 及其环比增长情况线图

7. 雷达图（radar chart）

雷达图是多指标图示法中的一种，当研究的现象必须使用多个指标或变量描述时，平面直角坐标系就不再适用，此时可以使用雷达图来显示数据的分布情况。

设样本有 n 个变量 $X_1,X_2,\cdots,X_n$，绘制雷达图的步骤为：先做一个圆，在圆周上将其 n 等分，将 n 个半径分别作为 n 个变量的坐标轴，每个变量值的大小由半径上的点到圆心的距离表示，最后将表示变量值的 n 个点用线段连接，所形成的多边形就是雷达图。雷达图可用于对比多个总体或样本的分布情况。

例2.6　2009年某地区城乡居民家庭平均每人生活消费支出资料如表2－21，绘制雷达图，如图2－12所示。

表2－21　2009年某地区城乡居民家庭人均生活消费支出

项　目	城镇居民（元）	农村居民（元）
食品	2,709.60	1,031.91
衣着	686.79	120.16
家庭设备用品及服务	407.37	324.25
医疗保健	528.15	89.23
交通通讯	843.62	130.56
娱乐教育文化服务	1,032.80	192.63
居住	733.53	247.63
杂项商品与服务	240.24	48.27
合计	7,182.10	2,184.64

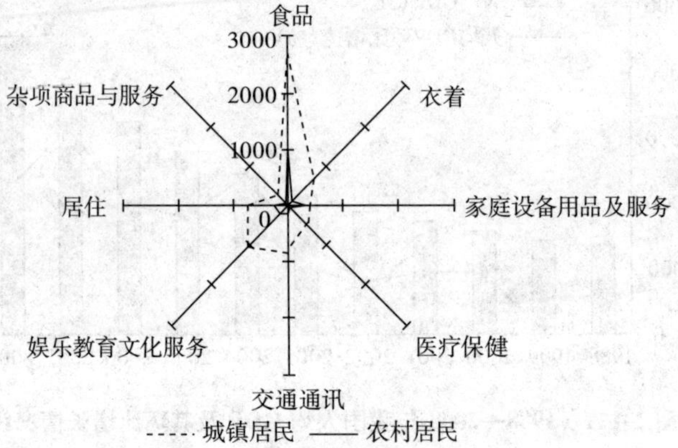

图2－12　2009年某地区城乡居民家庭人均生活消费支出的雷达图

图中显示城镇居民的人均消费高于农村，但是城镇居民和农村居民的人均消费支出拥有类似的结构。

第四节　统计数据质量管理

一、统计数据质量的概念

（一）统计数据质量的含义

统计数据质量是国家统计机构的“生命”。数据质量的好坏，不仅影响决策正确性与科学性，而且还直接影响国家统计机构的形象和声誉。随着经济全球化进程的加快，信息网络技术的推广应用，社会各界对统计信息的需求越来越广泛，一方面对统计数据质量提出更高的要求，赋予其更新的内涵；另一方面也为改进和提高统计数据的质量提供了更好的便利条件和手段。随着统计科学的发展和统计活动的广泛展开，以及人们对质量意识的增强，统计数据质量的内涵也在不断丰富。统计数据的质量可用效度和信度两个标准来衡量。

统计数据的效度是指反映客观事物的统计指标是否有效。如果统计数据的效度不高，即统计数据的指标和指标体系不能满足经济管理和经营决策的需要，即使统计数据再准确也是无用的，不能认为数据质量好。我国在2003年开始实施国民经济核算体系，增加了核算内容，扩大了核算范围，丰富了核算方法，并与联合国1993年的国民账户体系对接，从整体上提高了政府统计数据的效度。

统计数据的信度是指对统计数据的可信程度，即数据的可靠性。更直观的表示就是统计数据的误差问题。统计数据的效度主要体现在统计设计方面，而统计数据的信度则存在于统计数据的搜集、整理、推断、预测和公布的全过程中。前面提到的联合国统计机构在1980年对官方统计数据质量提出的八条标准中，前六条标准属于效度问题，而后两条标准属于信度问题。效度和信度是评价统计数据质量不可分割的两个方面，信度低的统计数据是有误差的虚假信息，即使效度高也无济于事。信度高但效度低的信息，虽然数据真实但价值不大，很难达到研究目的，有时甚至会导致错误的结论。因此，在实际工作中应该同时提高统计数据的效度与信度。

（二）国际统计数据质量标准简介

为了提高统计数据质量，国际货币基金组织（International Monetary Funds，简称IMF）在1995年10月批准建立两个层次的数据标准，即数据公布通用系统（General Data Dissemination System，简称GDDS）和数据公布特殊标准（Special Data Dissemination System，简称SDDS），为统计数据公布的国际标准。

GDDS是国际货币基金组织（IMF）为统计基础不够健全的成员国制定的数据公布的规范，是IMF为其成员国的统计体制制定的一个综合框架。1997年12月，IMF正式通过GDDS。GDDS的成员国多为发展中国家。IMF通过技术援助帮助GDDS的参加国逐步改进现有统计体制，最终达到与国际接轨。实际上，GDDS是IMF正在推行的公布数据标准的第一个层面，适用于IMF所有成员国，特别适用于统计基础比较薄弱的发展中国家。

SDDS是国际货币基金组织（IMF）为统计基础较为健全的成员国制定的一套规范。适用于已经或寻求进入国际资本市场的国家。它是IMF公布数据标准的第二个层面。

GDDS与SDDS的主要区别有三点：①两者强调的重点不同。由于参加SDDS的成员国通常都有良好的统计基础和完备的统计系统，数据质量已经不是主要问题，因此SDDS强调的是频率和实效性；而参加GDDS的国家，基本上都是统计基础比较薄弱的国家，所以GDDS强调的是数据质量，是生产数据的过程。②两者加入的条件不同。SDDS要求参加国在加入时必须满足SDDS所设定的各项标准。但GDDS在加入条件上没有硬性的规定，只要求参加国承诺使用GDDS作为国家统计发展的框架。③GDDS与SDDS成员国提供给IMF报表的内容不同。SDDS要求参加国提供经济和金融的核心统计数据，以及生产和公布这些数据的说明。GDDS则不要求提供数据，只要求提供有关描述现行统计数据生产和发布方面的信息和短期、中期的改进计划。

在人们的一般观念中，准确性是统计数据质量的同义词，统计误差越小越准确，数据质量就越高。在20世纪80年代以前，国际统计界基本上是以提高数据准确性为出发点，从数理统计和抽样技术角度，大量研究如何缩小统计误差、控制数据质量。随着人们质量观念的变化，对统计数据质量概念的认识也从狭义向广义转变，要求从统计数据提供者、生产者和用户等多个角度来衡量数据质量。准确性已不再是衡量统计数据质量的唯一标准。因为从用户使用的角度来看，即使准确性相当高的统计数据，如果时效性差，或者不为用户所关心，仍达不到质量的标准。

目前各国统计机构和有关国际组织对统计数据质量含义的解释和理解还存在一定的分歧，对于统计数据质量应涵盖哪些方面，还没有一个统一的标准。各国从本国的实际情况以及对数据质量含义的理解出发，确定了不同的数据质量标准。尽管如此，在国际官方统计界，对数据质量概念的认识在一些方面达到高度的共识，并取得广泛的一致：一是注重从用户角度来衡量数据质量，强调用户对统计信息的满意程度；二是数据质量是一个综合性概念，需要建立一套开放、透明的统计数据质量管理体系，应从多角度、多方面来衡量；三是适用性、准确性、及时性、可取得性、可比性和可衔接性，构成数据质量的基本要素。

1. 适用性：是指收集的统计信息是否有用，是否符合用户的需求。它要求政府统计机构与社会各界保持密切的联系，通过各种途径及时了解和掌握社会对统计信息的需求情况，以适应社会经济管理的需要，减少或弥补统计信息供应与社会需求之间的缺口。因此，在开展某项统计调查之前，必须首先了解用户的需求，收集相关的统计信息。

2. 准确性：是指统计调查值与目标特征值之间的差异程度。统计误差越小，准确性就越高。

3. 及时性：是指调查基准期与统计数据发布时间之间的间隔时间。统计数据质量的及时性就是缩短这个间隔时间，提高统计数据的时效性。

4. 可取得性：是指用户从统计部门取得统计信息的容易程度。

5. 可比性：是指同一项目的统计数据在时间、空间、指标口径、计算方法、计量单位等的可比。

6. 可衔接性：指同一个统计机构内部不同统计调查项目之间、不同统计机构之间，以及与国际组织之间统计数据的衔接程度，尽量与国家或国际统计标准保持衔接和可比。

二、统计数据质量控制

数据质量既要从专业技术的层面进行控制，更要从管理、监督等非技术层面进行约束，实行行政控制、制度约束、依法监管和责任追究相结合的系统规范的控制。

（一）统计数据质量的行政控制

行政控制是保障统计数据质量的根本。各级统计机构、各有关部门要依据《统计法》和有关的法律、法规所赋予的职责，通过行政措施对统计数据采集、加工全过程进行严格的管理，从组织角度确保统计数据生产过程中各环节的有机运转和合理衔接。

（二）统计数据质量的制度约束

制度约束是保障统计数据质量的依据。各级各部门要通过建立健全完善的工作制度和专业统计制度，对统计数据的采集、加工、整理等过程进行规范；要建立常设的数据质量控制领导机构；要建立健全质量控制办法、完善评估制度；要建立数据质量定期检查、调研制度；要健全审核制度和报送规定、严格审批手续；要健全原始记录和统计台账。

（三）统计数据质量的依法监管和责任追究

依法监管和责任追究是提高统计数据质量的保障。各级统计部门根据《统计法》赋予的职责，对统计数据质量进行检查和监督，并对统计违法行为进行法律追究；要建立健全统计执法检查制度；广泛开展法律宣传，加大违法案件曝光力度；加强业务培训，提高统计执法人员素质；专业人员发现违法线索，要及时告知统计执法人员，并积极配合查处。

三、统计数据质量评价与管理

（一）统计数据质量评价

国外特别是发达国家统计机构十分重视数据质量的评价和管理，建立数据质量评价机制和管理体系，以改进和提高统计数据质量。总体上，数据质量管理可分为两类：一类是数据质量综合管理体系，即在统一的组织框架下，对整个统计机构的数据进行全面的质量评价。如英国、加拿大、瑞典、荷兰等国家统计机构建立了比较健全的数据质量评价和管理机制。另一类是单项统计数据质量管理机制，即对某一具体统计项目，如国民核算、消费价格指数、国际收支、住户调查等数据的质量情况进行评价和管理。比如，美国的波斯金（BOSKIN）学术委员会，专门对美国消费物价指数（CPI）数据质量进行评估，澳大利亚统计局的国际收支和住户调查数据质量评估体系，英国零售物价指数质量认证标准体系等，这些国家统计机构在数据质量评价管理方面积累了许多可借鉴的经验。

（二）统计数据质量管理

1. 制定统计数据质量评估标准，强化质量管理意识。为了实施全面数据质量管理，一些国家政府和有关国际组织的统计机构编制数据质量管理手册，建立质量评估标准。如加拿大统计局确定了衡量数据质量的 6 个方面标准，即适用性、准确性、及时性、可取得性、可衔接性、可解释性；英国政府统计数据质量标准是准确性、及时性、有效性、客观性；荷兰统计局的质量标准包括 5 个方面：适用性、准确性、及时性、有效性、减轻调查负担；美国分析局国民核算数据质量要求满足可比性、准确性、适用性的质量标准；欧洲统计局的质量标准是适用性、准确性、及时性、可取得性、可衔接性、可比性、方法专业性或完全性；国际货币基金统计局的质量标准是准确性、适用性、可取得性、方法专业性或完全性等。这些标准是各国政府统计机构对数据进行质量检测、监管的重要内容和依据。

2. 建立专门的统计数据质量管理机构，定期进行质量检查。英国皇家统计学会成立统计数据质量评估工作组，每年对官方统计数据的质量情况进行独立评估，并对外公布评估报告。在加拿大，由国家审计总长负责统计局的数据质量评审工作，其审计的内容包括：统计局质量管理体系是否充分、完整；统计局内部质量管理的自我评价体系是否合理；统计局是否以适当的方式向用户通报有关数据质量情况和所应用的方法。

3. 应用不同的方法开展质量评估和管理。由于各国政府统计体制的不同，质量评价标准也有所差异，而且管理的角度也不同，有的侧重于统计数据的编制过程，有的侧重于统计机构环境，有的侧重于数据来源和数据本身的管理和评价。因此，各国采取的质量管理方法也各不相同。即使在国家统计机构统一的质量管理框架体系下，由于不同统计项目的质量控制目的、要求不同，也可以实行不同的质量管理方法。概括起来，主要有如下几种：

（1）统计机构内部自我评价方法。如加拿大和荷兰统计局的质量审计制度，由审计员围绕数据质量标准，通过与统计项目负责人面谈、查阅有关的文件资料、与主要用户会谈等方式，对本局统计政策、实践和数据进行全面评估，在此基础上，形成数据质量审计报告，全面介绍数据质量的现状、存在的问题、改进建议，递交统计局局长讨论。最后，将讨论的意见和质量改进方案反馈给各个具体项目的负责人，监督其按要求改进数据质量。又如，澳大利亚统计局成立住户调查数据的质量评估小组，通过正式会议和非正式讨论的方式，广泛地征求数据主要用户的意见，形成评估报告。美国国民核算统计数据评估主要由经济分析局自身来进行，一般分为三个步骤：第一，准备大量的背景性文件，如从变动趋势、加速或减速、周期拐点等方面论证GDP季度数据的可靠程度；第二，制定保持和改进国民核算数据质量的初步计划；第三，组织社会各界进行广泛的讨论。

（2）邀请统计机构外部专家来评价，主要有两种方式：本国政府统计机构以外的部门或专家来评价、邀请外国统计同行或按国际标准来评价。前者主要由国内专家和学者、社会公众从统计专业标准和使用的角度进行质量评价。在英国，由有关专家、学者组成的英国皇家统计学会工作组，每5年一次，通过公开会议的形式来评估政府统计数据质量状况。近年来国际货币基金组织制定了数据质量评价框架体系，要求有关国家按此统一标准发布数据，其目的也是为了提高和改进各国数据质量。

（3）引进国际质量认证标准体系。这主要是从数据调查和编制过程入手，进行质量管理和控制。英国零售物价指数要求调查员每月在全国146个地区15,000个商店中收集大约500种商品和服务的120,000个价格数据，经过计算机检查加工整理之后，传给国家统计局作进一步的加工和汇总。为了保证零售物价数据的质量，英国自1995年以来，采用ISO9002国际质量认证标准体系进行零售物价指数的质量管理工作。

4. 开展数据质量的量化分析工作，制定数据质量改进目标。近年来，北欧国家为强化数据质量管理，通过建立一套数据质量调查和量化指标评价体系，全面分析和评价数据的质量状况。例如，通过定期问卷调查的方式，编制数据满意度指数，了解用户对数据的满意程度；编制调查负担系数，向数据提供者了解调查负担程度等。实践证明，数据质量的量化分析和量化目标是一种行之有效的管理方式。

本章小结

本章学习了统计调查与统计资料整理的方法，要掌握统计调查的概念及其在统计工作全过程中的地位。

统计调查的原则要求：准确性和及时性。

统计调查的方式方法分类；统计调查方案的设计内容；统计调查有统计报表、普查、重点调查、典型调查和抽样调查等多种组织方式。它们都有各自的特点和适用条件，共同组成统计调查的方法体系。实际工作中，采用何种调查方式，必须根据调查的目的和具体条件进行选择。统计调查误差有登记性误差和代表性误差，而代表性误差又分为系统性误差和抽样误差两种。

统计整理是根据统计研究的目的，对统计调查所获得的大量原始资料，进行科学的分类和汇总，使之条理化、系统化，得出能够反映现象总体特征的综合资料的工作过程。统计整理最重要的内容是统计分组。统计分组的关键问题是分组标志的选择和各组界限的划分。掌握统计分组的作用、分组标志的选择、统计分组方法和分组体系及变量数列的编制方法。掌握统计表的构成及种类划分。

本章练习题

1. 一个完整的统计调查调查方案应包括哪些主要内容？

2. 调查200个工人日产量（件），要求在Excel中对以下数据进行组距式分组，并制作包括日产量、人数、比重的统计表。

125	108	110	112	137	106	140	116	134	117
110	131	118	134	114	108	141	118	140	122
124	125	123	127	120	109	140	107	133	124
129	117	126	123	128	111	105	109	121	121

续表

139	122	133	119	124	128	138	121	122	140
107	133	134	113	115	134	140	113	137	125
117	126	127	120	139	135	125	115	135	110
130	122	113	123	128	110	124	127	128	124
122	118	118	127	131	127	128	133	130	129
125	108	112	135	127	134	119	132	140	139
107	133	134	113	115	134	140	113	137	111
117	126	127	120	139	135	125	115	135	128
130	122	113	123	128	110	124	127	128	134
122	118	118	127	131	127	128	133	130	135
125	108	112	135	127	134	119	132	140	110
108	110	112	137	106	140	116	134	117	127
131	118	134	114	108	141	118	140	122	134
125	123	127	120	109	140	107	133	124	134
117	126	123	128	111	105	109	121	121	135
122	133	119	124	128	138	121	122	140	118

3. 调查60个工人日产量（件），要求在Excel中对以下数据进行单项式分组，并制作包括日产量、人数、比重的统计表。

25	23	22	26	23	27	23	24	26	23
24	24	23	22	22	24	24	23	22	22
22	24	24	27	24	22	24	22	27	24
24	22	26	23	24	24	22	26	23	24
23	24	24	22	23	23	24	24	22	23
24	23	26	23	27	24	23	26	23	25

4. 针对上述2、3的整理结果，分别制作直方图、柱型图和饼图。

第三章

综合指标分析

【本章学习目的和要求】

本章内容主要讲述总量指标、相对指标、平均指标及变异指标。总量指标是统计指标的基本指标。相对指标反映现象的联系程度，平均指标描述的是统计数据的集中趋势，变异指标描述的是统计数据的离中趋势。通过本章内容的学习，要求学生理解总量指标、相对指标、平均指标及标志变异指标的概念、意义、作用和种类划分；掌握其计算方法并能正确熟练运用这些方法进行分析。目的是使学生能在理解统计指标的基础上，从集中和离中趋势两个方面去认识统计数据的分布特征，更好地认识事物的本质和规律性。

第一节　总量指标

一、总量指标的意义

（一）总量指标的概念和特点

1. 总量指标的概念

总量指标又称统计绝对数。它是用绝对数形式表示的反映社会经济现象总体在一定时间、地点、条件下的总规模和总水平的统计指标。例如：2009年全国的总人口数、国内生产总值等指标均为总量指标。总量指标是统计分析中最常用的指标，是基本统计指标。

2. 总量指标的特点

（1）总量指标数值的大小随着统计总体范围的大小而增减。总体范围增大，总量指标数值增多，总体范围缩小，总量指标数值减少。如全国的人口数比某省的人口数多。

（2）其数值表现形式是绝对数。

（3）只有有限总体才能计算总量指标。无限总体不能统计其单位数，因此不能统计其总量。

（二）总量指标的意义

社会经济统计的调查对象主要是有限总体。因此，在社会经济统计中计算和运用总量指标具有十分重要的意义。

1. 总量指标是人们对社会经济现象认识的起点

一个国家的国情国力，一个地区、部门或单位的人力、物力和财力的状况首先表现为总量指标。

2. 总量指标是制定政策、编制计划、实行经济管理的重要依据

如一个国家或企业人财物总量有多少，利用了多少，还剩多少等总量指标数据。

3. 总量指标还是计算其他统计指标的基础

相对指标和平均指标都是由两个有联系的总量指标对比而得到的。如商业网点密度指标通过人口数与商业网点个数对比求得；平均工资指标是由工资总额与职工人数对比求得。因此，总量指标是基础指标，它派生出相对指标和平均指标。

总量指标的计算是否科学、准确、合理，会直接影响到其他指标的正确性。

二、总量指标的种类

（一）总体单位总量和总体标志总量

总量指标按其反映现象的内容不同，可分为总体单位总量和总体标志总量。

总体单位总量表明总体本身规模的大小，即总体单位数的总和，也称总体总量或总体单位数。总体标志总量是指总体各单位某种标志值的总和，也称标志总量。如调查了解某市医院的经营状况时，该市的医院个数即为总体

单位总量。而该市所有医院的医务人员总数、病床位总数、每天的就诊总人数等为总体标志总量。一个特定的总体内，只能存在一个总体单位总量，但可以同时并存多个总体标志总量。总体单位总量和总体标志总量的地位并不是固定不变的，它们随着研究目的和研究范围的变化而变化。明确两类总量指标之间的差别，对于区分有关的相对指标和平均指标具有重要意义。

（二）时期指标和时点指标

总量指标按其反映现象的时间状况不同，可分为时期指标和时点指标。

时期指标（也称时期数）是指反映客观现象在一段时期内活动过程的总量，是事物发展变化的累计结果。时期指标的特点：时期指标可以累加；其数值的大小随时期长短而增减；需要连续登记取得数据，如某地的年贸易总额、商品销售总额、人口出生数等。

时点指标（也称时点数）是指反映客观现象在某一时刻（瞬间）状况上的总量。时点指标的特点：时点指标不可以累加；其数值的大小与时点的间隔长短没有直接关系；需要间断登记取得数据，如某地的人口数、企业的商品库存额、设备台数、银行存款余额等。

三、总量指标的计量单位

根据总量指标所反映的现象性质和任务的不同，它的计量单位一般分为实物单位、价值单位和劳动单位三种形式。实物单位是根据事物的自然属性和特点而采用的自然、物理计量单位。实物单位包括：自然单位、度量衡单位、双重单位和复合单位，反映的是使用价值量的大小。价值单位是用货币单位计量的总量指标，如国内生产总值、利润额、固定资产价值等，反映的是价值量的大小。劳动单位是用劳动时间表示的计量单位，反映的是劳动消耗量的大小，如工日、工时、台时等。

第二节　相对指标

一、相对指标的意义

（一）相对指标的概念和特点

1. 相对指标的概念

相对指标是指两个有联系的指标对比计算的比率，用以反映现象间的数量对比关系，如工业产品产量的计划完成程度、人口的年龄构成、人口密度等都是相对指标。

2. 相对指标的特点

首先，它是个抽象化的数值，反映现象间的相对程度；其次，相对指标的大小与研究总体范围的大小无直接联系，如我国 2008 年人均国内生产总值为 22,698 元。

（二）相对指标的表现形式

相对指标的表现形式分有名数和无名数两种。

有名数是将相对指标中分子与分母指标的计量单位同时使用，即采用双重计量单位，主要用来表示强度相对指标的数值，如人口密度指标的计量单位是“人/平方公里”、人均 GDP 指标的计量单位是“元/人”或“美元/人”等。

无名数是一种抽象化的数值，常以系数和倍数、成数、百分数（%）、千分数（‰）等表示。系数和倍数是将对比的基数抽象为 1 而计算的相对指标，如全国总人口数 2008 年年末为 132,802 万人，比 1953 年的 59,435 万人增长了 1.23 倍多；成数是将对比的基数抽象为 10 而计算的相对指标，如某地 2009 年的粮食产量比上年增长了 1 成，即增长了 1/10；百分数（%）是将对比的基数抽象为 100 而计算的相对指标，它是最常用的一种表现形式，如某省某年城镇居民消费水平为 6,102 元，为上年的 109.87%；千分数（‰）是将对比的基数抽象为 1,000 而计算的相对指标，它通常在分子的数值比分母的数值小得多的情况下使用，如我国 2008 年的人口出生率为 12.14‰，人口自然增长率为 5.08‰。

（三）相对指标的意义

相对指标是以相互关联的指标对比来反映事物之间的数量联系，因此计算研究相对指标具有如下意义：①通过相对指标可以反映现象的发展程度、密度或普遍程度等。如我国 2008 年国内生产总值为 300,670 亿元，2008 年我国的平均人口数为 132,564 万人，2008 年人均 GDP 为 22,698 元，约为 3,263 美元，反映了我国人口与国内生产总值之间的关联程度。②相对指标在经济管理中发挥着重要作用，它可使不能直接对比的总量指标找到共同比较的基础，从而能更深入地分析问题。如由于企业规模不同，不能用利润额或销售额这样的总量指标来评价企业生产经营成果，而人均利润额或人均销售额指标，消除了企业规模大小的影响，可以更恰当地评价企业的经营情况。

二、相对指标的种类

由于研究目的和任务的不同，相对指标的对比基础也不同，从而产生了各种相对指标。常用的相对指标有：计划完成程度相对指标、结构相对指标、比较相对指标、比例相对指标、强度相对指标和动态相对指标。

（一）计划完成程度相对指标

1. 计划完成程度相对指标计算分析

计划完成程度相对指标也称计划完成相对数或计划完成百分比。它是现象在某一段时期内的实际完成数与计划任务数对比的结果。

$$计划完成程度相对数 = \frac{实际完成数}{计划任务数} \times 100\%$$

计划完成程度相对指标的计算和运用必须注意以下问题：首先，公式中分子、分母的指标含义、计算口径、计算方法、计量单位、时间和空间范围必须一致；其次，判断计划完成程度的好坏应视指标类型而定，如果分析的指标是正指标（即数值越大越好的指标，如销售额、利润额等），则等于及大于 100% 为完成和超额完成计划，小于 100% 为未完成计划，如果分析的指标是逆指标（即数值越小越好的指标，如单位产品成本、原材料消耗等），则等于及小于100%为完成和超额完成计划，大于100%为未完成计划。

根据统计研究目的和任务的不同，计划完成程度相对指标的分母（计划数），可以是总量指标，也可以是相对指标或平均指标。计算方法略有不同。注意当计划任务数和实际数为提高或降低百分数时，不能直接对比。

例3.1　某企业2009年计划规定劳动生产率比上年提高10%，实际提高了15%，计算该企业劳动生产率计划完成程度。

$$劳动生产率计划完成程度 = \frac{100\% + 15\%}{100\% + 10\%} \times 100\% = 104.55\%$$

计算结果表明，该企业劳动生产率计划完成程度为104.55%，超额完成了4.55%。另外，还可以用15% - 10% = 5%，结果表明劳动生产率实际比计划多完成5个百分点。注意：不能直接用15%与10%相除等于150%。

例3.2　某工业企业2009年某产品单位成本计划降低5%，实际降低了6%。计算该工业企业某产品单位成本计划完成程度。

$$单位产品成本计划完成程度 = \frac{100\% - 6\%}{100\% - 5\%} \times 100\% = 98.95\%$$

计算结果表明，该企业2009年某产品单位成本降低计划完成程度为98.95%，超额1.05%完成了成本降低任务。另外，还可以用实际降低率减去计划降低率，即：6% - 5% = 1%，结果表明某产品单位成本实际比计划多降低了1个百分点。注意：不能用6%除以5%等于120%，大于100%说明未完成单位成本降低计划，这与实际情况不符。

总之，用相对数计算计划完成程度相对指标时一定要注意包含原有基数，还要注意百分数和百分点的区别。

2. 中长期计划完成情况的检查分析

计划完成程度相对指标还用于计划完成情况的检查，分为中长期计划检查和短期计划检查两种。短期计划完成情况的检查可按前面的公式计算。而中长期计划的检查根据制定中长期计划任务时的方法和侧重点不同，检查计划完成情况的方法也不同，有水平法和累计法两种。

（1）水平法。在中长期计划中，如果只规定在整个计划期的末期（最后一年），现象应达到的水平，则用水平法检查计划执行情况。

$$\text{计划完成程度}(\%) = \frac{\text{计划期末年实际达到的水平}}{\text{计划期规定的末年水平}} \times 100\%$$

例 3.3 我国某五年计划规定，某种产品末年的产量应达到 200 万吨，实际完成 260 万吨，则该产品产量五年计划完成情况为 130%，超额 30% 完成五年计划。另外，按水平法检查中长期计划执行情况时，确定提前完成计划的时间是只要在计划期内有连续一整年（可以跨日历年度）的数值达到计划规定的末年水平，即为五年计划完成，其余时间即为提前完成五年计划的时间。

例 3.4 某产品五年计划规定最后一年的产量应达到 45 万吨，计划执行情况如下表 3－1。

表 3－1 某企业某产品产量计划完成情况 万吨

	第一年	第二年	第三年		第四年				第五年			
			上半年	下半年	一季度	二季度	三季度	四季度	一季度	二季度	三季度	四季度
产量	36	39	21	19	10	10	11	12	12	13	15	16

从上表第四年的二季度起至第五年第一季度止的连续一年中，正好达到了计划规定的水平，10＋11＋12＋12＝45 万吨。则该产品提前三个季度完成了五年计划。但在实际中这种正好的时候很少见，若将第五年一季度的 12 改为 13 后，问提前完成计划的时间？显然完成计划连续一年的时间应在第四年的一季度至第五年的第一季度之间，计算方法如下：

设第五年的第一季度用了 x 天，则，

$$\frac{10}{90}(90-x)+10+11+12+\frac{13}{90}x=45$$

$x=60$（天），余 $90-60=30$（天），提前 10 个月完成五年计划。

注：日历日数，按标准天数每月 30 天，每季度 90 天，每年 360 天计算。

（2）累计法。在检查中长期计划执行情况时，如果计划任务是按计划期各年总和规定的，要按累计法检查中长期计划执行情况。

$$\text{计划完成程度}(\%) = \frac{\text{计划期实际累计完成数}}{\text{计划规定的累计数}} \times 100\%$$

例 3.5 某地区某五年计划期间的基本建设投资总额，计划规定为2,200 万元，五年内实际累计完成 2,240 万元，则五年基本建设投资总额计划完成

程度为101.82%，超额完成计划1.82%。按累计法确定提前完成五年计划的时间，是用计划期的全部时间减去自计划期执行日始至实际累计完成规定数量的日期止的时间，即为提前完成五年计划的时间。

3. 计划执行进度的检查分析

计划完成程度相对指标，还经常用来检查计划执行进度情况，即在计划执行过程中，计算累计计划完成程度指标，监督、检查计划的完成情况。

$$\text{累计计划完成程度(\%)} = \frac{\text{自计划期初至某时间止的实际累计完成数}}{\text{全期计划数}} \times 100\%$$

该指标主要用来分析计划执行进度，并据以考核计划执行的均衡性，以便及时发现问题并采取措施，保证计划的顺利完成，这是事中分析常用的方法。在实际工作中，人们还常做整个计划期的预计完成情况分析。

（二）结构相对指标

结构相对指标（也称比重）是利用统计分组的方法，将总体区分为性质不同的组成部分，用部分数值与总体全部数值对比计算求得的比重或比率。即同一时间、同一总体内，部分数值与全部数值之比。

$$\text{结构相对数} = \frac{\text{总体部分数值}}{\text{总体全部数值}} \times 100\%$$

如全国2008年年末总人口数为132,802万人，其中：男性人口数68,357万人，则男性人口占全部人口的51.47%。

结构相对指标一般用百分数表示。由于结构相对指标是用同一总体的部分数值与总体的全部数值对比，所以同一总体的各部分所占比重之和应为100%或1。如2008年我国男性人口占51.47%，则女性人口占48.53%。

总体的结构反映着总体的性质，不同的结构常常表明总体性质的差异。因此，通过结构相对指标可以反映总体的状况及总体结构的特征。

（三）比较相对指标

比较相对指标是指在同一时间，不同空间条件下，两个相同指标对比求得的比率，反映现象发展水平的差别程度。

$$\text{比较相对数} = \frac{\text{某种空间条件下的某类指标数值}}{\text{另一空间条件下的同类指标数值}} \times 100\%$$

由于总量指标易受经济条件和单位规模的影响，往往不能准确地反映事物的差别程度，所以比较相对指标常用相对指标或平均指标来计算。比较相对指标不仅可用于不同国家、不同地区、不同单位的比较，还可以同先进水平、标准水平或平均水平比较，通过横向对比来充分认识自己所处的位置及与别人的差距。比较相对指标的分子与分母位置可以互换，从不同的角度分析说明事物发展变化的程度。如 2008 年人均 GDP，中国 3,263 美元，美国 46,715 美元，日本 38,444 美元，加拿大 42,032 美元。中国仅相当于美国的 6.98%，而美国相当于中国的 14.3 倍多。

（四）比例相对指标

总体内各个组成部分之间存在着一定的联系，并在客观上保持适当的比例。比例相对指标是将同一总体内的各部分数值进行对比计算的相对指标，表明事物内部的比例关系。即同一时间、同一总体内各部分数值之比。

$$比例相对数 = \frac{总体中某一部分数值}{同一总体内另一部分数值}$$

社会经济生活中许多重大的比例关系，如人口的性比例关系、农轻重的比例关系、积累与消费的比例关系等，都是通过计算比例相对指标来反映的。比例相对指标一般用比例或百分数的形式表示。如，中国 2008 年年末总人口数为 132,802 万人，其中：男性人口数 68,357 万人，则男女性比例约为 106:100。2008 年我国出生人口性别比为 120.56:100。

比例相对指标的分子与分母位置可以互换，从不同的角度说明事物发展变化的程度。

比例相对指标和比较相对指标的区别在于对比指标的分子和分母是否属于同一总体。分属于两个总体的同类指标对比是比较相对指标，而属于同一总体的则为比例相对指标。比例相对指标一般有一个客观的标准，需要各部分比例协调发展，不符合这个比例标准就会造成经济上的破坏和损失。而比较相对指标只是反映客观事物的大小、多少及达到某一标准的情况，不存在比例关系是否协调的问题。

比例相对指标和结构相对指标之间也存在着联系，两者都需要在统计分组的基础上进行计算，比例相对指标反映的比例关系是一种结构性的比例关系，它的作用与结构相对指标相同，只是两者对比的方法和侧重点不同。

（五）强度相对指标

强度相对指标是两个性质不同，但有一定联系的总体指标数值之比，用以反映现象的强度、密度或普遍程度的统计指标。

$$强度相对数 = \frac{某一总体的指标数值}{另一性质不同但有联系的总体指标数值}$$

如中国2008年平均人口数为132,465.5万人，国土面积960万平方公里，则人口密度为138人/平方公里。

强度相对指标与其他相对指标比较有如下特点：第一，强度相对指标多数采用复合计量单位，如人口密度（人/平方公里）；第二，强度相对指标涉及两个总体指标数值的对比，带有平均的含义，但不同于平均指标，如人均粮食产量（粮食总产量/总人口数）为强度相对指标，分子与分母属于两个总体，分母变动时，分子不随之变动，而人均粮食消费量属于平均指标（粮食总消耗量/总人口数），此时分母数值变大时，分子数值随之变大，分子数值是分母每个人的粮食消耗量之和，两者属于同一总体；第三，某些强度相对指标的分子分母位置可以互换，因而有正、逆指标之分。此类情况多属于人口与服务机构、人口与服务人员之比，如商业网点密度（正指标）=商业网点数（个）/总人口数（万人），即每万人拥有多少个商业网点，数值越大越好；商业网点密度（逆指标）=总人口数（万人）/商业网点数（个），即每个商业网点负担多少人口，数值越小越好。强度相对指标与比例相对指标比较，反映的是一种依存性的比例关系，而不是结构性的比例关系。

（六）动态相对指标

事物是不断发展变化的，要了解这种发展变化的趋势和规律性，需要计算动态相对指标。它是同一总体同类指标在不同时间的对比，用来说明现象发展变化程度的指标。

$$动态相对数 = \frac{报告期水平}{基期水平} \times 100\%$$

如全国2000年第五次人口普查总人口数126,583万人，比1990年第四次人口普查总人口数113,368万人，增长了11.66%，即动态相对指标（发展速度）为111.66%。有关动态相对指标的详细内容，我们将在时间数列一章中介绍。

各种相对指标有其各自的特点及适应条件，但它们彼此之间并不互相排斥，因而构成了相对指标方法体系，见下表3－2。

表3－2 各种相对指标的方法体系

种类	公式	形式	作用	特点
结构相对指标	$\frac{总体部分数值}{总体全部数值}\times 100\%$	百分数 成数	表明总体内部构成情况	各部分比重之和等于100%
比例相对指标	$\frac{总体中某一部分的数值}{同一总体内另一部分的数值}$	百分比 比例	表明总体内部各部分间的比例关系	分子、分母可以互换位置
比较相对指标	$\frac{某种空间条件下某类指标数值}{另一空间条件下同类指标数值}\times 100\%$	百分数 倍数	反映不同空间同一时期同类现象间的差异程度	分子、分母可以互换位置
动态相对指标	$\frac{报告期水平}{基期水平}\times 100\%$	百分数 系数 倍数	反映现象在同一空间，随时间的变化而发展变化的程度	分子、分母指标相同，但时期不同
强度相对指标	$\frac{某一总体的指标数值}{另一性质不同但有联系的总体指标数值}$	有名数 百分数 千分数	反映现象的强度、密度或普遍程度	分子、分母是不同类现象；带有平均的含义；可有正、逆指标
计划完成程度相对指标	$\frac{实际完成数}{计划任务数}\times 100\%$	百分数	检查计划完成程度；检查计划执行进度	中长期计划检查有水平法和累计法两种

三、总量指标与相对指标的应用

（一）相对指标的可比性原则

可比性是计算和运用相对指标的基本原则。相对指标是将相互联系的事物进行对比，用以反映事物之间的数量对比关系。因此，对比的事物是否具有可比性是一个实质性的问题。如果将不可比的事物加以比较，不仅不能正确地反映事物之间的数量对比关系，反而会歪曲事物的真相。要使相对指标具有可比性，一般应考虑以下两方面问题：

第一，要准确地选择对比的基数。应根据研究现象的性质、特点及研究目的来选择对比基数。如计算全国某年人口的识字率指标时，应用全国该年识字的人口数，除以全国该年 6 岁以上的人口数，而不除以全国的全部人口数，因为 6 岁以下人口不属于应识字的人口。

第二，相对指标的分子和分母必须保持可比性。对比指标的可比性是指用来对比的指标在指标含义、内容、范围、时间、空间、计算方法等方面是否协调一致或相互适应。当相对指标的分子和分母发生不可比的情况时，可以根据研究目的进行调整。一般应以目前的标准来调整以前的数值，而不能根据以前的标准来调整现在的数值。

（二）相对指标与总量指标结合运用的原则

相对指标是用一个抽象化的比值来反映现象的相对程度，因而它把现象的总量水平掩盖了。这就可能出现：两个相同的相对指标数值，其相应的总量指标可能相差悬殊。大的相对指标背后可能隐藏着小的总量指标，而小的相对指标背后隐藏的总量指标可能很大，即每增长 1% 的绝对含量不同。因此，只有将相对指标与总量指标结合运用，才能正确、全面地反映事物的发展状况。

（三）各种相对指标结合运用的原则

各种相对指标都是各自从某一个侧面来反映事物之间的数量对比关系，所以很难用某一个相对指标分析研究现象的全貌，同时各种相对指标之间并不互相排斥。而客观现象之间的相互联系又是错综复杂的，某一事物与另一事物之间数量的变化，往往会引起其他事物的数量变化。因此，在实际统计工作中，必须根据实际情况及所掌握的资料灵活运用各种相对指标，将各种相对指标结合起来从不同的角度去分析事物，这样才能认识事物的全貌。

另外，对相对指标的计算结果评价时，不能简单地以其数值的大小来判断现象发展的优劣，而应根据事物本身的特点和相对指标本身的性质来判断。如对比例相对指标的计算结果进行评价时，必须以其标准是否符合事物发展的客观规律和能否促进社会经济发展为标准去评价事物，而不是数值越大越好；对动态相对指标计算结果的评价，也不是数值越大越好，还必须看其增长程度对社会发展是否有利；对计划完成程度相对指标计算结果的评价，要首先分析事物的性质，然后才能判断计划完成程度。

第三节　平均指标

统计整理只是对大量的统计数据进行了预处理，要想进一步掌握数据分布的特征和规律，就需要找出反映数据特征的代表值。对统计数据分布的特征，我们可以从集中和离中两方面测定数据的分布特征。

集中趋势就是指一组数据向某一中心值靠拢的倾向。测定集中趋势主要是为了寻找数据一般水平的代表值，各个具体数值由于它们之间的差距，不能代表所有数据的一般水平。反映一般水平或集中趋势的特征值主要有算术平均数、调和平均数、几何平均数、众数和中位数等。

一、平均指标概述

（一）平均指标的概念、特点和种类

1. 平均指标的概念

平均指标又称统计平均数，表明同类社会经济现象总体各单位某一数量标志在一定时间、地点条件下所达到的一般水平。

2. 平均指标的特点

（1）它是一个抽象化的数值。它将总体各单位具体的数量差异抽象掉了，从而显示出总体的一般特征或趋势。

（2）它是一个代表性数值。它用一个数值来代表总体各单位在具体条件下的典型水平。

（3）它是一个特征值。它反映了总体分布集中趋势的一般特征。总体各单位的标志值总是以平均数为中心上下波动，所以平均指标反映了总体分布的集中趋势特征。

3. 平均指标的种类

平均指标按其反映的一般水平的性质不同，分为静态平均数和动态平均数；平均指标按其反映的总体性质不同分为确定性平均数和随机性平均数；平均指标就其本质含义分为反映总体集中趋势的平均数和反映总体离中趋势的平均数；平均指标就其特点分为数值平均数和位置平均数。本节介绍的平均指标种类有：算术平均数、调和平均数、几何平均数、中位数、众数。前三者的形成取决于总体各单位的标志值，因此称为数值平均数；后两者的形成与它们所处的位置有关，称为位置平均数。平均指标的种类见图 3－1。

平均数的种类
- 数值平均数
  - 算术平均数
  - 调和平均数
  - 几何平均数
- 位置平均数
  - 众数
  - 中位数

图 3－1　平均指标的种类

（二）平均指标的作用

1. 平均指标可以比较不同空间同类现象的一般水平

因为平均指标是一个代表值，它不仅使个别单位的差异相互抵消，而且也不受总体规模大小的影响，所以可用于不同总体的比较。如两个商业企业的规模不同，不能直接用工资总额来比较工人的收入状况，而用两个商业企业工人的平均工资进行比较，就消除了企业规模不同的影响。

2. 平均指标可以作为评断事物的一种客观标准或参考

因为平均指标反映总体各单位的一般水平，因此它可以作为评价事物的客观标准。如评价某单位的绩效情况，可用同行业的平均水平为标准来评价。

3. 平均指标可以反映同一总体某类现象在不同时间上的变化，以说明其发展变化的规律性。

将某企业历年的人均工资排列起来，可以看出工人人均工资随时间变化的发展趋势。

4. 它可以分析现象之间的依存关系

如果考察企业规模的大小与流通费用水平之间的依存关系，可以按照商品流转额分组，计算每组的平均流通费用率，从而可以分析流通费用水平随商品流转额的增加而减少。

5. 平均指标是计算其他统计量的基础

如在抽样中，平均指标不仅是计算抽样误差的基础，也是进行抽样估计的主要指标。

二、算术平均数（arithmetic mean）

（一）算术平均数的基本形式

$$\text{算术平均数的基本形式} = \frac{\text{总体标志总量}}{\text{总体单位总量}} = \frac{\text{标志值之和}}{\text{总体单位数}}$$

算术平均数有两个特点：它的计算方法符合众多现象中总体各单位标志值的算术和等于其总体标志总量这一客观数量关系；基本公式的分子和分母必须是同一总体，分子和分母的计算口径、范围等必须一致。

（二）算术平均数的计算

由于掌握的资料不同，算术平均数可以分为简单算术平均数和加权算术平均数两种。

1. 简单算术平均数

简单算术平均数适用于未分组资料计算平均数。计算公式为：

$$\bar{x} = \frac{x_1 + x_2 + \cdots + x_n}{n} = \frac{1}{n}\sum_{i=1}^{n} x_i = \frac{\sum x}{n}$$

$\bar{x}$ 表示算术平均数；x 表示各单位标志值；n 表示总体单位数。

例 3.6　某工厂生产班组日产零件数分别为：15，16，17，18，19 ，20，则该组工人平均日产零件数为：

$$\text{人均日产量} = \frac{\text{日总产量}}{\text{人数}} = \frac{15 + 16 + 17 + 18 + 18 + 20}{6} = 17.5(\text{件})$$

2. 加权算术平均数

这种方法适用于对已分组资料计算平均数。它是用各组的标志值乘以各组相应的单位数，求出总体的标志总量，再除以总体单位数。计算公式为：

$$\bar{x} = \frac{x_1f_1 + x_2f_2 + \cdots + x_nf_n}{f_1 + f_2 + \cdots + f_n} = \frac{\sum_{i=1}^{n} x_if_i}{\sum_{i=1}^{n} f_i} = \frac{\sum xf}{\sum f} = \sum x \frac{f}{\sum f}$$

$\bar{x}$ 代表加权算术平均数，x 代表各组标志值，f 代表各组单位数。

另外，如果我们掌握的资料是组距式分组资料，计算平均数时应以组中值作为该组的代表值来计算平均数。但利用组中值代表组变量值来计算平均数，其前提是假定各组内的标志值是均匀分布的，而实际中标志值的分布并不均匀，因此计算的平均数只是一个近似值。

例 3.7　某生产班组日产零件数资料见表 3－3 所示，计算平均日产零件数。

表 3－3　某工厂生产班组日产零件数

日产量（件）x	人数（人）f	总产量（件）xf
15	10	150
16	20	320
17	30	510
18	50	900
19	40	760
20	30	600
合计	180	3,240

$$\bar{x} = \frac{\sum xf}{\sum f} = \frac{3240}{180} = 18(\text{件})$$

例 3.8　某储蓄所的贷款情况见表 3－4 所示，计算平均贷款额。

表 3－4　某储蓄所的贷款情况

贷款额（万元）	组中值	贷款人数（人）	各组贷款额（万元）
	x	f	xf
20 以下	10	16	160

续表

贷款额（万元）	组中值	贷款人数（人）	各组贷款额（万元）
	x	f	xf
20～40	30	22	660
40～60	50	48	2,400
60～80	70	20	1,400
80～100	90	10	900
100 以上	110	4	440
合计	—	120	5,960

$$\bar{x} = \frac{\sum xf}{\sum f} = \frac{5960}{120} = 49.67(\text{万元})$$

若已知各组人数占总人数的比重资料，将各组变量值直接乘以相应的比重后求和即可。

加权算术平均指标同时受两个因素的影响：各组变量值 x 大小的影响；各组次数 f 多少的影响。

例 3.9　某车间工人某月各等级奖金情况见表 3－5 所示，计算平均奖金额。

表 3－5　某车间工人某月各等级奖金情况

等级	奖金额（元）	各组人数占总人数的比重（%）
	x	$f/\sum f$
一等奖	200	25
二等奖	150	60
三等奖	100	15
合计	450	100

$$\bar{x} = \sum x \cdot \frac{f}{\sum f} = 200 \times 25\% + 150 \times 60\% + 100 \times 15\% = 155(\text{元})$$

当变量值大且对应的次数也较多时，平均数偏向于变量值较大的一边；当变量值较小且对应的次数较多时，平均数偏向于变量值较小的一边。可见，次数 f 对各变量值在平均指标形成中的影响有权衡轻重的作用，故称“权数”。权数越大，对平均数的影响越大，但不能说权数越大平均数也就越大。权数对于算术平均数的影响作用，决定于作为权数的各组次数占总体次数比重的大小（即$f/\sum f$，它也称相对权数）。

当各组次数f相同时，权数的作用也就没有了，加权算术平均数等于简单算术平均数。证明如下：

$$f_1 = f_2 = \cdots = f_n = A \qquad \bar{x} = \frac{\sum xf}{\sum f} = \frac{A\sum x}{nA} = \frac{\sum x}{n}$$

当标志值x表现为相对数或平均数时，权数（次数）不一定是正确的权数。正确的权数应该满足两个条件：①它是标志值的直接承担者；②它与标志值相乘有明确的经济意义或能体现标志总量。

例 3. 10　某管理局所属企业的产量计划完成情况，见表 3－6 所示，计算平均产量计划完成程度。

表 3－6　某管理局所属企业的产量计划完成情况

产量计划完成（%）x	企业数（个）n	计划产量（吨）f	实际产量（吨）xf
95	4	10	9. 5
100	3	20	20
110	2	40	44
120	1	50	60
合计	10	120	133. 5

$$\bar{x} = \frac{\sum xf}{\sum f} = \frac{133.5}{120} = 111.25\%$$

从例 3. 10 中可以看出，没有完成计划或计划完成相对不好的企业，都是计划产量较少的小企业，故用企业单位数加权求平均数是不妥当的（其计算前提是假定各个企业同样大）。各组产量计划完成率和企业单位数的乘积xn也不等于各组的实际产量。而以计划产量为权数求平均数，用各组产量计划完成率和计划产量相乘xf正好等于各组的实际产量。

（三）算术平均数的数学性质

1. 各变量值与其平均数离差之和等于零

$$\sum (x - \bar{x}) = 0；\sum (x - \bar{x})f = 0$$

2. 各变量值与平均数离差平方和为最小值

$$\sum (x-\bar{x})^2 = 最小值;\ \sum (x-\bar{x})^2 f = 最小值$$

3. 两个独立的同性质变量代数和的平均数等于各变量平均数的代数和 $\overline{x+y} = \bar{x} + \bar{y}$

4. 两个独立的同性质变量乘积的平均数等于各变量平均数的乘积 $\overline{xy} = \bar{x} \cdot \bar{y}$

5. 对每个标志值同加减或同乘除一个任意数 A，则平均数也加减或乘除该任意数。据此，可进行平均数的简捷计算。

三、调和平均数（harmonic mean）

调和平均数是各个标志值倒数的算术平均数的倒数，又称倒数平均数。对未分组资料计算简单调和平均数，对已分组资料计算加权调和平均数。

（一）简单调和平均数

$$H = \frac{n}{\frac{1}{x_1} + \frac{1}{x_2} + \cdots + \frac{1}{x_n}} = \frac{n}{\sum_{i=1}^{n} \frac{1}{x_i}} = \frac{n}{\sum \frac{1}{x}}$$

例 3.11 某市场某种蔬菜早、中、晚的价格分别为每公斤 2.00 元、1.90 元、1.60 元，问早、中、晚各买 1 元的平均价格是多少？

$$H = \frac{购买额}{购买量} = \frac{n}{\sum \frac{1}{x}} = \frac{3}{\frac{1}{2.00} + \frac{1}{1.90} + \frac{1}{1.60}} = 1.82(元)$$

（二）加权调和平均数

$$H = \frac{m_1 + m_2 + \cdots + m_n}{\frac{m_1}{x_1} + \frac{m_2}{x_2} + \cdots + \frac{m_n}{x_n}} = \frac{\sum_{i=1}^{n} m_i}{\sum_{i=1}^{n} \frac{m_i}{x_i}} = \frac{\sum m}{\sum \frac{m}{x}}$$

例 3.12 某市场某种蔬菜早、中、晚的价格分别为每公斤 2.00 元、1.90 元、1.60 元，而早、中、晚分别购买 18 元、12 元和 30 元时，其平均价格是多少？

$$H = \frac{\sum m}{\sum \frac{m}{x}} = \frac{18 + 12 + 30}{\frac{18}{2.00} + \frac{12}{1.90} + \frac{30}{1.60}} = \frac{60}{34.07} = 1.76(元)$$

如掌握的资料：$m = xf$

则有：$\dfrac{\sum xf}{\sum f} = \dfrac{\sum xf}{\sum \frac{1}{x}xf} = \dfrac{\sum m}{\sum \frac{m}{x}}$

加权算术平均数和加权调和平均数方法的选择：如果缺少基本形式的分子资料，用算术平均法；如果缺少基本形式的分母资料，用调和平均法。未分组资料用简单平均法，分组资料用加权平均法。

例 3.13　某车间有 50 名工人加工某种零件的产量资料如表 3－7 所示，计算平均产量。

表 3－7　50 名工人加工某种零件的产量（一）

日产量（件）x	工人数（人）f	总产量（件）xf
8	10	80
9	13	117
10	18	180
11	9	99
合计	50	476

该车间工人的平均日产量为：

$$\bar{x} = \frac{\text{日总产量}}{\text{工人数}} = \frac{\sum xf}{\sum f} = \frac{476}{50} = 9.52(\text{件})$$　（缺少基本公式的分子资料）

另外，如果已知变量值 x 和权数比重 $f/\Sigma f$，则应用公式：$\bar{x} = \sum x \cdot \dfrac{f}{\sum f}$

例 3.14　某车间有 50 名工人加工某种零件的产量资料如表 3－8。

表 3－8　50 名工人加工某种零件的产量（二）

日产量（件）x	总产量（件）m	工人数（人）m/x
8	80	10
9	117	13
10	180	18
11	99	9
合计	476	50

该车间工人的平均日产量为：

$$H = \frac{日总产量}{工人数} = \frac{\sum m}{\sum \frac{m}{x}} = \frac{476}{50} = 9.52(件) \quad （缺少基本公式的分母资料）$$

从上面例 3.13、例 3.14 的计算可以看出，算术平均数和调和平均数的计算，没有根本的区别，只是由于所掌握的资料不同，而采取了不同的计算方法而已。

四、几何平均数（geometric mean）

几何平均数是 n 个变量值连乘积的 n 次方根。它是计算平均比率和平均发展速度最适合的一种方法。几何平均数适用于现象的连乘积等于总速度或总比率的情况求平均数。如果是未分组资料用简单几何平均数，已分组资料用加权几何平均数公式。

（一）简单几何平均数

$$G = \sqrt[n]{x_1 \cdot x_2 \cdot \cdots \cdot x_n} = \sqrt[n]{\Pi x}$$

例 3.15　某机械厂有四个流水作业车间，本月各车间产品合格率分别为 95%、92%、90%、85%，求平均车间产品合格率。

$$G = \sqrt[n]{x_1 x_2 \cdots x_n} = \sqrt[4]{95\% \times 92\% \times 90\% \times 85\%} = 90.43\%$$

平均车间产品合格率为 90.43%。

（二）加权几何平均数

$$G = \sqrt[\sum f]{x_1^{f_1} \cdot x_2^{f_2} \cdot \cdots \cdot x_n^{f_n}}$$

例 3.16　某笔贷款的期限是 20 年，其年利率按复利计算，具体情况是：2 年为 6%；6 年为 10%；8 年为 12%；4 年为 15%。计算该笔贷款的平均年利率。

该现象是连乘积现象，且又是分组资料，故应用加权几何平均数。先将年利率变成午本利，因为几何平均数的计算公式是包含原有基数的。其计算结果如下：

年平均本利率为：$G = \sqrt[\sum f]{x_1^{f_1} \cdot x_2^{f_2} \cdot \cdots \cdot x_n^{f_n}} = \sqrt[20]{1.06^2 \times 1.10^6 \times 1.12^8 \times 1.15^4} = 111.37\%$

则该笔贷款的平均年利率为11.37%。

五、众数（M_0）

众数（mode）是现象总体中出现次数最多的标志值。它可以反映总体各单位某一数量标志值的集中趋势。确定众数的方法有两种：

第一，单项数列条件下，出现次数最多的标志值就是众数。如果出现次数最多的标志有两个，称为复众数。如表3－7资料，出现次数最多的标志值是10，则众数就是10。

第二，组距数列条件下，先确定众数组，而后运用公式计算众数的近似值。

计算众数的上、下限公式如下：

下限公式：$M_0 = L + \frac{\Delta_1}{\Delta_1 + \Delta_2} \times i$

上限公式：$M_0 = U - \frac{\Delta_2}{\Delta_1 + \Delta_2} \times i$

这里 L 表示众数组的下限；U 表示众数组的上限；Δ_1 表示众数组的次数与其前一组的次数之差；Δ_2 表示众数组的次数与其后一组的次数之差；i 是众数组的组距。

例3.17　某学院学生平均每天课余学习时数的数据如表3－9。

表3－9　某学院学生平均每天课余学习时数（一）

课余学习时数（小时）	学生数（人）
0～2	25
2～4	35
4～6	29
6～8	21
合计	110

要求：计算该学院学生平均每天课余学习时数的众数。

由于资料是分组资料，所以要先找到众数组，然后根据下限或上限公式计算。表3－9中众数组是2～4组，这一组出现的次数最多。

利用下限公式计算如下：

$$M_0 = L + \frac{\Delta_1}{\Delta_1 + \Delta_2} \times i = 2 + \frac{(35-25)}{(35-25)+(35-29)} \times (4-2) = 3.25(\text{小时})$$

利用上限公式计算如下：

$$M_0 = U - \frac{\Delta_2}{\Delta_1 + \Delta_2} \times i = 4 - \frac{(35-29)}{(35-25)+(35-29)} \times (4-2) = 3.25(\text{小时})$$

则该学院学生平均每天课余学习时数的众数是3.25小时。

六、中位数与分位数

（一）中位数（M_e）

中位数（median）是指将总体单位的某一数量标志值按由小到大的顺序排列，处于中间位置的那个标志值就是中位数。

1. 利用未分组资料计算中位数

资料未分组的情况下，先把各个标志值顺序排列，后用（$n+1$）/2来计算中位数的位次。如果 n 为奇数，这个位次上的数值就是中位数。如有5位学生统计学考试成绩分别为60、63、68、80、85，则（$n+1$）/2 =（5+1）/2 =3，第三个数68为中位数；如果 n 为偶数，则取处于中间位次上的两个数值的算术平均数为中位数。如有6位学生统计学考试成绩分别为60、63、68、80、85、86，则（$n+1$）/2 =（6+1）/2 =3.5，第三、第四两个数的平均数（68+80）/2 =74为中位数。

2. 利用已分组的单项式变量数量资料计算中位数

分组的单项数列条件下，先按（$\sum f+1$）/2来确定中间位次，然后计算累计次数，并找出第（$\sum f+1$）/2所在组，该组称为中位数组，该组的变量值就是中位数。如第（$\sum f+1$）/2项介于上下两组之间，则该两组变量值的算术平均数是中位数。由表3－7资料，整理得出表3－10资料。

据（$\sum f+1$）/2 =（50+1）/2 =25.5，第三组为中位数所在组。因此，中位数为10件。

表 3-10　50 名工人加工某种零件的产量（三）

日产量（件）x	工人数（人）f	向上累计人数
8	10	10
9	13	23
10	18	41
11	9	50
合计	50	—

3. 利用已分组的组距式变量数列资料计算中位数

分组的组距数列条件下，首先根据 $\sum f/2$ 确定中位数组，然后计算累计次数，最后通过公式计算中位数的近似值。

下限公式：$$M_e = L + \frac{\frac{\sum f}{2} - S_{m-1}}{f_m} \times i$$

上限公式：$$M_e = U - \frac{\frac{\sum f}{2} - S_{m+1}}{f_m} \times i$$

这里 L 表示中位数组的下限；U 表示中位数组的上限；S_{m-1} 表示中位数组前一组的累计次数（向上累计）；f_m 表示中位数组的次数；i 表示中位数组的组距；S_{m+1} 表示中位数组后一组的累计次数（向下累计）。

由表 3-9 资料，整理得出表 3-11 资料。

表 3-11　某学院学生平均每天课余学习时数（二）

课余学习时数（小时）	学生数（人）	向上累计	向下累计
0~2	25	25	110
2~4	35	60	85
4~6	29	89	50
6~8	21	110	21
合计	110	—	—

由于资料是分组资料，所以要先找到中位数组，然后计算向上累计或向下累计，再根据下限或上限公式计算中位数，最好列计算表。根据表 3-11 资料，$\sum f \div 2 = 110 \div 2 = 55$，即第 55 所在组（2~4 组）为中位数组，利用下限公式计算如下：

$$M_e = L + \frac{\frac{\sum f}{2} - S_{m-1}}{f_m} \times i = 2 + \frac{\frac{110}{2} - 25}{35} \times (4-2) = 3.71(\text{小时})$$

利用上限公式计算如下：

$$M_e = U - \frac{\frac{\sum f}{2} - S_{m+1}}{f_m} \times i = 4 - \frac{\frac{110}{2} - 50}{35} \times (4-2) = 3.71(\text{小时})$$

则该学院学生平均每天课余学习时数的中位数是3.71小时。

（二）分位数

1. 四分位数的计算

中位数是将统计分布从中间分成相等的两部分，与中位数性质相似的还有四分位数（quartile）、十分位数（decile）和百分位数（percentile）。显然，四分位数就是将数据分布四等分的三个数值，其中中间的四分位数就是中位数，其余为上四分位数和下四分位数。十分位数和百分位数分别是将数据分成十等分和一百等分的数值。我们这里主要介绍四分位数的计算。几种分位数之间的关系如下：

第一个十分位数 = 第10个百分位数

Q_1 = 第一个四分位数 = 第25个百分位数

Q_2 = 第二个四分位数（中位数）= 第50个百分位数

Q_3 = 第三个四分位数 = 第75个百分位数

第九个十分位数 = 第90个百分位数

例3.18　有下列15个（奇数）数据：7、18、12、17、29、18、4、27、30、2、4、10、21、5、8，找到这组数据的三个四分位数。

第一，将数据按照由小到大的顺序排列如下：2、4、4、5、7、8、10、12、17、18、18、21、27、29、30。

第二，找到三个四分位数的位置。第一个四分位数的位置 = $(n+1) \times 0.25 = (15+1) \times 0.25 = 4$；第二个四分位数的位置 = $(n+1) \times 0.50 = (15+1) \times 0.50 = 8$；第三个四分位数的位置 = $(n+1) \times 0.75 = (15+1) \times 0.75 = 12$。

第三，计算三个四分位数。第一个四分位数是第四位数为5；第二个四分位数是八位数为12；第三个四分位数是第十二位数为21。

例3.19　有下列18个（偶数）数据：17、28、22、27、39、28、14、37、40、12、14、20、31、52、56、15、18、48，找到这组数据的三个四分位数。

第一，将数据按照由小到大的顺序排列如下：12、14、14、15、17、18、20、22、27、28、28、31、37、39、40、48、52、56。

第二，找到三个四分位数的位置。第一个四分位数的位置 = $(n+1)\times 0.25=(18+1)\times 0.25=4.75$；第二个四分位数的位置 = $(n+1)\times 0.50=(18+1)\times 0.50=9.5$；第三个四分位数的位置 = $(n+1)\times 0.75=(18+1)\times 0.75=14.25$。

第三，计算三个四分位数。第一个四分位数 $=15+(17-15)\times 0.75=16.5$；第二个四分位数 $=(27+28)\times 0.5=27.5$；第三个四分位数 $=39+(40-39)\times 0.25=39.25$。

2. 四分位差的计算

四分位差（interquartile range，英文缩写 IQR），$IQR=Q_3-Q_1$。具体说明见本章第四节“标志变异指标”。

七、各种平均数之间的关系

（一）几何平均数、算术平均数和调和平均数的关系

对同一资料用三种方法计算，其结果是算术平均数最大，几何平均数次之，调和平均数最小。只有当所有变量值都相同时，三者结果才相等。$\bar{x}\geqslant G\geqslant H$。

（二）算术平均数与众数、中位数的关系

1. 对称的钟型分布

算术平均数、众数、中位数三者相等，$M_o=M_e=\bar{x}$。

2. 钟型的偏态分布

右偏分布 $M_o<M_e<\bar{x}$（即多数标志值居数轴左边），算术平均数最大，中位数次之，众数最小；左偏分布 $M_o>M_e>\bar{x}$（即多数标志值居数轴右边），众

数最大，中位数次之，算术平均数最小。

八、平均数的应用

（一）注意社会经济现象的同质性

平均数只有在同质总体中才能计算，这是计算平均数的必要前提。所谓同质性就是研究现象总体的各个单位在某一标志上的性质相同。只有这样计算出来的平均数才能反映其一般水平，否则会得出错误的结论。

（二）用分配数列补充说明平均数

平均数只是说明现象的一般水平，它掩盖了总体各单位的差异以及其分布的具体情况，为了更深入地说明问题，通常需要用分配数列对总平均数加以补充说明。如表3－6，某管理局所属企业的产量计划平均完成111.25%，但从分配数列来看10个企业中有4个企业的产量没有完成计划，有3个企业的产量超额完成10%以上。这样，通过补充说明使问题反映得更全面、更具体。

（三）用组平均数来补充说明总体平均数

按照同质总体计算的平均数是一个笼统的平均数，在许多情况下不能真实地反映总体的特征，因为对总体平均数的影响因素很多，用有关标志对总体进行分组，计算组平均数，通过现象内部的构成来补充说明总体平均数。

例3.20 某企业技术工人和普通工人的工资情况见表3－12。

表3－12 某企业工人工资情况

工人类别	2008年			2009年		
	工资水平（元）	工人数（人）	工资总额（元）	工资水平（元）	工人数（人）	工资总额（元）
技术工人	800	800	640,000	900	200	180,000
普通工人	600	200	120,000	700	800	560,000
合计	760	1,000	760,000	740	1,000	740,000

从表 3－12 可看出，该企业工人的总平均工资 2009 年比上年减少了 20 元，下降了 2.63%，但不能简单地说工人的工资水平下降了，因为每组工人的工资都增加了 100 元。总平均工资的减少是因为技术工人和普通工人在工人总数中的比重变化所引起的，用各组平均数补充说明总体平均数，才能较全面地反映事物的真实情况。

（四）注意极端值的影响

算术平均数受总体内极端值的影响较大，为了正确反映总体的一般水平，当变量数列中存在太大或太小的极端值时，计算平均数时应予以剔除，再将极端值加以说明，或者计算众数、中位数代表其一般水平。

（五）将平均数和变异指标相结合起来进行分析

用平均数反映总体分布的集中趋势，用变异指标说明同总体的离散程度，以得出较全面的认识，同时评价平均数的代表性高低。

第四节　标志变异指标

对于统计分布特征的研究，集中趋势表示的是分布的中心位置或一般水平的代表值，而离中趋势反映的则是分布的分散程度或差异程度。我们在这一节将详细地介绍几种标志变异指标。

一、标志变异指标的概念、作用和种类

（一）标志变异指标的概念

标志变异指标也称标志变动度或离散趋势指标，是反映总体各单位标志值的变动范围和离散程度的综合指标。平均数说明分配数列中变量分布的集中趋势，变异指标说明变量分布的离中趋势。

（二）标志变异指标的作用

标志变异指标与平均数相结合，可以全面反映总体的特征，并对平均数

的代表性做出评价，具体作用有：

1. 标志变异指标是评价平均数代表性的尺度

标志变异指标与平均数的代表性成反比，表明总体各单位标志值的分散程度。用平均数作为总体的代表值，其代表性的高低取决于变异指标变动程度的大小，变异程度越大，说明总体各单位标志值的差异程度越大，而平均数的代表性越低；反之，变异程度越小，说明总体各单位标志值的差异程度越小，平均数的代表性越高。如某车间有甲乙两组工人的日产零件如下：

甲组：20　40　60　70　80　100　120

乙组：67　68　69　70　71　72　73

这两个组的平均日产零件数都是 70 件，但结合差异程度来看，甲组工人的日产零件差异程度大，它的平均日产量代表性小。

2. 标志变异指标可以反映社会经济活动过程的均衡性或稳定性

一般来说变异程度越小，社会经济活动过程越均衡、越稳定。在社会实践中常用变异指标进行生产过程中的产品质量控制。

3. 标准差还是抽样分析和相关分析的重要指标

计算抽样误差时，标准差是重要指标，在相关分析中也可由标准差计算相关系数。

（三）标志变异指标的分类

描述变量值差异程度的指标：极差（全距）、分位差、平均差、标准差、变异系数。

描述分布差异程度的指标：偏度和峰度。

二、极差和分位差

（一）极差

极差（range）是总体各单位标志值中最大值与最小值之差，又称全距。它说明标志值的变动范围，一般用 R 表示。

$$极差（R）=最大标志值-最小标志值=X_{max}-X_{min}$$

对于分组数据，由于分布数列中的实际最大值和最小值难以确知，只能利用最高组的上限值和最低组的下限值计算极差的近似值。如果是开口组的组距数列，应分别计算其最高组的上限值和最低组的下限值，然后利用极差公式计算。

$$极差（R）\approx U_{max}-L_{min}$$

极差一般在小样本的场合使用，而在实际中大样本的场合很少使用极差，这是因为极差仅使用了样本中两个极端点的信息，而把中间的信息都丢弃了，当样本容量越大，丢弃的信息越多，从而其使用价值也就不大了。

（二）四分位差

四分位差（inter quartile range）是两个四分位数之差，也称内距。它是与集中趋势代表值中的四分位数相对应的离散程度的代表值。公式为：

$$四分位差（IQR）=Q_3-Q_1$$

据例 3.19 中的数据，其四分位差（IQR）$=Q_3-Q_1=39.25-16.5=22.75$

比较极差和内距，我们看到极差易受极端值的影响，而内距基本不受极端值的影响。内距反映的是中间 50% 数值大小的差异，提供比极差更多的数据差异信息。测定内距在探索性数据分析中作用很大。它虽然只计算了分配数列中一半标志值的离差，不够全面，但与极差相比它消除了极端值的影响，比极差的描述要准确些。

三、平均差

平均差是各标志值与其均值之差绝对值的平均数。一般用“MAD”表示。其计算方法有两种：

（一）简单平均差

$$MAD=\frac{\sum|x-\bar{x}|}{n}（适用于未分组资料）$$

例 3.21　某车间有甲乙两班组各 5 名工人的日产量资料如表 3－13。

表 3-13　某车间有甲乙两班组工人日产量的平均差计算表

甲班组			乙班组		
日产量（件）x	$x-\bar{x}$	$\lvert x-\bar{x}\rvert$	日产量（件）x	$x-\bar{x}$	$\lvert x-\bar{x}\rvert$
20	-50	50	67	-3	3
40	-30	30	68	-2	2
60	-10	10	69	-1	1
70	0	0	70	0	0
80	10	10	71	1	1
100	30	30	72	2	2
120	50	50	73	3	3
合计	0	180	合计	0	12

甲乙两班组的平均日产量均为 70 件，

$$\bar{x}=\frac{\sum x}{n}=\frac{490}{7}=70(\text{件})$$

甲班组平均差为：$MAD=\frac{\sum|x-\bar{x}|}{n}=\frac{180}{7}=25.71(\text{件})$

乙班组平均差为：$MAD=\frac{\sum|x-\bar{x}|}{n}=\frac{12}{7}=1.71(\text{件})$

乙班组差异程度小，平均日产量的代表性高。

（二）加权平均差

$$MAD=\frac{\sum|x-\bar{x}|f}{\sum f}\quad\text{（适用于已分组资料）}$$

我们看到，平均差实际是对变量值与均值的离差进行的平均。而均值的数学性质，变量值与均值离差之和为 0。为了避免平均离差数值为 0，而不能反映出数据差异的大小，我们对变量值与均值的离差取绝对值。显然，数据间差异程度越大，离差的绝对值越大，平均的绝对差也越大。平均差考虑了数列中各变量值的差异对总体变异程度的影响，弥补了极差和四分位差的不足，能比较全面地反映客观事物的变异程度。但由于它采用取绝对值的方式来抑制正负离差的抵消，而又不能消除取绝对值的影响，因此在实际应用时受到了很大限制。

例 3.22 某班组工人的日产量资料如表 3－14。

表 3－14 某班组工人的日产量资料

日产量（件）x	工人数（人）f	xf	$x-\bar{x}$	$\|x-\bar{x}\|$	$\|x-\bar{x}\|f$
50	4	200	−6.52	6.52	26.08
52	8	416	−4.52	4.52	36.16
55	12	660	−1.52	1.52	18.24
58	20	1,160	1.48	1.48	29.60
65	6	390	8.48	8.48	50.88
合计	50	2,826	—	—	160.96

$$\bar{x} = \frac{\sum xf}{\sum f} = \frac{2826}{50} = 56.52(\text{件})$$

$$MAD = \frac{\sum |x-\bar{x}|f}{\sum f} = \frac{160.96}{50} = 3.22(\text{件})$$

四、方差和标准差

方差是各变量值与其算术平均数离差平方的算术平均数，一般用 σ^2 表示。标准差是方差的平方根，用 σ 表示。方差和标准差是统计分析中反映总体差异程度常用的指标。方差和标准差的意义与平均差基本相同，它们的根本区别在于数学处理方法不同。

（一）数量标志的方差和标准差

1. 简单式方差和标准差

方差：$\sigma^2 = \frac{\sum (x-\bar{x})^2}{n}$

标准差：$\sigma = \sqrt{\frac{\sum (x-\bar{x})^2}{n}}$

由表 3－13 资料整理得表 3－15。

表 3－15　方差计算表

甲班组			乙班组		
日产量（件）x	$(x-\bar{x})$	$(x-\bar{x})^2$	日产量（件）x	$(x-\bar{x})$	$(x-\bar{x})^2$
20	-50	2,500	67	-3	9
40	-30	900	68	-2	4
60	-10	100	69	-1	1
70	0	0	70	0	0
80	10	100	71	1	1
100	30	900	72	2	4
120	50	2,500	73	3	9
合计	0	7,000	合计	0	28

甲班组：$\sigma^2=\dfrac{\sum(x-\bar{x})^2}{n}=\dfrac{7000}{7}=1000$　　$\sigma=\sqrt{\dfrac{\sum(x-\bar{x})^2}{n}}=\sqrt{\dfrac{7000}{7}}=31.62$

乙班组：$\sigma^2=\dfrac{\sum(x-\bar{x})^2}{n}=\dfrac{28}{7}=4$　　$\sigma=\sqrt{\dfrac{\sum(x-\bar{x})^2}{n}}=\sqrt{\dfrac{28}{7}}=2$

乙班组差异程度小，平均日产量的代表性高。

2. 加权式方差和标准差

方差：$\sigma^2=\dfrac{\sum(x-\bar{x})^2 f}{\sum f}$

标准差：$\sigma=\sqrt{\dfrac{\sum(x-\bar{x})^2 f}{\sum f}}=\sqrt{\dfrac{\sum x^2 f}{\sum f}-(\bar{x})^2}$

由表 3－14 资料整理表 3－16 如下。

表 3-16　方差计算表

日产量（件）x	工人数（人）f	xf	$x-\bar{x}$	$(x-\bar{x})^2 f$	$x^2 f$
50	4	200	-6.52	170.04	10,000
52	8	416	-4.52	163.44	21,632
55	12	660	-1.52	27.72	36,300
58	20	1,160	1.48	43.81	67,280
65	6	390	8.48	431.46	25,350
合计	50	2,826	—	836.47	160562

$$\bar{x}=\frac{\sum xf}{\sum f}=\frac{2826}{50}=56.52(\text{件})$$

$$\sigma^2=\frac{\sum (x-\bar{x})^2 f}{\sum f}=\frac{836.47}{50}=16.7294$$

$$\sigma=\sqrt{\frac{\sum (x-\bar{x})^2 f}{\sum f}}=\sqrt{\frac{836.47}{50}}=4.09(\text{件})$$

$$\text{或}:\sigma=\sqrt{\frac{\sum x^2 f}{\sum f}-(\bar{x})^2}=\sqrt{\frac{160562}{50}-(56.52)^2}=4.09(\text{件})$$

还可以用计算器统计功能直接计算平均数和标准差。

方差和标准差考虑了总体所有数值的差异，能够全面地反映总体各单位标志值的差异程度，在消除正负离差的方法上符合数学处理要求。因此，它们是应用最为广泛的变异指标。

（二）是非标志的方差和标准差

有些社会经济现象按照某种标志分组，只能分成具有某种属性的单位和不具有某种属性的单位两种，如把产品分成合格品和不合格品，学生考试成绩分为及格和不及格等。这种只表示为“是”“非”或“有”“无”标志称是非标志也叫交替标志。

设全部总体单位数用 N 表示，具有某种属性的单位数用 N_1 表示，不具有该种属性的单位数用 N_0 表示。P 表示具有某种属性的单位数在总体中所占的比重，Q 表示不具有某种属性的单位数在总体中所占的比重。则有：

$$N = N_1 + N_0 \quad P = \frac{N_1}{N} \quad Q = \frac{N_0}{N} \quad P + Q = 1 \quad Q = 1 - P$$

因为是非标志为属性标志本无数值，但为了对其进行定量分析，可以将这种标志进行量化处理，即在标准正态分布下进行研究，以“1”表示具有某种属性的单位的标志值，以“0”表示不具有某种属性的单位的标志值。这样，可计算是非标志的平均数和标准差。是非标志的统计分布称为贝努里分布。

1. 是非标志的平均数

是非标志的平均数计算过程如表3-17。

表3-17 是非标志的平均数计算表

是非标志值 x	频率（比重）$\frac{f}{\sum f}$	$x \cdot \frac{f}{\sum f}$
1	P	P
0	Q	0
合计	1	P

$$\bar{x} = \sum x \cdot \frac{f}{\sum f} = 1 \times P + 0 \times Q = P = \frac{N_1}{N}$$

是非标志的平均数就是具有某种属性的单位数在总体中所占的比重。

2. 是非标志的方差和标准差

是非标志的方差和标准差计算过程如表3-18。

表3-18 是非标志的方差和标准差计算表

是非标志值 x	频率（比重）$\frac{f}{\sum f}$	$x - \bar{x}$	$(x - \bar{x})^2 \cdot \frac{f}{\sum f}$
1	P	$1 - P$	$(1 - P)^2 \cdot P$
0	Q	$0 - P$	$(0 - P)^2 \cdot Q$
合计	1	—	$(1 - P)^2 \cdot P + (0 - P)^2 \cdot Q$

是非标志的方差：

$$\sigma^2 = \sum (x - \bar{x})^2 \frac{f}{\sum f} = (1 - P)^2 P + (0 - P)^2 Q = PQ = P(1 - P)$$

是非标志的标准差：$\sigma = \sqrt{PQ} = \sqrt{P(1 - P)}$。是非标志标准差的最大值

为0.5，方差的最大值为0.25。

例3.23　某企业有8万件产品，从中抽取100件，经检测有94件合格，求其产品的平均合格率和合格率的标准差，见表3-19。

表3-19　产品的平均合格率和合格率的标准差计算表

产品	是非标志值 x	频率（比重）$\frac{f}{\sum f}$	$x-\bar{x}$	$(x-\bar{x})^2 \cdot \frac{f}{\sum f}$
合格品	1	0.94	0.06	0.003384
不合格品	0	0.06	-0.94	0.053016
合计	—	1	—	0.056400

产品的平均合格率：$\bar{x} = P = \frac{N_1}{N} = \frac{94}{100} = 94\%$

产品合格率的方差：

$$\sigma^2 = \sum (x-\bar{x})^2 \frac{f}{\sum f} = PQ = P(1-P) = 0.94 \times 0.06 = 0.0564 = 5.64\%$$

产品合格率的标准差：$\sigma = \sqrt{PQ} = \sqrt{P(1-P)} = \sqrt{0.94 \times 0.06} = 23.75\%$；

或：$\sigma = \sqrt{\sum (x-\bar{x})^2 \frac{f}{\sum f}} = \sqrt{0.0564} = 23.75\%$

这里产品的平均合格率反映产品的一般水平，而方差和标准差则是反映产品质量的差异程度。

五、标志变异系数

变异系数又称离散系数，它是以相对指标表示的标志变异指标，用来反映标志值的变动程度和说明平均数的代表性大小，常用百分数表示。

计算标志变异系数是因为在比较两个变量数列平均数的代表性时，一是两个数列的性质可能不同，既研究的不是同一问题，也可能计量单位不同；二是两个数列的平均数可能不相等。在这种条件下，就不能用总量指标形式的变异指标（全距、平均差、标准差）来比较两个数列的平均数的代表性大小，一定要计算标志变异系数，一般计算标准差系数。

$$变异系数 = \frac{标志变异指标}{平均数} \times 100\%$$

$$标准差系数\ V_\sigma = \frac{\sigma}{\bar{x}} \times 100\%$$

例3.24 已知甲企业的工人工资资料如表3-20。

表3-20 标志变异系数计算表

工资额（元）x	工人数（人）f	工资总额（元）xf	$(x-\bar{x})^2f$
625	4	2,500	214,683.96
675	10	6,750	330,039.89
850	16	13,600	711.82
925	20	18,500	93,379.78
975	7	6,825	98,013.92
1075	3	3,225	143,003.97
合计	60	51,400	87,9833.34

要求计算甲企业工人的平均工资和标准差。若已知乙企业工人的平均工资为874.96元，标准差为122.32元，问：甲乙两企业哪一个企业的工人平均工资的代表性更高些？能否用标准差直接比较？

先计算甲企业的平均数和标准差如下：

$$\bar{x}=\frac{\sum xf}{\sum f}=\frac{51400}{60}=856.67(\text{元})$$

$$\sigma=\sqrt{\frac{\sum(x-\bar{x})^2f}{\sum f}}=\sqrt{\frac{87933.02}{60}}=121.09(\text{元})$$

因为甲乙两企业工人平均工资水平不等，因此不能直接用标准差比较其平均数的代表性，应计算标准差系数，然后再进行比较。

$$V_{\text{甲}}=\frac{\sigma}{\bar{x}}\times100\%=\frac{121.09}{856.67}\times100\%=14.13\%$$

$$V_{\text{乙}}=\frac{\sigma}{\bar{x}}\times100\%=\frac{122.32}{874.96}\times100\%=13.98\%$$

由于变异指标数值的大小与平均数的代表性高低成反比，所以上述计算结果表明，乙企业工人平均工资的代表性高于甲企业。如不计算标准差系数，直接用标准差比较就会得出相反的错误结论。

六、分布的偏度和峰度

偏度和峰度是对一组统计数据分布的对称（或偏斜）程度和陡峭（或平

坦）程度的度量指标。偏度是次数分布的非对称程度，它主要用来反映次数分布较正态分布的偏态方向和程度。峰度是指某种分布曲线与正态分布曲线相比是尖顶还是平顶，其尖顶或平顶的程度如何，即峰度就是次数分布曲线顶端的尖峭程度，高耸还是平坦。

本章小结

本章学习了总量指标、相对指标、平均数和变异指标的计算和分析。总量指标是将总体单位数或总体标志值汇总而得到的说明现象总体特征的总量。学习时注意区分各类指标，尤其要注意时期数和时点数的特点、区别，理解时期数和时点数的特点，对于学好后面的动态平均数十分重要。

相对指标是将两个有联系的统计指标对比求得的数量关系指标，它反映现象之间的联系程度。学习时要重点领会各种相对指标的含义，记住计算公式并会计算各种相对指标。掌握各种相对指标的应用条件，注意不同相对指标的特点、区别。计算结果应根据相对指标的不同特点采取不同的分析方法。

平均数是反映总体集中趋势的指标，它主要有算术平均数、调和平均数、几何平均数、众数和中位数。重点掌握它们的计算及其区别，注意它们的适用条件。

变异指标是指反映各个变量值离散程度的指标，主要有全距、平均差、标准差、方差和标志变异系数。重点掌握标准差、方差和标准差系数的计算。要联系平均数的内容来理解变异指标的含义。

本章练习题

1. 简述时期指标和时点指标的特点。

2. 根据如下单项式分组结果，在 Excel 中列表计算平均数、方差和标准差。

日产量（件）x	工人数（人）f	xf	$x-\bar{x}$	$(x-\bar{x})^2f$	x^2f
30	4				
32	18				
35	22				
36	20				
38	6				
合计	70				

3. 根据如下 A、B 两组工人上午日产量数据，在 Excel 中通过函数形式给出各自平均数和标准差，计算标准差系数并说明哪一组平均产量的代表性高。

A 组工人日产量（件）

125	108	110	112	137	106	140	116	134	117
110	131	118	134	114	108	141	118	140	122
124	125	123	127	120	109	140	107	133	124
129	117	126	123	128	111	105	109	121	121
107	133	134	113	115	134	140	113	137	111
117	126	127	120	139	135	125	115	135	128
130	122	113	123	128	110	124	127	128	134
122	118	118	127	131	127	128	133	130	135
117	126	123	128	111	105	109	121	121	135
122	133	119	124	128	138	121	122	140	118

B 组工人日产量（件）

24	23	22	22	23	27	23	24	27	23
24	24	23	22	22	24	24	23	22	22
22	24	24	27	24	22	24	22	27	24
24	22	26	23	24	24	22	26	23	24
23	24	24	22	23	23	24	24	22	23
24	23	26	23	27	24	23	26	23	25

第四章

时间数列分析

【本章学习目的和要求】

时间数列分析，也称动态分析法，主要用于描述和探索客观现象随时间发展变化的数量规律性，它是统计分析的主要方法之一。本章阐述了时间数列的编制、动态分析指标的计算和应用及时间数列的趋势分析方法。通过本章内容的学习，要求学生了解和掌握时间数列分析的意义、种类和编制原则，熟练掌握时间数列中常用的各种动态分析指标的计算方法及应用，领会它们之间的相互关系；掌握长期趋势和季节变动的测定方法，了解循环变动和不规则变动的理论及方法，以及在实际工作中的应用。

第一节　时间数列概述

一、时间数列的概念及作用

（一）时间数列的概念

世界上任何现象都不是静止不变的。统计不仅要从静态方面研究客观现象的数量特征和数量关系，而且还要从动态方面分析研究客观现象发展变化的趋势和规律性。而要进行动态分析就要编制时间数列。所谓时间数列，又称动态数列，它是将某一统计指标在不同时间上的数值，按时间的先后顺序排列而形成的数列。例见表 4－1。

表 4－1　2005—2008 年我国国民经济有关指标

年份	2005	2006	2007	2008
钢产量（万吨）	39,692	42,266	48,966	50,092

续表

年份	2005	2006	2007	2008
年末人口总数（万人）	130,756	131,448	132,129	132,802
人口自然增长率（‰）	5.84	5.28	5.17	5.08
职工平均工资（元/人）	18,364	21,001	24,932	29,229

资料来源：中国统计年鉴、中国统计公报（2005－2008 年）

由上例可见，时间数列由两个基本要素构成：一个是客观现象所属的时间；另一个是客观现象在不同时间上的指标数值。

（二）时间数列的作用

1. 它可以反映客观现象在不同时间上的规模和水平；
2. 它可以反映客观现象发展变化的过程和趋势；
3. 它可以用于探索某些客观现象发展变化的规律性；
4. 它可以根据客观现象发展变化的规律性建立数学模型，预测未来。

二、时间数列的种类

时间数列按所排列的统计指标的数值表现形式不同，可以分为总量指标时间数列、相对指标时间数列和平均指标时间数列三种。其中总量指标时间数列是基本数列，相对指标时间数列和平均指标时间数列是派生数列。

（一）总量指标时间数列

将某一总量指标在不同时间上的数值，按照时间的先后顺序排列而成的数列称为总量指标时间数列。如表 4－1 中的钢产量、年末人口总数数列就是总量指标时间数列。总量指标时间数列可以反映客观现象在不同时间上的规模和水平及其发展变化的趋势。

总量指标时间数列按其所反映的时间状况不同，又可以分为时期数列和时点数列两种。

1. 时期数列

将某一时期指标在不同时间上的数值，按照时间的先后顺序排列而成的数列称为时期数列，时期指标具有时间量纲（如一月、一季或一年）。如表 4－1中的钢产量数列就是时期数列。时期数列可以反映客观现象在不同时期累计达到的规模或水平及其发展变化的趋势。

根据时期指标的性质，时期数列有如下特点：

（1）时期数列中各项指标的数值可以直接相加。在时期数列中每个指标数值都是反映客观现象在一段时间内发展过程的总量，所以，将时期数列中各项数值相加后可以说明客观现象在更长时期内累计的总量。

（2）时期数列中各项指标的数值大小与其时期长短有直接关系。时期数列中每个指标数值所体现的时间长短，称为“时期”，其指标数值的大小与时期的长短有直接关系，即时期越长，指标数值愈大；时期越短，指标数值愈小。

（3）时期数列中各项指标数值是通过连续登记取得的。由于时期数列中每个指标数值都表示客观现象在一段时间内的累计量，其数值是连续发生的，所以，它通常是通过连续登记取得的。

2. 时点数列

将某一时点指标在不同瞬间上的数值，按照时间的先后顺序排列而成的数列称为时点数列。如表 4－1 中的年末人口总数数列就是时点数列。时点数列可以反映客观现象在某一时刻上所达到的规模或水平及其发展变化的趋势。

与时期数列相比，时点数列具有如下特点：

（1）时点数列中各项指标的数值一般不能直接相加，相加后其结果没有意义。因为时点数列中的每个指标数值都是说明客观现象在某一时刻上的状况，如果将它们直接相加，往往会出现重复计算。

（2）时点数列中各项指标的数值大小与其时间间隔长短没有直接关系。在时点数列中，“间隔”是指两个相邻指标数值在时间上的距离。由于时点数列中每个指标值只表明现象在某一瞬间上的数量，因而时间间隔的长短对其指标数值大小不发生直接的影响。

（3）时点数列中的各项指标数值一般是通过间断计数取得的。

（二）相对指标时间数列

将某一相对指标在不同时间上的数值，按照时间的先后顺序排列而成的数列称为相对指标时间数列，如表 4－1 中的人口自然增长率数列就是相对指标时间数列。相对指标时间数列可以反映客观现象之间相互关系的发展过程及其变动趋势。

注意，在相对指标时间数列中，各项指标数值不能直接相加。

（三）平均指标时间数列

将某一平均指标在不同时间上的数值，按照时间的先后顺序排列而成的数列称为平均指标时间数列，表4-1中的职工平均工资数列就是平均指标时间数列。平均指标时间数列可以反映客观现象一般水平的发展过程及其变动趋势。注意，在平均指标时间数列中，各项指标数值也不能直接相加。

三、编制时间数列的原则

编制时间数列的重要目的是为了进行动态分析，通过同类指标在不同时间上的数值对比，来研究社会经济现象的发展变化过程及其规律性。因此，保证时间数列中各项指标数值之间的可比性是编制时间数列的基本原则。可比性的具体要求有如下几点：

（一）时期或间隔长短应该一致

对于时期数列，指标数值的大小与时期长短有直接关系。所以，在同一时间数列中，如果各个指标数值所包含的时期长短不同就很难进行对比分析；对于时点数列，也要求时间间隔尽可能一致，以便更准确地进行对比分析。

（二）总体范围应该一致

在时间数列中，指标数值的大小与被研究现象所属总体空间范围有直接关系。所以，如果各个指标数值所属的总体空间范围不一致（如行政区划发生变化），则前后数值就不能直接进行对比，此时应对指标数值进行调整，使总体范围前后达成一致，然后再作动态分析。

（三）指标的经济内容应该相同

在实际工作中，有时会出现指标名称相同，但经济内容前后不一致的情况。此时不能编制时间数列，也不能进行对比，应该先进行调整，然后再作动态分析。

（四）指标的计算方法、计算价格和计量单位应该一致

计算方法有时也称计算口径。在时间数列中，指标名称和指标内容都一致时，有时因计算口径不一致（如工业企业劳动生产率既可以按全员计算，也可按生产工人计算），在价值指标中计算价格不一致，在实物指标中计量单位不一致等，指标数值也就不具有可比性。

保证时间数列中各个指标数值的可比性是编制时间数列应遵循的基本原则。但是，任何事物绝对可比是不存在的，在利用时间数列进行动态分析时，只要能满足统计研究目的的基本要求，就可视为可比。

第二节　时间数列的水平分析指标

为了利用时间数列研究客观现象的发展变化过程和规律性，需要根据时间数列计算一系列的动态分析指标。动态分析指标分为两大类：一类是根据时间数列计算的水平分析指标，主要有发展水平、平均发展水平、增长量和平均增长量；另一类是根据时间数列计算的速度分析指标，主要有发展速度、增长速度、平均发展速度和平均增长速度。

一、发展水平

发展水平就是时间数列中的各个指标数值，它反映客观现象发展变化实际达到的规模和水平，是计算其他时间数列分析指标的基础。

发展水平按其具体表现形式不同，可以分为总量指标发展水平、相对指标发展水平和平均指标发展水平。其中总量指标发展水平是最基本的发展水平。

一般来讲，时间数列的第一项指标数值称为最初发展水平，最后一项指标数值称为最末发展水平，其余各项指标数值称为中间发展水平。在动态对比分析时，作为对比基础的那一时期的发展水平称为基期发展水平，所要分析研究的那一时期的发展水平称为报告期发展水平或计算期发展水平。发展水平的这些名称随着研究目的的不同可以发生变化。今年的报告期发展水平，可能是将来的基期发展水平；这一数列的最末发展水平，可能是另一数列的最初发展水平。

二、平均发展水平

（一）平均发展水平的概念

平均发展水平是将时间数列中不同时间（时期或时点）上发展水平加以平均而得到的平均数，统计上又称动态平均数或序时平均数。它说明客观现象在一段时间内发展的一般水平。

平均发展水平和前面所讲的一般平均数（或称为静态平均数）既有共同之处，又有区别。其共同之处在于：两者都是将客观现象的个别数量差异抽象化，概括地反映客观现象的一般水平。两者的不同之处在于：第一，两者所平均的对象不同。平均发展水平是将客观现象在不同时间上的数量差异抽象化，从动态上说明客观现象在一段时间内发展的一般水平；一般平均数是将总体各单位某一数量标志在同一时间上的数量差异抽象化，从静态上说明客观现象在具体历史条件下的一般水平。第二，两者的计算依据不同。平均发展水平是根据时间数列计算的；一般平均数是根据变量数列计算的。

（二）平均发展水平的计算

由于时间数列的种类不同，平均发展水平的计算方法也不同，但由总量指标时间数列计算平均发展水平是最基本的方法。

1. 由总量指标时间数列计算平均发展水平

（1）根据时期数列计算。由于时期数列中各指标数值可以相加，所以，计算其平均发展水平可采用简单算术平均法。其计算公式为：

$$\bar{a}=\frac{a_1+a_2+a_3+\cdots+a_n}{n}=\frac{\sum a}{n}$$

式中：$\bar{a}$ 代表平均发展水平；a 代表各期发展水平；n 代表时间数列的项数。

例 4.1　根据表 4－1 资料计算 2005—2008 年我国年平均钢产量。

根据上式计算，得：

$$\bar{a}=\frac{39692+42266+48966+50092}{4}=\frac{181016}{4}=45254\text{（万吨）}$$

（2）根据时点数列计算。时点数列中的各指标数值是在某个瞬间时点上取得的，由于各指标数值的时间间隔长短有所不同，其平均发展水平通常采用不同的计算方法。对于以“天”为统计间隔的时点数列，其平均发展水平可采用简单算术平均法计算。

对于统计时点间隔在一天以上的时点数列，计算其平均发展水平应先求出两个相邻指标数值的平均数，然后以时间间隔长度作权数进行加权平均求得。其计算公式为：

$$\bar{a}=\frac{(\frac{a_1+a_2}{2})\times f_1+(\frac{a_2+a_3}{2})\times f_2+\cdots+(\frac{a_{n-1}+a_n}{2})\times f_{n-1}}{f_1+f_2+\cdots+f_{n-1}}$$

例 4.2　某企业 2009 年各月初职工人数如表 4－2，计算该企业年平均职工人数。

表 4－2　某企业 2009 年各月初职工人数

日　期	1 月初	3 月初	7 月初	8 月初	次年 1 月初
职工人数（人）	435	452	462	576	580

根据上式计算，得：

$$\bar{a}=\frac{(\frac{435+452}{2})\times 2+(\frac{452+462}{2})\times 4+(\frac{462+576}{2})\times 1+(\frac{576+580}{2})\times 5}{2+4+1+5}=510(\text{人})$$

当各时点指标数值的时间间隔相等时，即 $f_1=f_2=\cdots=f_{n-1}$ 时，上式可演化为：

$$\bar{a}=\frac{(\frac{a_1+a_2}{2})+(\frac{a_2+a_3}{2})+\cdots+(\frac{a_{n-1}+a_n}{2})}{n-1}=$$

$$\frac{\frac{a_1}{2}+a_2+a_3+\cdots+a_{n-1}+\frac{a_n}{2}}{n-1}$$

式中：$n-1$ 为时间数列的项数减去 1，这种方法称为“首末折半法”。

例 4.3　根据表 4－1 资料计算我国 2005—2008 年的年平均人口数。

根据上式计算，得：

$$\bar{a}=\frac{\frac{130756}{2}+131448+132129+\frac{132802}{2}}{4-1}=131785.3\ (\text{万人})$$

2. 由相对指标时间数列计算平均发展水平

相对指标通常是由两个总量指标对比形成的，即相对指标 $c = a/b$。计算平均发展水平时，应先分别求出构成相对指标时间数列的分子数列和分母数列的平均发展水平，然后进行对比，其结果就是相对指标时间数列的平均发展水平。其计算公式为：

$$\bar{c} = \frac{\bar{a}}{\bar{b}}$$

式中：$\bar{c}$ 为相对指标时间数列的平均发展水平；$\bar{a}$ 为构成相对指标时间数列的分子数列的平均发展水平；$\bar{b}$ 为构成相对指标时间数列的分母数列的平均发展水平。

$\bar{a}$ 和 $\bar{b}$ 可按总量指标时间数列平均发展水平的计算方法求得。

例 4.4　已知某企业第二季度各月产值计划完成程度资料如下：

表 4-3　某企业第二季度各月产值计划完成程度

时间	4 月	5 月	6 月
c 产值计划完成程度（%）	100	102	104
a 实际产值（万元）	500	612	832
b 计划产值（万元）	500	600	800

试计算该企业第二季度平均每月产值计划完成程度。

根据以上资料计算，得：

$$\bar{c} = \frac{\bar{a}}{\bar{b}} = \frac{\text{第二季度平均每月实际产值}}{\text{第二季度平均每月计划产值}} = \frac{\sum a/n}{\sum b/n}$$

$$= \frac{(500 + 612 + 832)/3}{(500 + 600 + 800)/3} = \frac{1944}{1900} = 102.3\%$$

3. 由平均指标时间数列计算平均发展水平

平均指标时间数列有静态平均指标和动态平均指标时间数列两种。

由静态平均指标时间数列求平均发展水平，可仿照相对指标时间数列计算平均发展水平的方法。

例 4.5　已知某企业第一季度各月人均产值资料如下：

表 4-4 某企业第一季度各月人均产值

时间	1月	2月	3月	4月
c 人均产值（万元/人）	3.5	4.0	5.0	5.3
a 工业产值（万元）	350	480	700	730
b 月初工人数（人）	95	105	135	165

试计算：（1）该企业第一季度平均每月人均产值；（2）第一季度人均产值。

根据以上资料计算，得：

（1）该企业第一季度平均每月人均产值为：

$$\bar{c}=\frac{\bar{a}}{\bar{b}}=\frac{\text{第一季度平均每月工业产值}}{\text{第一季度平均每月工人数}}=\frac{(350+480+700)/3}{(\frac{95}{2}+105+135+\frac{165}{2})/3}=4.27\text{（万元）}$$

（2）第一季度工业产值为：

$$\frac{\text{第一季度工业产值}}{\text{第一季度平均工人数}}=\frac{(350+480+700)}{(\frac{95}{2}+105+135+\frac{165}{2})/3}=12.81\text{（万元）}$$

或第一季度人均产值 = 4.27 × 3 = 12.81（万元/人）

由动态平均数（仅指平均发展水平）时间数列求平均发展水平，如果该时间数列的时间间隔相等，采用简单算术平均法计算；如果该时间数列的时间间隔不相等，采用加权算术平均法计算。

三、增长量

（一）增长量的概念

增长量是两个不同时期发展水平相减的差额，用以反映现象在这段时间内发展水平增加或减少的绝对量。即：

增长量 = 报告期发展水平 - 基期发展水平

增长量可正可负，正值为增加量，负值为减少量。

（二）增长量的种类

由于采用的基期不同，增长量又可分为逐期增长量和累计增长量。

1. 逐期增长量

逐期增长量是报告期发展水平与前一期发展水平之差，说明报告期发展水平较前期发展水平增加或减少的绝对量。设时间数列各期发展水平为：a_0，$a_1, a_2, \cdots, a_n$，则相应各期逐期增长量为：

$$a_1 - a_0, a_2 - a_1, a_3 - a_2, \cdots, a_n - a_{n-1}$$

2. 累计增长量

累计增长量是报告期发展水平与某一固定基期发展水平之差，说明客观现象在一定时期内总增加或减少的绝对量。仍用上述符号表示各期水平，则相应各期的累计增长量为：

$$a_1 - a_0, a_2 - a_0, a_3 - a_0, \cdots, a_n - a_0$$

（三）逐期增长量与累计增长量的关系

1. 累计增长量等于相应的各个时期逐期增长量之和

即：$a_n - a_0 = (a_1 - a_0) + (a_2 - a_1) + (a_3 - a_2) + \cdots + (a_n - a_{n-1})$

2. 相邻两个时期的累计增长量之差等于相应时期的逐期增长量

即：$(a_n - a_0) - (a_{n-1} - a_0) = a_n - a_{n-1}$

例 4.6 某地区 2004—2009 年产品产量见表 4－5，计算该产品产量增长量指标。

表 4－5 某地区 2004—2009 年产品产量

		2004	2005	2006	2007	2008	2009
产品产量（万吨）		9,400	10,110	10,757	11,559	12,426	12,850
增长量（万吨）	逐期	—	710	647	802	867	424
	累计	—	710	1,357	2,159	3,026	3,450
发展速度（%）	环比	—	107.55	106.40	107.46	107.50	103.41
	定基	100.0	107.55	114.44	122.97	132.19	136.70
增长速度（%）	环比	—	7.55	6.40	7.46	7.50	3.41
	定基	100.0	7.55	14.44	22.97	32.19	36.70
增长 1% 的绝对值		—	94.00	101.10	107.57	115.59	124.26

在实际工作中，为了消除季节变动的影响，往往需要计算年距增长量指

标，它是本年某期发展水平与上年同期发展水平相减后的差额，其计算公式为：

$$年距增长量 = 本年某期发展水平 - 上年同期发展水平$$

四、平均增长量

平均增长量是各逐期增长量的平均发展水平，说明客观现象在一段时间内平均每期增长的数量。由于逐期增长量之和等于累计增长量，所以，

$$平均增长量 = \frac{逐期增长量之和}{逐期增长量个数} = \frac{累计增长量}{时期数列项数 - 1}$$

根据表4－5中的有关资料可以计算出该地区2004—2009年该产品产量平均增长量为：

$$\frac{710 + 647 + 802 + 867 + 424}{6 - 1} = \frac{3450}{5} = 690（万吨）$$

第三节　时间数列的速度分析指标

一、发展速度

（一）发展速度的概念

发展速度是以相对指标形式表现的动态分析指标，又称动态相对指标，它是两个不同时期发展水平对比的结果。发展速度用来说明报告期发展水平是基期发展水平的百分之几或若干倍，其计算公式为：

$$发展速度 = \frac{报告期发展水平}{基期发展水平}$$

（二）发展速度的种类

由于计算时采用的基期不同，发展速度可以分为环比发展速度和定基发展速度两种。

1. 环比发展速度

环比发展速度是报告期发展水平与前一期发展水平之比，说明客观现象

报告期发展水平与前一期发展水平相比变动的程度。其计算公式为：

$$\frac{a_1}{a_0},\frac{a_2}{a_1},\frac{a_3}{a_2},\cdots,\frac{a_n}{a_{n-1}}$$

2. 定基发展速度

定基发展速度是报告期发展水平与某一固定时期发展水平（通常是最初发展水平）之比，说明客观现象在一段较长时间内总的发展变动程度，所以也称“总速度”。其计算公式为：

$$\frac{a_1}{a_0},\frac{a_2}{a_0},\frac{a_3}{a_0},\cdots,\frac{a_n}{a_0}$$

环比发展速度和定基发展速度算例见表 4 -5。

（三）定基发展速度与环比发展速度的关系

1. 定基发展速度等于相应各个时期环比发展速度的连乘积

即：$\frac{a_n}{a_0} = \frac{a_1}{a_0} \times \frac{a_2}{a_1} \times \frac{a_3}{a_2} \times \cdots \times \frac{a_n}{a_{n-1}}$

2. 相邻两期定基发展速度之商等于相应时期的环比发展速度

即：$\frac{a_n}{a_0} \div \frac{a_{n-1}}{a_0} = \frac{a_n}{a_{n-1}}$

在实际工作中，为了消除季节变动的影响，需要计算年距发展速度指标，它是本年某期发展水平与上年同期发展水平之比，说明本年某期发展水平比上年同期发展水平相对发展的程度。其计算公式为：

$$年距发展速度 = \frac{本年某期发展水平}{上年同期发展水平}$$

二、增长速度

（一）增长速度的概念

增长速度亦称增长率，是增长量与基期发展水平对比所得的动态相对指标，用来反映现象增长变化的相对程度。该指标说明报告期发展水平比基期发展水平增长（或提高）了百分之几或若干倍。其计算公式为：

$$增长速度=\frac{增长量}{基期发展水平}=\frac{报告期发展水平-基期发展水平}{基期发展水平}$$

$$=发展速度-1(或100\%)$$

由于增长速度等于发展速度减1（或100%），所以当发展速度大于1（或100%）时，增长速度为正值，表明客观现象的增长程度；当发展速度小于1（或100%）时，增长速度为负值，表明客观现象的降低程度。

（二）增长速度的种类

由于采用的基期不同，增长速度可分为环比增长速度和定基增长速度。

1. 环比增长速度

环比增长速度是逐期增长量与前期发展水平之比，说明客观现象的报告期发展水平较前期发展水平增长的相对程度，是客观现象逐期增长的速度。其计算公式为：

$$环比增长速度=\frac{逐期增长量}{前一期发展水平}=\frac{报告期发展水平-前一期发展水平}{前一期发展水平}$$

$$=环比发展速度-1$$

2. 定基增长速度

定基增长速度是累计增长量与固定基期水平之比，说明客观现象报告期发展水平较固定基期发展水平增长的相对程度，是客观现象在较长时期内总的增长速度。其计算公式为：

$$定基增长速度=\frac{累计增长量}{固定基期发展水平}=\frac{报告期发展水平-固定基期发展水平}{固定基期发展水平}$$

$$=定基发展速度-1$$

环比增长速度和定基增长速度计算，例见表4-5。

（三）定基增长速度与环比增长速度的关系

定基增长速度和环比增长速度之间，并不存在像定基发展速度与环比发展速度之间的那种连乘关系，定基增长速度不等于相应的各个时期环比增长速度的连乘积。即：

$$\left(\frac{a_n}{a_0}-1\right)\neq\left(\frac{a_1}{a_0}-1\right)\times\left(\frac{a_2}{a_1}-1\right)\times\cdots\times\left(\frac{a_n}{a_{n-1}}-1\right)$$

如果要由各期环比增长速度求第 n 期的定基增长速度，必须先将各期环比增长速度加上 1，还原成各期环比发展速度，然后将其连乘后得出第 n 期的定基发展速度，再用所得的结果减 1。

在实际工作中同样也常计算年距增长速度，用以说明不含季节因素在内的客观现象变动的相对增长程度。其计算公式为：

$$年距增长速度=\frac{年距增长量}{上年同期发展水平}=年距发展速度-1$$

三、平均发展速度和平均增长速度

（一）平均发展速度和平均增长速度的概念

平均发展速度和平均增长速度统称为平均速度。其中，平均发展速度是各期环比发展速度的平均数，用来表明客观现象在一段时期内逐期发展的平均速度；平均增长速度是各期环比增长速度的平均数，用来表明客观现象在一段时期内逐期增长的平均速度。

平均速度指标是一项十分重要并得到广泛应用的动态分析指标，它可以表明客观现象在一个较长时期内发展变化的一般情况，也可以利用它对不同历史时期发展变化程度进行比较，或进行不同地区、不同国家发展状况的比较。此外，还可以利用平均发展速度推算未来发展水平。

平均发展速度和平均增长速度的关系是：

$$平均增长速度=平均发展速度-1（或100\%）$$

平均发展速度总是正值，而平均增长速度则可为正值也可为负值。正值表明客观现象在一定发展阶段内逐期平均递增的程度；负值表明客观现象在一定发展阶段内逐期平均递减的程度。

（二）平均发展速度的计算方法

在实际统计工作中，平均发展速度的计算方法有两种，即水平法和累计法。

1. 水平法

水平法又称几何平均法。平均发展速度是总发展速度的平均数，但客观现象发展的总速度不等于各期环比发展速度之和，而等于各期环比发展速度的连乘积，因而不能采用算术平均法公式计算，只能采用几何平均法计算。其计算公式为：

$$\bar{x} = \sqrt[n]{x_1 \cdot x_2 \cdot x_3 \cdot \cdots \cdot x_n} = \sqrt[n]{\prod x}$$

式中：$\bar{x}$代表平均发展速度；x代表各期环比发展速度；n代表环比发展速度的个数；Π代表连乘符号。

时间数列中，定基发展速度等于相应各期环比发展速度的连乘积，所以平均发展速度的公式还可以表示为：

$$\bar{x} = \sqrt[n]{\frac{a_1}{a_0} \times \frac{a_2}{a_1} \times \frac{a_3}{a_2} \times \cdots \times \frac{a_n}{a_{n-1}}} = \sqrt[n]{\frac{a_n}{a_0}}$$

一段时期的定基发展速度即为客观现象的总发展速度。用R表示总速度，则平均发展速度的公式还可以表示为：

$$\bar{x} = \sqrt[n]{R}$$

以上三个公式，可根据提供的具体资料选择应用。如果有各期环比发展速度，用第一式；如果已知期初和期末发展水平，用第二式；如果已知发展的总速度，用第三式。

例4.7　某汽车厂2000年生产汽车50万辆，若以后每年平均增长12%，2010年汽车产量将达到多少万辆？如果2010年汽车产量比2000年翻两番，问每年需要增长多少才能达到预定的产量？

解：2010年产量为，$a_n = a_0\bar{x}^n = 50 \times 1.12^{10} = 155.29$（万辆）

2001－2010年平均增长速度为，$\bar{x} - 1 = \sqrt[n]{\frac{a_n}{a_0}} - 1 = \sqrt[10]{\frac{200}{50}} - 1 = 1.1487 - 1 = 14.87\%$

即每年需要增长14.87%才能达到预定的产量。

如果客观现象发展的过程划分为几个时期，又具有各时期的平均发展速度，要对全过程求平均发展速度，则要以各时期的年数为权数，按加权几何平均法计算，其计算公式为：

$$x = \sqrt[\sum f]{\prod (x)^f}$$

式中：f表示平均发展速度所代表的年数。

例4.8　某企业2004—2006年增加值的平均发展速度为107%，2007—

2008 年增加值的平均发展速度为 108.2%，求该企业 2004—2008 年增加值的平均发展速度。

解：$\bar{x} = \sqrt[5]{1.07^3 \times 1.082^2} = 107.5\%$

2. 累计法

累计法又称方程式法或代数平均法，它是以各期发展水平的总和与基期水平之比为基础来计算的。累计法计算公式是利用基期水平与各期定基发展速度的乘积得出各期发展水平，在此基础上计算各期发展水平之和，进而计算平均发展速度，即：

$$(a_0 \frac{a_1}{a_0}) + (a_0 \frac{a_2}{a_0}) + (a_0 \frac{a_3}{a_0}) + \cdots + (a_0 \frac{a_n}{a_0}) = \sum a$$

因为定基发展速度等于各期环比发展速度的连乘积，所以可用环比发展速度（以 x 表示）代替成为：

$$a_0x_1 + a_0x_1x_2 + a_0x_1x_2x_3 + \cdots + a_0x_1x_2x_3\cdots x_n = \sum a$$

把上式中的各期环比发展速度以其平均值替代就产生了以下方程：

$$\bar{x} + \bar{x}^2 + \bar{x}^3 + \cdots + \bar{x}^n = \frac{\sum a}{a_0}$$

这个方程式的正根，就是所求的年平均发展速度。但是，直接解此方程比较麻烦，实际工作中一般是利用编好的《平均增长速度查对表》来查对应用。

当 $\frac{\sum a/a_0}{n} > 1$ 时，表明客观现象是递增的，应查找递增速度部分，与这个数值相对应的左边栏内的百分比即为所求的年平均递增速度。当 $\frac{\sum a/a_0}{n} < 1$ 时，表明客观现象是递减的，应查找递减速度部分。

注意：采用水平法和累计法计算平均发展速度的特点不同。首先，两者的理论依据不同。水平法的指导思想是从最初水平 a_0 出发，以平均发展速度 $\bar{x}$ 发展，n 期后正好达到最末水平 a_n；累计法则是各期以平均发展速度发展，各期理论值之和等于实际各期水平之和。其次，两者的侧重点和适用场合不同。水平法侧重于观察最后一年的水平，即最末水平；而累计法侧重于考察全期各期发展水平的总和。实际应用中采用哪种方法，应根据客观现象的性质和所关心的侧重点而定。若侧重于观察最后一年的水平，如产量、人口、工资等，适合用水平法；若侧重于观察全期总量，如固定资产投资、植树造林、地质勘探等，适合用累计法。再次，两者的局限性不同。水平法不能反映中间各期的变动，平均发展速度决定于期末、期初水平，只有客观现象均衡发展时计算结果才准确。累计法考虑到了中间各期水平，但它不能用来研究时点现象。另外，两种方法在计算方法、所需资料及计算结果等方面也不相同。

四、速度分析指标的应用原则

（一）各期环比发展速度的发展方向应基本一致

按水平法计算的平均发展速度，虽然在形式上是各环比发展速度的平均发展水平，但实际上只反映了最末水平和最初水平的变化，掩盖了中间各期的具体变化情况。如果所研究现象中间时期出现了特殊的大升、大降，或最初、最末水平受某些因素的影响偏高或偏低，就会使所求的平均发展速度的代表性受到影响，从而影响对事物的正确判断。

（二）用分段平均发展速度和突出的环比发展速度补充说明总平均速度

水平法平均发展速度是根据总速度计算的，可以概括地反映客观现象在较长时期发展速度的一般趋势，但它往往掩盖了客观现象在各个阶段的发展状况。因此，当客观现象的发展不够稳定时，应该用分段平均发展速度或某一时期的环比发展速度来补充说明总平均发展速度，这在分析说明较长时期历史资料时更为必要。

（三）总平均发展速度要联系基期水平进行分析

客观现象发展的速度与基期水平有密切的关系。一般而言，基期水平低，容易产生高速度；基期水平高，发展速度就相对低。因此，高速度可能掩盖低水平，而低速度又可能隐含高水平。为了对客观现象做出正确分析，就要既看速度，又看水平，注意每增长1%所包含的绝对量，使相对指标与绝对指标的结合不仅体现在静态分析中，也体现在动态分析中。

增长1%的绝对值是以绝对增长量除以相应的用百分数表现的增长速度，即前期水平的1%，用公式表示为：

$$\text{增长1\% 的绝对值} = \frac{\text{逐期增长量}}{\text{环比增长速度(\%)}} = \frac{\text{前期发展水平}}{100}$$

增长1%的绝对值的算例见表4－5。

（四）平均发展速度应与其他动态分析指标结合应用

发展水平、增长量、环比速度和定基速度等指标都是从不同的角度对客观现象进行动态的分析。只有将各分析指标结合起来运用，并结合具体情况进行分析，才能达到对客观现象完整、准确的认识。

第四节　时间数列的因素与趋势分析

一、时间数列的影响因素及其构成模型

（一）时间数列的影响因素

时间数列中的数据变动反映了客观现象的发展变化状况，而现象的发展变化受多种复杂因素共同影响，不同的因素所起的作用不同，产生的结果也不同。有的因素为基本因素，对事物的发展起长期的、决定性的作用，使其发展呈现出一定的规律性；有的因素为非基本因素，对事物的发展起非决定性影响，使其发生短期的不规则变动等。将时间数列的影响因素按其性质及产生的结果进行归纳，可分为四种，即长期趋势、季节变动、循环变动和不规则变动。

1. 长期趋势（以 T 表示）

长期趋势是时间数列变动的基本影响因素。它是现象在一个相当长的时期内按某一方向持续发展变化的规律，这种变化可以是持续向上、向下或水平发展。长期趋势的产生是由于现象受内在的基本因素影响而呈现出的发展态势，这些因素对时间数列的发展起着决定性的影响作用。如改革开放以来，

我国国民经济快速发展，居民的消费水平呈现不断提高的趋势。

2. 季节变动（以S表示）

季节变动是指时间数列受自然因素和社会因素影响，随季节更替而发生的有规律的周期性波动。季节变动不仅包括一年中随四季更替而发生的变动，也包括按照一定的周期重复进行的有规律的变动。季节变动的周期一般在一年以内，可以为一年，也可以为一月、一周甚至一天。很多经济现象中都存在季节变动，例如农产品的生产、某些时令商品的销售、交通运输部门的客运量、旅游景点的人数等，会因季节的变化、节假日、风俗习惯等因素而呈现出淡季和旺季、时高时低的特点。

3. 循环变动（以C表示）

循环变动是指时间数列中出现的以若干年为一周期的上升与下降交替出现的近乎规律性的变动。如经济周期经历繁荣、收缩、萧条、扩张阶段，反映经济活动扩张和收缩过程交替变化的特征。循环变动的周期一般较长，可达数年，且每个周期内波动的形态、程度、周期长短等都不固定。

4. 不规则变动（以I表示）

不规则变动又称随机变动或剩余变动，是时间数列除了上述三种变动之外剩余的一种变动，是随机的、偶然因素引起的无规律的波动，包括如突发的自然灾害、战争、重大的政治事件等引起的时间数列的剧烈变动，也包括随机因素影响造成的波动。

时间数列的变动是由四种因素的全部或其中的部分因素构成的，即并非所有的时间数列都包含有全部四种构成因素，有的时间数列为年度数据，则认为其中不包含季节变动。

时间数列的四种构成因素对数列产生的影响是不同的。分析时间数列的影响因素目的在于对构成时间数列的各种因素产生的不同变动形式加以分解，再分别测定其对时间数列变动的影响。

（二）因素的构成模型

时间数列变动的四种因素按一定方式组合，称为时间数列因素的构成模型。根据对四种影响因素相互关系的不同假设，构成模型可分为乘法模型和加法模型。

1. 乘法模型

当现象变动的各因素存在相互影响的关系时，时间数列的总变动是各因素变动的乘积。

设 Y 代表时间数列的总变动，则乘法模型可表示为：

$$Y = T \cdot S \cdot C \cdot I$$

在乘法模型中，T 与 Y 为同计量单位的绝对量，其余因素均为比率（相对量），通常以百分数表示。

乘法模型中，各因素的分解是根据除法进行，如 $Y / T = S \cdot C \cdot I$。

2. 加法模型

当现象变动的各因素间是互相独立的关系时，时间数列总变动是各种因素变动的总和。即：

$$Y = T + S + C + I$$

加法模型中各因素均为与 Y 同计量单位的绝对量。加法模型中，各因素的分解根据减法进行，如 $Y - T = S + C + I$。

在进行时间数列的影响因素分析时，构成模型的选用要根据各因素之间的关系来确定：如果 T、S、C、I 四种变动因素之间存在着相互影响关系，宜选用乘法模型；如果各因素是相互独立的，宜选用加法模型。由于乘法模型对各因素的分解较为容易，因此在时间数列分析中普遍运用的是乘法模型。在本节中介绍的时间数列构成因素的分解分析均采用乘法模型。

二、长期趋势的测定

长期趋势是指客观现象由于受某种基本因素的影响，在一个较长时期内按某一方向持续发展变化的趋势，是时间数列变动的基本形式。测定长期趋势的目的在于：第一，研究现象随时间推移的发展变化趋势和规律性；第二，对事物未来的发展趋势做出预测；第三，还可以将长期趋势从时间数列中分离出来，以便研究时间数列中的其他因素。

测定长期趋势就是采用适当的方法消除时间数列中的季节变动、循环变动和不规则变动的影响，显示出现象变动的基本趋势。测定长期趋势的分析方法有许多，如时距扩大法、半数平均法、移动平均法、最小二乘法等。这里介绍两种最常用的方法：移动平均法和最小二乘法。

（一）移动平均法

移动平均法的基本原理为：通过扩大原时间数列的时间间隔，对原数列逐期推移，边移动边平均，计算出一系列的移动平均数形成新的数列，消除短期的、偶然的因素影响，实现对原数列的修匀，使之更为平滑，从而反映现象在较长时期的基本趋势。

设原数列项数为 n，各期水平分别为 $a_0, a_1, a_2, \cdots, a_n$，移动间隔长度为 k，则移动平均数的计算公式为：

$$\bar{a}_i = \frac{a_i + a_{i+1} + \cdots + a_{k+i-1}}{k} \qquad (1 < k < n)$$

计算所得的移动平均数表明这 k 期数据的平均水平，放在被平均的各移动项的中间位置。

使用移动平均法应注意下列问题：

第一，移动平均法对时间数列有修匀、平滑的作用。移动平均的项数 k 越大，其他变动被削弱的力度越大，数列就越平滑。从表 4－6 及图 4－1 中可以看出，对原数列分别采用三项、四项和七项移动平均，相比较而言，七项移动平均对原数列修匀的效果更好，长期趋势显现得更明显。但同时也要注意，所选择的平均项数 k 值也不宜过大，若太大会使得移动平均数的代表性降低而失去其真实性。

第二，移动平均的时间间隔应以现象发展变化的周期长度或周期长度的倍数为准，以消除周期因素的影响。如时间数列是季度资料时，应采用四项移动平均；如为月度资料，应采用十二项移动平均，这样不仅可以消除不规则变动，还可消除季节变动，达到对原数列修匀的目的。

第三，移动平均所得的趋势值应放在被平均的各移动项的中间位置。如三项移动平均值放在第二项对应的位置上，五项移动平均值放在第三项对应的位置上等。因此若 k 为奇数，只需一次移动平均即可得到趋势值；若 k 为偶数，则需进行移正平均，即将第一次的移动平均值再做一次两项移动平均才能得到趋势值。

第四，移动平均后的新数列项数比原数列要少，并且 k 越大，减少的项数越多。当 k 为奇数时，新数列首尾各减少 $(k-1)/2$ 项；k 为偶数时，首

尾各减少 $k/2$ 项。由于会损失一部分信息量，移动平均法一般不适用于进行未来趋势的外推预测。

例 4.9　我国粮食产量及其三项移动平均、七项移动平均和四项移动平均的计算结果如表 4-6 所示。

表 4-6　我国 1993—2008 年粮食产量移动平均数计算表　　万吨

年份	产量	三项移动平均值	七项移动平均值	四项移动平均值	四项移正平均值
1993	45,648.8	—	—	—	—
1994	44,510.1	45,606.90	—	46,818.55	—
1995	46,661.8	47,208.47	—	47,260.63	47,039.59
1996	50,453.5	48,177.47	48,108.49	48,940.48	48,100.56
1997	47,417.1	49,700.03	48,189.73	49,984.68	49,462.58
1998	51,229.5	49,828.40	48,297.39	48,925.68	49,455.18
1999	50,838.6	49,428.53	48,160.81	48,387.33	48,656.51
2000	46,217.5	47,439.93	47,105.96	47,006.40	47,696.87
2001	45,263.7	45,729.00	47,038.79	45,064.13	46,035.27
2002	45,705.8	44,679.67	46,634.71	45,246.48	45,155.31
2003	43,069.5	45,240.73	46,478.11	46,031.10	45,638.79
2004	46,946.9	46,139.53	47,050.37	47,055.70	46,543.40
2005	48,402.2	48,384.43	48,134.13	48,828.40	47,942.05
2006	49,804.2	49,455.57	—	50,304.18	49,566.29
2007	50,160.3	50,938.17	—	—	—
2008	52,850.0	—	—	—	—

资料来源：中国统计年鉴（1994—2009 年）、中国统计公报（2008 年）

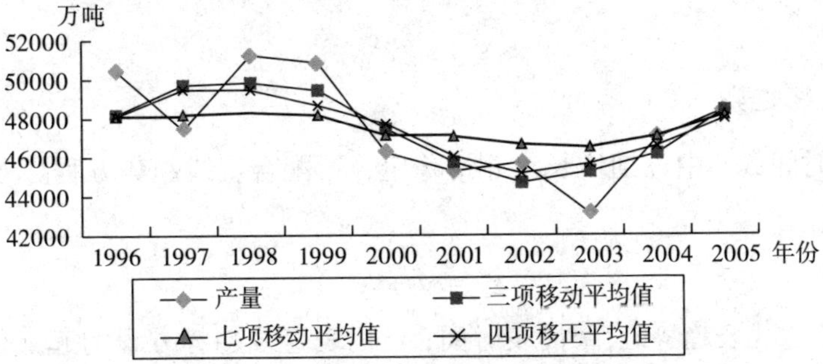

图 4-1　我国粮食产量的移动平均趋势图

（二）最小二乘法

最小二乘法又称最小平方法，是测定长期趋势的常用方法。它是利用某种形式的数学方程式对现象的趋势进行拟合，且趋势方程须满足两个条件：

第一，实际观测值 y 与趋势值 y_c 的离差平方和为最小，即 $\sum(y-y_c)^2$ 为最小值。

第二，观测值与趋势值的离差总和为0，即 $\sum(y-y_c)=0$。通过拟合趋势线可消除时间数列的其他变动，揭示现象的长期趋势。

利用最小二乘法既可以拟合直线趋势，也可以拟合曲线趋势。拟合趋势线时，首先要判断现象的趋势类型。由于现象的发展特点复杂多样、变化各异，如果不能正确判断和拟合趋势方程，则可能会对现象的发展趋势和规律做出错误的判断，影响对事物进行正确的预测和决策。分析和判断现象的趋势类型，可采用以下方法：

第一，对时间数列的趋势进行定性分析。这需要运用有关的理论知识并结合现象的发展变化特点，正确地认识、判断现象发展的趋势和规律。

第二，将时间数列的观测值绘制成散点图或折线图，观察图的基本形态并与各类函数曲线的图形进行比较，直观地判断现象的趋势类型。

第三，计算、分析时间数列中数据的变动特征，根据数据变化的特点来判断趋势类型：若数列的一级增长量（逐期增长量）大体相等，则基本趋势是直线型，可配合趋势直线；若数列的二级增长量（原始数列逐期增长量的逐期增长量）大体相等，则基本趋势属抛物线型，可配合二次曲线；若各环比发展速度大体相等，其基本趋势属指数曲线型，可配合指数曲线。

1. 直线趋势

如果时间数列中逐期增长量相对稳定，可配合直线趋势方程。方程的一般形式为：

$$y_c = a + bt$$

式中：y_c 代表趋势值；t 代表时间；a 代表直线趋势方程的起点值；b 代表直线趋势方程的斜率；b 值的经济含义指 t 值每变动一个单位时，趋势值 y_c 的平均增加（或减少）的数值。

根据最小二乘法的原理，求解直线趋势方程中的两个参数 a、b 的标准方程为：

$$\begin{cases} \sum y = na + b\sum t \\ \sum ty = a\sum t + b\sum t^2 \end{cases}$$

解得：

$$\begin{cases} b = \dfrac{n\sum ty - \sum t\sum y}{n\sum t^2 - (\sum t)^2} \\ a = \dfrac{\sum y}{n} - b\dfrac{\sum t}{n} \end{cases}$$

例 4.10　某地区 1994—2009 年第三产业就业人员数的资料，如表 4－7 所示，据此配合直线趋势方程。

表 4－7　某地区 1994—2009 年第三产业就业人员数

年份	就业人员数（人）	年份	就业人员数（人）
1994	11,979	2002	18,860
1995	12,378	2003	19,205
1996	13,098	2004	19,823
1997	14,163	2005	20,228
1998	15,515	2006	21,090
1999	16,880	2007	21,809
2000	17,927	2008	23,011
2001	18,432	2009	23,771

解：有关计算过程列入表 4－8。

将结果代入公式，解得：

$$b = \frac{n\sum ty - \sum t\sum y}{n\sum t^2 - (\sum t)^2} = \frac{16 \times 2712057 - 136 \times 288169}{16 \times 1496 - 136^2} = 772.41$$

$$a = \frac{\sum y}{n} - b\frac{\sum t}{n} = \frac{288169}{16} - 772.41 \times \frac{136}{16} = 11445.05$$

则该地区第三产业就业人员数的直线趋势方程为，

$$y_c = 11445.05 + 772.41t$$

将各期 t 值代入上述方程，即得该地区 1994—2009 年第三产业就业人员数的趋势值，见表4-8。将就业人员数及其趋势值绘制成图4-2。

表4-8　某地区1994—2009年第三产业就业人员数直线趋势计算表

年份	序号 t	就业人员数（人）y	t^2	ty	趋势值 y_c
1994	1	11,979	1	11,979	12,217.46
1995	2	12,378	4	24,756	12,989.88
1996	3	13,098	9	39,294	13,762.29
1997	4	14,163	16	56,652	14,534.70
1998	5	15,515	25	77,575	15,307.12
1999	6	16,880	36	101,280	16,079.53
2000	7	17,927	49	125,489	16,851.94
2001	8	18,432	64	147,456	17,624.36
2002	9	18,860	81	169,740	18,396.77
2003	10	19,205	100	192,050	19,169.18
2004	11	19,823	121	218,053	19,941.60
2005	12	20,228	144	242,736	20,714.01
2006	13	21,090	169	274,170	21,486.42
2007	14	21,809	196	305,326	22,258.83
2008	15	23,011	225	345,165	23,031.25
2009	16	23,771	256	380,336	23,803.66
合计	136	288,169	1,496	2,712,057	288,169.00

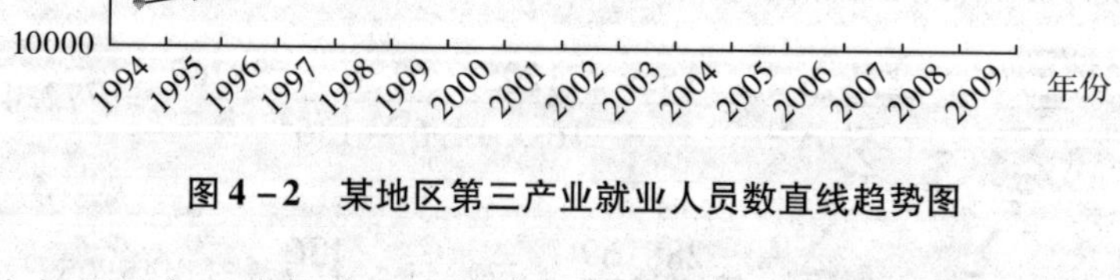

图4-2　某地区第三产业就业人员数直线趋势图

趋势方程具有延伸外推的功能，可利用所求的趋势方程对现象未来的趋势值做出预测。

本例中，利用所拟合的直线趋势方程预测该地区2010年第三产业的就业人员数，即 $t=17$，则：

$$y_c = 11445.05 + 772.41 \times 17 = 24576.07(\text{人})$$

直线趋势方程与上一章中的回归方程均可采用最小二乘法来估计模型参数。但与回归方程不同的是，趋势方程不反映现象之间的因果关系，而是反映现象随时间推移持续发展的趋势和规律。

在用最小二乘法求趋势方程参数时，时间原点是可以改变的。为便于手工计算，可取数列的中间时期为原点，使得$\sum t=0$。具体方法为：当数列的项数为奇数时，令中间项$t=0$，数列各项的t值依次为$\cdots -3, -2, -1, 0, 1, 2, 3\cdots$；当数列的项数为偶数时，令中间两项$t$值分别为$-1$、$1$，数列各项的$t$值依次为$\cdots -5, -3, -1, 1, 3, 5\cdots$，则直线趋势方程参数的计算公式可简化为：

$$\begin{cases} b = \dfrac{\sum ty}{\sum t^2} \\ a = \dfrac{\sum y}{n} \end{cases}$$

仍以表4-7中数据为例，用简捷法计算参数。本例中，$n=16$，数列各项的t值可依次定为$-15, -13, \cdots, -3, -1, 1, 3, 5, \cdots, 13, 15$，经计算得：$\sum t = 0$，$\sum t^2 = 1,360$，$\sum y = 288,169$，$\sum ty = 525,241$

将结果代入公式，解得：

$$b = \frac{\sum ty}{\sum t^2} = \frac{525241}{1360} = 386.21$$

$$a = \frac{\sum y}{n} = \frac{288169}{16} = 18010.56$$

则该地区第三产业就业人员数的直线趋势方程为：

$$y_c = 18010.56 + 386.21t$$

利用所拟合的直线趋势方程预测该地区2010年第三产业的就业人员数，即$t-17$，则：

$$y_c = 18010.56 + 386.21 \times 17 = 24576.07(\text{人})$$

2. 二次曲线趋势

当现象的发展趋势为抛物线形态时，可配合二次曲线趋势方程，其特点是时间数列各期的二级增长量大体相同。方程的一般形式为：$y_c = a + bt + ct^2$，式中 a、b、c 为方程中的未知参数。

根据最小二乘法的原理，求解参数 a、b、c 的三个标准方程为：

$$\begin{cases} \sum y = na + b\sum t + c\sum t^2 \\ \sum ty = a\sum t + b\sum t^2 + c\sum t^3 \\ \sum t^2 y = a\sum t^2 + b\sum t^3 + c\sum t^4 \end{cases}$$

从中解得三个参数 a、b、c。

例 4.11　某企业 1994—2009 年某化纤产品产量数据如表 4－9 所示，利用表中资料配合二次曲线方程。

表 4－9　某企业 1994—2009 年某化纤产品产量

年份	产量（万吨）	年份	产量（万吨）
1994	165.4	2002	510.0
1995	191.0	2003	600.0
1996	213.0	2004	694.0
1997	237.4	2005	841.4
1998	280.3	2006	991.2
1999	341.2	2007	1,181.1
2000	375.5	2008	1,424.5
2001	471.6	2009	1,618.0

有关计算过程见表 4－10。将计算结果代入方程，得：

$$\begin{cases} 10135.6 = 16a + 136b + 1496c \\ 116983.3 = 136a + 1496b + 18496c \\ 1514692 = 1496a + 18496b + 243848c \end{cases}$$

解得：$a = 245.71$；$b = -36.99$；$c = 7.51$

则化纤产量的二次曲线趋势方程为：

$$y_c = 245.71 - 36.99t + 7.51t^2$$

将各期 t 值代入上述方程，即得某企业 1994—2009 年各午该化纤产品产量的趋势值，见表 4－10，绘制成图 4－3。

表 4－10　某企业 1994—2009 年化纤产品产量二次曲线计算表

年份	t	产量 y	ty	t^2	t^2y	t^3	t^4	趋势值 y_c
1994	1	165.4	165.4	1	165.4	1	1	216.23
1995	2	191.0	382	4	764.0	8	16	201.77
1996	3	213.0	639	9	1,917.0	27	81	202.33
1997	4	237.4	949.6	16	3,798.4	64	256	217.91
1998	5	280.3	1,401.5	25	7,007.5	125	625	248.51
1999	6	341.2	2,047.2	36	12,283.2	216	1,296	294.13
2000	7	375.5	2,628.5	49	18,399.5	343	2,401	354.77
2001	8	471.6	3,772.8	64	30,182.4	512	4,096	430.43
2002	9	510.0	4,590	81	41,310.0	729	6,561	521.11
2003	10	600.0	6,000	100	60,000.0	1,000	10,000	626.81
2004	11	694.0	7,634	121	83,974.0	1,331	14,641	747.53
2005	12	841.4	10,096.8	144	121,161.6	1,728	20,736	883.27
2006	13	991.2	12,885.6	169	167,512.8	2,197	28,561	1,034.03
2007	14	1,181.1	16,535.4	196	231,495.6	2,744	38,416	1,199.81
2008	15	1,424.5	21,367.5	225	320,512.5	3,375	50,625	1,380.61
2009	16	1,618.0	25,888	256	414,208.0	4,096	65,536	1,576.43
合计	136	10,135.6	116,983.3	1,496	1,514,691.9	18,496	243,848	10,135.68

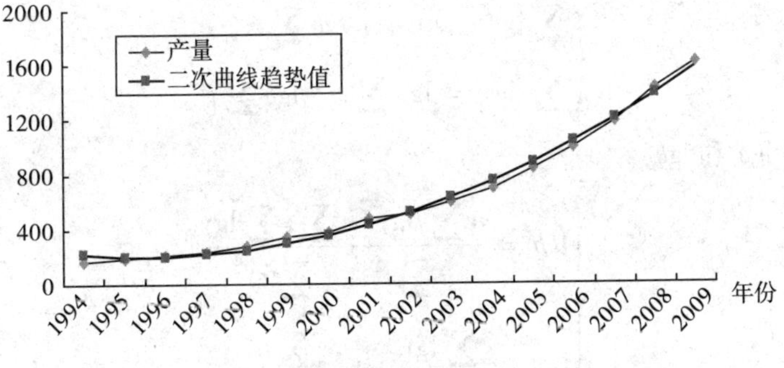

图 4－3　某企业化纤产品产量的二次曲线趋势图

二次曲线方程中参数的求解也可以采用简捷法来计算，将数列的中间时期设为原点，使得 $\sum t = 0$，$\sum t^3 = 0$，则计算参数的三个方程式可简化为：

$$\begin{cases}\sum y = na + c\sum t^2 \\ \sum ty = b\sum t^2 \\ \sum t^2y = a\sum t^2 + c\sum t^4\end{cases}$$

3. 指数曲线趋势

当现象随时间推移呈现出按几何级数增长或下降的变动趋势时，可采用指数曲线方程来拟合现象的发展趋势。很多经济现象的增长特点属于此种形态，因而指数曲线模型在长期趋势测定中应用较为广泛。当时间数列各期的环比发展速度（或环比增长速度）大体相同时，可配合指数曲线。其一般形式为：

$$y_c = ab^t$$

式中：a、b 为未知参数。若 $b>1$，表示现象每期按 $b-1$ 的速度递增；若 $b<1$，则表示按 $b-1$ 的速度递减。

对指数曲线方程参数的计算，一般是通过取对数将方程转化为直线方程形式，然后计算出直线方程的参数，进而求反对数得到指数曲线方程的参数。

对上式两端取对数，得：$\lg y_c = \lg a + t\lg b$

根据最小二乘法可得到求解 $\lg a$ 和 $\lg b$ 的标准方程为：

$$\begin{cases}\sum \lg y = n\lg a + \lg b\sum t \\ \sum t\lg y = \lg a\sum t + \lg b\sum t^2\end{cases}$$

求得 $\lg a$ 和 $\lg b$：

$$\begin{cases}\lg b = \dfrac{n\sum t\lg y - \sum t\sum \lg y}{n\sum t^2 - (\sum t)^2} \\ \lg a = \dfrac{\sum \lg y}{n} - \lg b\dfrac{\sum t}{n}\end{cases}$$

再取反对数，可得参数 a 和 b。

例 4.12　利用表 4－9 中资料配合指数曲线方程。

有关计算过程见表 4－11。将表中数据代入公式，得：

$$\lg b = \frac{n\sum t\lg y - \sum t\sum \lg y}{n\sum t^2 - (\sum t)^2} = \frac{16\times 389.23 - 136\times 43.1154}{16\times 1496 - 136^2} = \frac{363.9856}{5440} = 0.0669$$

$$\lg a = \frac{\sum \lg y}{n} - \lg b\frac{\sum t}{n} = \frac{43.1154}{16} - 0.0669 \times \frac{136}{16} = 2.126$$

解得：$b = 1.167$；$a = 133.65$

则指数曲线趋势方程为：$y_c = 133.65 \times 1.167^t$

将各期 t 值代入上述方程，即得某企业 1994—2009 年各年该化纤产品产量趋势值，见表 4－11，绘制成图 4－4。

表 4－11　某企业化纤产品产量指数曲线计算表

时间	序号 t	产量 y	$\lg y$	t^2	$t\lg y$	y_c
1994	1	165.4	2.2185	1	2.2185	155.92
1995	2	191.0	2.2810	4	4.5621	181.88
1996	3	213.0	2.3284	9	6.9851	212.17
1997	4	237.4	2.3755	16	9.5019	247.51
1998	5	280.3	2.4476	25	12.2381	288.73
1999	6	341.2	2.5330	36	15.1981	336.81
2000	7	375.5	2.5746	49	18.0223	392.90
2001	8	471.6	2.6736	64	21.3886	458.34
2002	9	510.0	2.7076	81	24.3681	534.67
2003	10	600.0	2.7782	100	27.7815	623.71
2004	11	694.0	2.8414	121	31.2550	727.59
2005	12	841.4	2.9250	144	35.1000	848.76
2006	13	991.2	2.9962	169	38.9501	990.11
2007	14	1,181.1	3.0723	196	43.0120	1,155.01
2008	15	1,424.5	3.1537	225	47.3049	1,347.36
2009	16	1,618.0	3.2090	256	51.3437	1,571.75
合计	136	10,135.6	43.1156	1,496	389.2300	10,073.22

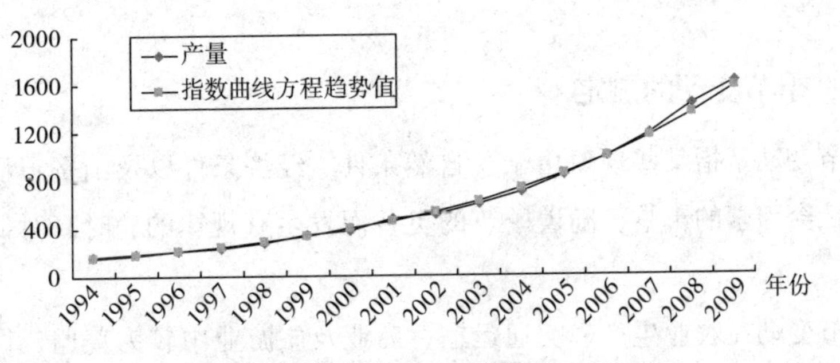

图 4－4　某企业化纤产品产量指数曲线趋势图

在应用最小二乘法对时间数列配合趋势线时还应注意：

第一，在只包含长期趋势（T）和不规则变动（I）的数列中采用配合趋势方程进行趋势测定较为准确，应用较为广泛。

第二，对较为复杂的混合趋势形式的数列，不同的阶段可能有不同的趋势特点，可采取分段拟合的方法，分别考察各阶段的趋势状况。

第三，对同一数列若有多种趋势线可供选择时，应选择其中估计平方误差最小的趋势线。估计平方误差的计算公式为：

$$s_y^2 = \frac{\sum (y - y_c)^2}{n - m}$$

式中：y 表示实际观测值；y_c表示趋势值；n 表示时间数列的项数；m 表示趋势方程中参数的个数。

如果我们用表 4 - 9 中 1994—2009 年某企业化纤产量的数据分别拟合了二次曲线和指数曲线两个趋势方程，可以通过计算估计平方误差来比较哪一个更能准确地反映现象的发展趋势。

二次曲线方程的估计平方误差为：

$$s_y^2 = \frac{\sum (y - y_c)^2}{n - m} = \frac{19843.89}{16 - 3} = 1526.45$$

指数曲线方程的估计平方误差为：

$$s_y^2 = \frac{\sum (y - y_c)^2}{n - m} = \frac{11970.05}{16 - 2} = 855.0$$

可见，指数曲线方程的估计平方误差小于二次曲线方程的估计平方误差，这说明对该时间数列测定长期趋势时，配合指数曲线方程优于配合二次曲线方程。

三、季节变动的测定

季节变动是指某些现象由于受自然条件、经济条件以及消费习惯和风俗习惯等社会因素的影响，随着季节的更替而发生有规律的、时高时低的周期性变化。

季节变动在农业生产、交通运输、商业及旅游业中较为普遍，往往会给社会生产和人们的经济生活带来一定影响。分析和研究季节变动，可以掌握现象季节变动的规律，以便合理地指导安排经济活动；同时，有利于消除季节变动对时间数列带来的影响，更好地研究长期趋势或循环波动。

测定季节变动的方法有很多，常用的有同月（季）平均法和趋势剔除法。

（一）同月（季）平均法

同月（季）平均法又称原资料平均法，是对原时间数列直接计算季节比率（又称季节指数），根据季节比率的大小来测定季节变动的一种方法。其基本步骤如下：

第一步，根据各年的同月（季）数据计算同月（季）的平均数；

第二步，将各月（季）平均数再平均计算总月（季）平均数；

第三步，将各月（季）平均数与总月（季）平均数对比计算出季节比率。

$$即：季节比率=\frac{各月(季)平均数}{总月(季)平均数}$$

季节比率的大小及偏离其平均值（100%）的程度可反映现象的季节变动特点。若季节比率高于100%，说明该时期的水平高于总平均水平；若季节比率低于100%，说明该时期的水平低于总平均水平。并且，季节比率偏离平均值（100%）的程度越大，则现象季节波动的幅度越大。

例4.13 某饮料企业2005—2009年冰糕产量的月度资料表如表4－12，试采用同月（季）平均法计算季节比率。

表4－12 某饮料企业2005—2009年冰糕产量 吨

年 月	2005	2006	2007	2008	2009	平均	季节比率（%）
1	95.71	125.53	148.14	186.75	210.51	153.33	75.79
2	136.12	142.08	164.14	203.85	190.65	167.37	82.74
3	152.31	170.66	189.14	233.81	255.32	200.25	98.99
4	150.72	175.80	186.64	242.35	264.92	204.09	100.89
5	163.61	176.16	175.07	242.07	278.67	207.12	102.38
6	185.62	209.26	233.59	283.07	336.27	249.56	123.37
7	181.60	197.01	244.30	297.43	338.17	251.70	124.42
8	147.72	182.71	247.41	292.38	329.73	239.99	118.63

续表

月＼年	2005	2006	2007	2008	2009	平均	季节比率（%）
9	147.31	203.07	248.36	279.59	333.38	242.34	119.80
10	111.49	152.67	170.87	215.27	269.68	184.00	90.95
11	91.07	111.68	139.29	164.38	227.75	146.83	72.58
12	105.58	148.60	197.11	190.39	263.10	180.96	89.45
平均	—	—	—	—	—	202.29	100.00

表中季节比率的数据表明，该饮料企业冰糕的生产存在明显的季节变动。夏季季节比率较高，如7月份的季节比率为124.42%，即7月份产量相当于全年总平均产量的124.42%，属于生产的“旺季”；冬季季节比率较低，如11月份的季节比率为72.58%，即11月份的产量相当于全年总平均产量的72.58%，属于生产的“淡季”。这与气候的变化及人们的消费习惯形成的市场需求和销售状况的变化是紧密相关的。

同月（季）平均法采用直接计算季节比率来测定季节变动，意义简单，计算容易。但现象在较长时期的发展变化中，除了季节变动，还包含长期趋势等其他因素，如本例中，现象存在逐年增长的趋势（见图4－5），而采用同月（季）平均法测定季节变动时没有考虑现象长期趋势的影响，这样计算出的季节比率就会出现年初偏低、年末偏高的结果，不能准确测定季节变动的特点和规律。因此该方法在原时间数列没有明显的长期趋势和循环变动时运用较为合适。

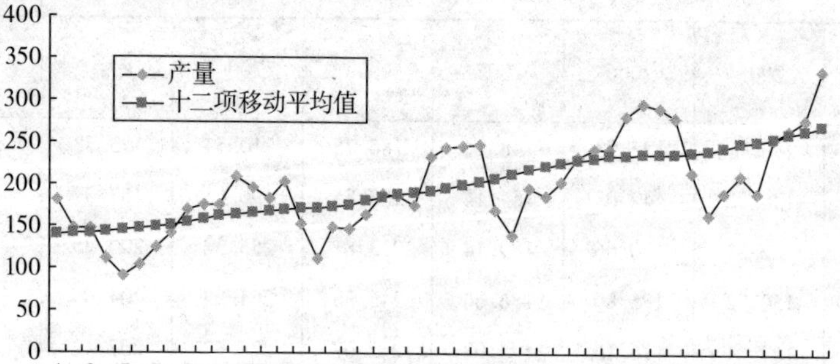

图4－5　某饮料企业冰糕产量的移动平均趋势图

（二）移动平均趋势剔除法

与同月（季）平均法相比，移动平均趋势剔除法考虑到长期趋势的存在，采用移动平均法测定出长期趋势，将趋势值从原数列中剔除，然后再计算季节比率。其基本步骤为：

第一步，选择适当的时间间隔对原数列进行移动平均，消除季节变动和不规则变动，求出移动平均趋势值。当时间数列是季度资料时，应采用四项移动平均；如为月度资料，应采用十二项移动平均。

第二步，将原数列的实际值除以趋势值得出剔除趋势因素后的包含季节变动和不规则变动的新数列，作为计算季节比率的原始数据。

第三步，根据新数列的数据计算同月（季）的平均数和总月（季）平均数，再将各月（季）平均数与总月（季）平均数对比，计算出季节比率。

例4.14　仍以表4－12中所列某饮料企业2005—2009年冰糕产量的月度资料为例，采用移动平均趋势剔除法计算季节比率。

由于原数列为月度数据，因此在第一步计算移动平均趋势值时采用十二项移正平均计算，剔除趋势后的新数列（SI）见表4－13，根据新数列再计算季节比率，计算结果见表4－13和表4－14。

将计算的季节比率结果绘制成图4－6，可较为准确地反映出剔除趋势后冰糕产量的季节变动特点。

表4－13　某饮料企业冰糕产量季节比率计算表（一）

年月	产量（吨）Y	十二项移正平均值 T	剔除趋势 Y/T	年月	产量（吨）Y	十二项移正平均值 T	剔除趋势 Y/T
2005.1	95.71	—	—	2007.7	244.30	196.95	1.24
2	136.12	—	—	8	247.41	200.21	1.24
3	152.31	—	—	9	248.36	203.73	1.22
4	150.72	—	—	10	170.87	207.91	0.82
5	163.61	—	—	11	139.29	213.02	0.65
6	185.62	—	—	12	197.11	217.88	0.90
7	181.60	140.31	1.29	2008.1	186.75	222.15	0.84
8	147.72	141.81	1.04	2	203.85	226.24	0.90
9	147.31	142.82	1.03	3	233.81	229.41	1.02

续表

年月	产量（吨）Y	十二项移正平均值 T	剔除趋势 Y/T	年月	产量（吨）Y	十二项移正平均值 T	剔除趋势 Y/T
10	111.49	144.63	0.77	4	242.35	232.56	1.04
11	91.07	146.20	0.62	5	242.07	235.46	1.03
12	105.58	147.70	0.71	6	283.07	236.23	1.20
2006.1	125.53	149.33	0.84	7	297.43	236.94	1.26
2	142.08	151.43	0.94	8	292.38	237.38	1.23
3	170.66	155.21	1.10	9	279.59	237.72	1.18
4	175.80	159.25	1.10	10	215.27	239.56	0.90
5	176.16	161.82	1.09	11	164.38	242.02	0.68
6	209.26	164.48	1.27	12	190.39	245.77	0.77
7	197.00	167.21	1.18	2009.1	210.51	249.68	0.84
8	182.71	169.07	1.08	2	190.65	252.93	0.75
9	203.07	170.76	1.19	3	255.32	256.73	0.99
10	152.67	171.98	0.89	4	264.92	261.24	1.01
11	111.68	172.39	0.65	5	278.67	266.15	1.05
12	148.60	173.36	0.86	6	336.27	271.82	1.24
2007.1	148.14	176.34	0.84	7	338.17	—	—
2	164.14	181.01	0.91	8	329.73	—	—
3	189.14	185.59	1.02	9	333.38	—	—
4	186.64	188.24	0.99	10	269.68	—	—
5	175.07	190.15	0.92	11	227.75	—	—
6	233.59	193.32	1.21	12	263.10	—	—

表 4-14　某饮料企业冰糕产量季节比率计算表（二）

月＼年	2005	2006	2007	2008	2009	平均	季节比率（%）
1	—	0.84	0.84	0.84	0.84	0.67	84.89
2	—	0.94	0.91	0.90	0.75	0.70	88.31
3	—	1.10	1.02	1.02	0.99	0.83	104.27
4	—	1.10	0.99	1.04	1.01	0.83	104.76
5	—	1.09	0.92	1.03	1.05	0.82	103.06
6	—	1.27	1.21	1.20	1.24	0.98	124.05

续表

年 月	2005	2006	2007	2008	2009	平均	季节比率（%）
7	1.29	1.18	1.24	1.26	—	0.99	125.36
8	1.04	1.08	1.24	1.23	—	0.92	115.82
9	1.03	1.19	1.22	1.18	—	0.92	116.47
10	0.77	0.89	0.82	0.90	—	0.68	85.26
11	0.62	0.65	0.65	0.68	—	0.52	65.70
12	0.71	0.86	0.90	0.77	—	0.65	82.04
平均	—	—	—	—	—	0.79	100.00

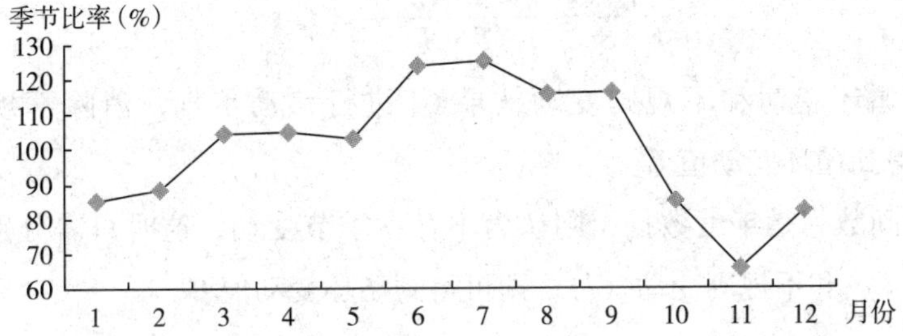

图4-6　某饮料企业冰糕产量季节变动图（趋势剔除法）

四、循环变动的测定

循环变动是现象发生的近乎规律性的周而复始的涨落起伏变动。循环变动不同于长期趋势，长期趋势是现象沿着某个方向持续地变动，而循环变动是涨落起伏、有高有低的变动。循环变动也区别于季节变动：第一，季节变动的周期比较固定，一般在一年以内，而循环变动没有固定的循环周期，且周期一般较长，可达数年以上；第二，季节变动中各周期的变动幅度大体相同，较为稳定，而循环变动在不同时期的变动幅度不是固定的，可能有时波动剧烈，有时波动平缓；第三，季节变动与气候变换、节假日等有密切关系，具有明显的季节性特点，而循环变动的原因较为复杂，是由多种因素相互作用造成现象的盛衰交替变化。

研究循环变动的主要目的是揭示现象循环变动的规律性，研究不同现象之间循环变动的内在联系，分析循环变动的形成机制，减少周期波动的不良影响，为正确决策、加强宏观调控提供依据。

测定循环变动的方法通常采用两种方法：即剩余法和直接法。

（一）剩余法

剩余法又称分解法，基本原理是：先从影响时间数列变动的基本因素中，分解消除长期趋势（T）及季节变动（S），然后再用移动平均法消除不规则变动（I），则剩余的结果为循环变动值，可呈现出现象循环变动的特征。

按乘法模型 $Y=T\cdot S\cdot C\cdot I$，首先根据原时间数列分解得出长期趋势值（T）和季节比率（S），再由原数列 Y 值除以 T 和 S 值，消除长期趋势（T）及季节变动（S），得到反映循环变动和不规则变动的数列，即：

$$\frac{Y}{T\cdot S}=\frac{T\cdot S\cdot C\cdot I}{T\cdot S}=C\cdot I$$

再将循环变动和不规则变动结果 CI 进行移动平均，消除不规则变动（I），即得到循环变动值 C。

若时间数列是年度数据，则认为不存在季节变动，这时只需分别消除长期趋势（T）和不规则变动（I），即可得到循环变动值 C。

（二）直接法

直接法是通过将时间数列各月（季）的数值与上一年同期数值对比，即计算年距发展速度来消除长期趋势和季节变动；再采用移动平均法，消除年距发展速度中的不规则变动因素，最后得出循环变动值。

直接法测定循环变动意义直观、计算简单，但因其所得的结果表示数列中不同年份同期数值的相对变化，因此只是从大体上反映循环变动，并不能准确地描述循环变动的真实状况。

本章小结

时间数列是将现象不同时期的指标数值按时间的先后顺序排列起来而形成的数列。按指标的性质不同，时间数列的类别有：总量指标时间数列、相对指标时间数列和平均指标时间数列。时间数列分析就是要描述现象发展变化的过程和结果，研究现象的数量特征和关系随时间变动的发展规律和趋势。时间数列分析的基本方法有计算动态分析指标及分解时间数列的影响因素等。

计算各种动态分析指标可以用于描述现象发展变化的方向、水平、速度等特征，主要有水平指标和速度指标。水平指标包括发展水平、平均发展水平、增长量和平均增长量；速度指标包括发展速度、平均发展速度、增长速度和平均增长速度。

时间数列的变动受多种因素的影响，可将时间数列的影响因素分解为长期趋势、季节变动、循环变动和不规则变动，在此基础上从时间数列中可分别测定各个因素。测定长期趋势的方法主要有移动平均法、最小二乘法等；测定季节变动的方法主要有同月（季）平均法和趋势剔除法；测定循环变动的方法主要有剩余法和直接法。通过分解分析时间数列的各个影响因素，可以研究现象随时间推移发展变化的规律和趋势，并对现象的未来状况进行预测。

本章练习题

1. 序时平均数与一般平均数有何不同？

2. 某公司资料如下：

月份	时期 t	销售额 y_t	一次修匀	二次修匀
1	1	1024		
2	2	1040		
3	3	1052		
4	4	1056		
5	5	1060		
6	6	1044		
7	7	1064		
8	8	1072		
9	9	1080		
10	10	1088		
11	11	1096		
12	12	1092		
次年 1 月	13	—		

要求：

（1）选择适当平滑系数在 Excel 中对上列数据进行指数平滑；

（2）在 Excel 中对上列数据进行移动平均。

3. 根据如下资料，在 Excel 中通过列表计算，建立季节变动多元回归模型。

季节/年	2013 年	2014 年	2015 年
1	3890	3840	4125
2	2500	2190	3146
3	1989	1765	2434
4	4365	4213	4531

4. 某商场销售数据（百万元）如下：

年份	1 季度	2 季度	3 季度	4 季度
2011	25.2	17.1	12.6	19.3
2012	24.4	18.4	14.1	18.9
2013	23.8	19.4	13.8	21
2014	26	19.1	15.7	21.6
2015	25.1	18.6	15.1	20.8

要求：

（1）在 Excel 中应用直接平均法列表计算季节系数；

（2）在 Excel 中应用比率按季平均法列表计算季节系数。

第五章

统计指数分析

【本章学习目的和要求】

统计指数理论是统计分析的重要内容之一。本章阐述了统计指数的编制理论和方法，以及利用指数体系进行因素分析的方法。通过对本章内容的学习，要求学生能在深入理解统计指数的含义、作用与种类的基础上，系统把握综合指数、平均数指数和平均指标对比指数的编制原则与方法，并能灵活运用指数体系进行因素分析。

第一节　统计指数的概念和种类

一、统计指数的概念

在日常生活中，我们常听到和看到各种物价指数的统计数字，例如：《2008 年国民经济和社会发展统计公报》提供的数字显示，与 2007 年相比，2008 年全国居民消费价格指数为 105.9%，工业品出厂价格价格指数为 106.9 %，农业生产资料价格指数为 120.3%，固定资产投资价格指数为 108.9%等。这些指数是如何计算出来的？它们反映了什么问题？为了说明这些数字的含义，首先需要阐明指数的概念。

指数最早起源于 18 世纪中期物价指数的编制，当时由于金银大量流入欧洲，使欧洲的物价飞涨，引起社会不安，于是产生了反映物价变动程度的要求。人们找到了对一种商品计算价格指数的方法，即用该商品的现有价格和原有价格对比以反映价格变动的程度，这就是我们现在所说的个体指数，它就是指数概念的起源。其后，指数被推广运用到经济领域的各个方面，其含义和内容也随之发生了变化。从内容上看，指数由单纯反映一种现象的相对变动，发展到反映多种现象的综合变动；从对比的场合看，指数由单纯的不同时间的对比分析，发展到不同空间的对比分析等。

统计指数的含义有广义和狭义两种。广义的指数一般是在经济领域中用以反映所研究现象数量变动或差异程度的相对指标，如动态相对指标、比较相对指标、计划完成程度相对指标等都可称为指数。狭义的指数是指用于反映所研究的复杂社会经济现象总体数量综合变动程度的相对指标。所谓复杂社会经济现象总体是指由许多度量单位不同或性质各异的事物组成的，数量上不能直接加总的总体，例如：某商场如果同时销售洗衣机、手表、自行车和鞋帽等多种商品便构成一个复杂社会经济现象总体，由于这些商品性质不同，使用价值也不同，所以不能直接相加计算报告期与基期相比的销售量变动程度或价格变动程度。因此，统计指数理论主要是探讨复杂社会经济现象总体数量的综合变动程度和对比关系。统计中的指数，主要是指这种狭义的指数。

狭义的指数一般具有以下特点：

（一）综合性

狭义的指数不是反映一种事物（现象）的数量变动，而是综合反映多种事物构成的总体的变动，所以它是一种综合性的数值。如居民消费价格指数是概括表明居民消费的所有商品这一总体的价格变动，而不是某一种消费商品的价格变动。

（二）平均性

由于每个个体的变动是参差不齐的，狭义的指数所表明的总体的变动只是一种平均意义上的变动，即表示所有个体变动的一般程度。例如：2008 年与 2007 年对比，我国居民消费价格指数为 105.9%，表示平均说来我国居民消费价格上涨了 5.9%。

（三）相对性

狭义的指数一般用相对指标或比率的形式来综合反映复杂现象总体变动的程度。

二、统计指数的作用

（一）综合反映复杂现象总体变动的方向和变动程度

这是指数最基本的作用。无论哪一种指数，计算的结果一般都是用百分比表示的相对指标。其百分比大于或小于100%，表示上升或下降变动的方向；比100%大多少或小多少，就是升降变动的程度。统计研究社会经济现象的变动时，不仅要说明个别现象的变动方向和变动程度，如说明某种产品产量或某种产品价格的变动方向和变动程度，还要说明由许多个别现象组成的复杂现象总体的总变动方向和变动程度，如说明全部产品产量或全部产品价格的总变动方向和变动程度等，而这些组成现象总体的个别事物不能直接相加或不能直接对比，通过编制统计指数可以使它们过渡到可以相加、可以对比，从而综合反映复杂现象总体的变动方向和变动程度。

（二）利用指数体系分析各因素的影响方向和影响程度

许多社会经济现象的变动要受多种因素的影响。如商品销售额的变动是受商品价格和销售量两因素共同变动影响的结果；原材料费用总额受产品生产量、单位产品原材料消耗量和单位产品原材料价格三个因素的影响。通过编制各种因素指数，建立指数体系，可以分析各因素影响的方向和影响程度，如分别编制销售量指数和价格指数，分析它们对销售额的影响方向和影响程度；分别编制产品生产量指数、单位产品原材料消耗量指数和单位产品原材料价格指数，分析它们对原材料费用总额的影响方向和影响程度。另外，还可以利用指数法分析总平均指标变动中的各个因素的影响作用，如全体职工平均工资水平的变动，不仅取决于各组职工工资水平的变动，还取决于各组人数占总人数比重变动的影响。

（三）利用指数数列分析研究社会经济现象的发展变化趋势

指数数列是一种特殊的时间数列，它是将某种指数在各个时期的数值按时间顺序排列而成的数列。利用连续编制的动态指数数列，可以观察所研究现象在较长一段时间内发展变化的趋势。不仅如此，还可以把有联系而性质不同的指数数列进行比较分析，用以说明现象之间的关系和变化趋势，如工业品零售价格指数数列与农产品价格指数数列对比，可以反映工农产品比价的综合变化。再如，根据职工货币工资指数数列与职工生活费指数数列对比，可研究职工货币工资与价格分别呈何种趋势以及两种变化有何联系，从而进一步研究职工实际工资水平的变化。

（四）对社会经济现象进行综合评价和测定

随着指数法在实际应用中的发展，许多经济现象都可以运用统计指数进行综合评定，以便对某种经济现象的水平做出综合的数量判断。例如：用综合经济指数法评价一个地区或单位经济效益的高低；用平均数指数法评价和测定技术进步的程度，以及其在经济增长中的作用等。

三、指数的分类

（一）按其反映对象的范围不同，分个体指数和总指数

个体指数是反映单个事物（现象）变动的相对指标。例如：反映一种商品销售量变动的相对指标称为销售量个体指数；反映一种商品价格变动的相对指标称为价格个体指数。

总指数是反映由多种事物（现象）构成的复杂现象总体综合变动程度的相对指标。例如，反映多种商品销售量变动的销售量总指数；反映多种商品价格变动的价格总指数。

个体指数属于广义的指数，其计算方法也就是发展速度的计算方法。总指数是本章统计指数的主要研究内容，即狭义的指数。

有时要对所研究的现象总体分类进行研究，将反映其中某一类（组）事物变动的相对指标称为类（组）指数。例如：我国居民消费分为食品、衣着、家庭设备用品及服务、医疗保健、交通通信、娱乐教育文化服务、居住、杂项商品与服务等类别。其中我国居民消费价格指数为总指数，食品类、衣着类指数为类指数。类（组）指数实质上也是总指数，因为它包含了不能直接相加的多种事物，只是它比总指数所包含的范围要小，其计算方法与总指数相同。

（二）按其反映现象的数量特征不同，分数量指标指数和质量指标指数

数量指标指数是反映数量指标变动（或差异）程度的指数，如产品产量指数、商品销售量指数、职工人数指数等。

质量指标指数是反映质量指标变动（或差异）程度的指数，如价格指数、劳动生产率指数、单位产品成本指数等。

（三）按其表现形式不同，分综合指数、平均数指数和总平均指标对比指数

综合指数是通过两个时期综合总量指标对比计算的总指数。

平均数指数是以个体指数为变量值，给其一定物值权数，采用加权平均的方法计算出来的指数，它又分为算术平均数指数和调和平均数指数。

总平均指标对比指数是通过两个时期总平均指标对比计算的指数。

（四）按其所说明的时间状况不同，分动态指数和静态指数

指数理论产生于动态对比分析，但随着指数理论的发展，其应用已超出了动态对比的范围，而广泛应用于静态分析之中。

动态指数是指用于说明现象在不同时间上对比的相对指标（前面提及的指数都是就动态指数而言的）。

静态指数是指用于说明复杂现象总体在同一时间、不同空间综合对比的指数或实际数与计划数综合对比的指数。静态指数是动态指数的拓展，故其计算原理和分析方法与动态指数相同。本书后面不再专门讨论静态指数。

（五）在指数数列中，按其采用的基期不同，分定基指数和环比指数

指数通常是连续编制的，形成在时间上前后衔接的指数数列。在指数数列中，如果各期指数都以某一固定时期为基期，这种指数称定基指数。如果各期指数都以其前一期为基期，则为环比指数。

本章各节将以各种数量指标指数和质量指标指数为例，着重介绍综合指数、平均数指数以及平均指标对比指数的编制方法及其在统计分析中的应用。

第二节 综合指数

总指数的计算有综合指数（综合法指数）和平均数指数（平均法指数）两种。综合指数是总指数的基本形式。

一、综合指数的概念和基本原理

综合指数是通过两个时期综合总量对比计算的总指数。编制综合指数的步骤如下：

（一）将不能相加的所研究的复杂现象总体，通过同度量因素的引入，使之过渡到可以相加总的综合总量（价值指标）

如前所述，总指数是反映复杂现象总体综合变动的相对指标。而构成现象总体的多种事物由于其使用价值不同、度量单位不同而不能直接加总，统计上称之为不同度量。因此，要综合反映它们的变动，就必须首先解决加总的问题。为此可设法引入媒介因素，使不同度量、不能加总的现象转化为同度量的、可加总的另一现象。在统计指数理论中，能使不同度量的现象过渡成可以同度量的媒介因素被称为同度量因素。

如某企业报告期与基期各种商品的销售量和价格资料如表 5－1 所示。

表 5－1　某企业商品销售量和价格资料

商品名称	计量单位	商品销售量		商品价格（元）	
		基期 q_0	报告期 q_1	基期 p_0	报告 p_1
甲	件	120	100	2.0	0.4
乙	支	800	1,000	0.4	0.6
丙	个	1,000	1,200	15.0	15.0
合计	—	—	—	—	—

由表 5－1 可知，在计算商品销售量总指数时，由于各种销售量的度量单位不相同，其数量不能够直接相加。这时要以商品价格为同度量因素，使不能直接相加的各种商品销售量过渡到能够相加的商品销售额（即综合总量 $\sum pq$）。为了比较，需要分别计算两个时期的商品总销售额，即：

商品销售量综合指数：$\dfrac{\sum q_1p}{\sum q_0p}$

同样，在计算商品价格总指数时，由于各种商品价格也不能够直接相加，这时，要以商品销售量为同度量因素，使不能直接相加的各种商品价格过渡到能够相加的商品销售额（即综合总量 $\sum pq$）。为了比较，也需要分别计算两个时期的商品总销售额，即：

商品价格综合指数：$\dfrac{\sum p_1q}{\sum p_0q}$

需要指出的是，同度量因素除了具有同度量作用（即统一计算尺度）外，在指数编制中还起着权数的作用。假如有一个四口人的家庭，一年中只消费大米和电视机两种商品，其中，大米价格基期为1.1元/斤，报告期为2.2元/斤；电视机价格基期为800元/台，报告期为1600元/台。问哪一种消费品的价格变动对这个居民家庭生活的影响程度大呢？

居民消费价格指数：$\dfrac{\sum p_1q}{\sum p_0q}$

p 表示消费价格（所研究现象）；q 表示消费量（同度量因素）。

显然，大米价格对这个居民家庭生活的影响程度大，因为大米的消费量要比电视机的消费量大得多。

根据这个观点，在编制居民消费价格指数时，以消费品的数量为同度量因素，就把消费者所购买消费品的相对重要程度考虑进去了。在这里，同度量因素不仅起着统一计算尺度的作用，而且起到了权衡各种消费品相对重要程度的作用。所以，这种编制指数的方法又称为加权综合法。

（二）在用来对比的两个时期（报告期与基期）的综合总量（价值指标）中，所加入的同度量因素必须固定在同一时期的水平上，这样对比结果得出的总指数就是所研究现象综合变动的程度

引入同度量因素后，现象综合总量的变动中不仅包含了所研究现象的变动，也包含了同度量因素的变动。于是，还需将同度量因素的水平固定在同一时期，使现象综合总量的变动只反映所研究现象的变动。

同度量因素的时期如何选择，是国内外统计理论界长期争论的一个问题。1864 年，德国经济学家拉斯贝尔（Etienre Laspeyres，1834—1913 年）提出，在编制综合指数时，应该把同度量因素固定在基期。若以 q 代表数量指标，如商品销售量、产品产量等，以 p 代表质量指标，如商品价格、产品单位成本等，以下标 1 表示报告期，下标 0 表示基期，以 K 代表个体指数，$\bar{K}$ 代表综合指数（总指数），则有：

数量指标综合指数：$\bar{K}_q = \dfrac{\sum q_1p_0}{\sum q_0p_0}$（拉氏指数公式）

质量指标综合指数：$\bar{K}_p = \dfrac{\sum p_1q_0}{\sum p_0q_0}$（拉氏指数公式）

1874 年，另一位德国经济学家帕煦（Hermann Paasche，1851—1925 年）则提出在编制综合指数时应该把同度量因素固定在报告期，则有：

数量指标综合指数：$\bar{K}_q = \dfrac{\sum q_1p_1}{\sum q_0p_1}$（帕氏指数公式）

质量指标综合指数：$\bar{K}_p = \dfrac{\sum p_1q_1}{\sum p_0q_1}$（帕氏指数公式）

根据同一资料，采用拉氏指数公式与帕氏指数公式求得的结果会不一样。在统计实践中，拉氏指数公式和帕氏指数公式都得到了广泛的应用。但我国统计实践中，在计算数量指标综合指数时，多采用拉氏指数公式，计算质量指标综合指数时，多采用帕氏指数公式。下面我们按这种一般原则讲述综合指数的编制和应用。

二、综合指数编制的一般方法

综合指数有两种，即数量指标综合指数和质量指标综合指数。两种综合指数在计算形式上基本原理是一样的，但是在处理方法上有联系也有区别。

综合指数编制的一般方法是：在编制数量指标综合指数时，一般要以基期的质量指标作为同度量因素（即采用拉氏指数公式）；在编制质量指标综合指数时，一般要以报告期的数量指标作为同度量因素（即采用帕氏指数公式）。

（一）数量指标综合指数

数量指标综合指数：$\bar{K}_q = \dfrac{\sum q_1p_0}{\sum q_0p_0}$

式中：q 表示数量指标（所研究现象）；p 表示质量指标（同度量因素）；$\bar{K}_q$ 表示数量指标综合指数。

数量指标综合指数的含义：①反映数量指标（q）综合变动的方向和程度；②反映数量指标（q）的变动对综合总量（pq）的影响程度。

数量指标综合指数分子与分母差额，即 $\sum q_1p_0 - \sum q_0p_0$ 的含义是由于数量指标（q）的综合变动而引起综合总量（pq）的增减额。

下面以商品销售量综合指数为例，说明数量指标综合指数编制的方法。

例5.1 根据表5－1的资料，要求用综合指数方法计算商品销售量总指数，即商品销售量综合指数。

解：由表5－1的资料，计算过程如表5－2所示。

表5－2　某企业商品销售量和商品价格综合指数计算表

商品名称	计量单位	商品销售量		商品价格（元）		商品销售额（元）		
		基期 q_0	报告期 q_1	基期 p_0	报告期 p_1	基期 p_0q_0	报告期 p_1q_1	假定 p_0q_1
甲	件	120	100	2.0	0.4	240	400	200
乙	支	800	1,000	0.4	0.6	320	600	400
丙	个	1,000	1,200	15.0	15.0	15,000	18,000	18,000
合计	—	—	—	—	—	15,560	19,000	18,600

商品销售量综合指数：$\bar{K}_q = \dfrac{\sum q_1p_0}{\sum q_0p_0} = \dfrac{18600}{15560} = 119.54\%$

即总的（平均）来讲，三种商品销售量报告期比基期增长了19.54%；同时还说明，由于商品销售量的变动使商品销售额增长了19.54%。

$$\sum q_1p_0 - \sum q_0p_0 = 18600 - 15560 = 3040\text{（元）}$$

即由于商品销售量的变动使商品销售额增加的绝对额为3040元。

（二）质量指标综合指数

质量指标综合指数：$\bar{K}_p = \dfrac{\sum p_1 q_1}{\sum p_0 q_1}$

式中：p 表示质量指标（所研究现象）；q 表示数量指标（同度量因素）；$\bar{K}_p$ 表示质量指标综合指数。

质量指标综合指数的含义：①反映质量指标（p）综合变动的方向和程度；②反映质量指标（p）的变动对综合总量（pq）影响的程度。

质量指标综合指数分子与分母差额 $\sum p_1 q_1 - \sum p_0 q_1$ 的含义：即由于质量指标（p）的综合变动，而引起综合总量（pq）的增减额。

下面以商品价格综合指数为例，说明质量指标综合指数编制的方法。

例 5.2　根据表 5－1 的资料，要求用综合指数方法计算商品价格总指数，即商品价格综合指数。

解：由表 5－1 及 5－2 的资料，

商品价格综合指数：$\bar{K}_p = \dfrac{\sum p_1 q_1}{\sum p_0 q_1} = \dfrac{19000}{18600} = 102.15\%$

即总的（平均）来讲，三种商品价格报告期比基期增长了 2.15%；同时还说明，由于商品价格的变动，使商品销售额增长了 2.15%。

$$\sum p_1 q_1 - \sum p_0 q_1 = 19000 - 18600 = 400\text{（元）}$$

即由于商品价格的变动而使商品销售额增加的绝对额为 400 元。

如前所述，在我国统计实践中，编制数量指标综合指数时，一般要以基期的质量指标作为同度量因素（即采用拉氏指数公式）；编制质量指标综合指数时，一般要以报告期的数量指标作为同度量因素（即采用帕氏指数公式）。其原因是：

第一，实践中数量指标综合指数采用拉氏指数公式，主要是考虑指数计算的准确性，即研究数量指标的变动应是数量的纯变动，不应夹杂质量指标的变动；质量指标综合指数采用帕氏指数公式，主要是考虑指数计算对现实经济的影响，即所研究的质量指标的变动对当前经济的影响。

第二，在因素分析时，为了保证指数体系的对等性，如果数量指标综合

指数采用拉氏指数公式，质量指标综合指数就要采用帕氏指数公式。如，

销售额指数 = 销售量指数 × 价格指数

$$\frac{\sum p_1q_1}{\sum p_0q_0}=\frac{\sum q_1p_0}{\sum q_0p_0}\times\frac{\sum p_1q_1}{\sum p_0q_1}$$

（拉氏指数公式）（帕氏指数公式）

三、其他形式的综合指数

（一）马歇尔 - 埃奇沃斯指数公式

1887 年英国经济学家马歇尔（Alfred Marshall，1842—1924 年）提出。该指数以基期和报告期同度量因素的平均数作权数的综合指数，后又经英国统计学家埃奇沃斯（Francis Y. Edgeworth，1845—1926 年）将该形式的综合指数进一步推广，故被称为马歇尔 - 埃奇沃斯公式，简称“马埃公式”，也称交叉加权综合指数，其计算公式如下：

综合物量指数：$\bar{K}_q=\frac{\sum q_1(p_0+p_1)/2}{\sum q_0(p_0+p_1)/2}=\frac{\sum q_1p_0+\sum q_1p_1}{\sum q_0p_0+\sum q_0p_1}$

综合物价指数：$\bar{K}_p=\frac{\sum p_1(q_0+q_1)/2}{\sum p_0(q_0+q_1)/2}=\frac{\sum p_1q_0+\sum p_1q_1}{\sum p_0q_0+\sum p_0q_1}$

对原公式整理后可发现，“马埃公式”的分子是拉氏指数公式和帕氏指数公式的分子之和，其分母则是拉氏指数公式和帕氏指数公式的分母之和，按“马埃公式”计算的指数在拉氏指数和帕氏指数公式的计算结果之间。虽然它是对拉氏指数公式和帕氏指数公式折中的办法之一，即从数量测定上不偏不倚，但却失去了拉氏指数公式和帕氏指数公式的经济意义。

（二）费雪理想指数公式

1911 年美国统计学家费雪（Lrving Fisher，1867—1947 年）提出了交叉计算指数的公式，即拉氏和帕氏指数公式的几何平均形式，其计算公式如下：

综合物量指数：$\bar{K}_q=\sqrt{\frac{\sum q_1p_0}{\sum q_0p_0}\times\frac{\sum q_1p_1}{\sum q_0p_1}}$

综合物价指数：$\bar{K}_p = \sqrt{\frac{\sum p_1q_0}{\sum p_0q_0} \times \frac{\sum p_1q_1}{\sum p_0q_1}}$

费雪系统总结了各种指数公式的特点，提出了对指数优劣的三种测验方法：一是时间互换测验，即指报告期对基期的指数和基期对报告期的指数的乘积应等于1；二是因子互换测验，即指物价指数和相应的物量指数的乘积应等于其价值指数；三是循环测验，即指第一个时期对基期的指数和第二个时期对第一个时期的指数的乘积，应等于第二个时期对基期的指数。

费雪对各种指数进行了测验，发现绝大多数指数公式不符合这三种测验，唯有他的指数公式通过了检验，故自称他的公式为“理想公式”。“理想公式”同“马埃公式”一样，虽然“不偏不倚”，但同样缺乏明确的经济意义，而且所用资料繁多，在实际工作中很少应用。

（三）杨格公式

杨格公式是由英国经济学家杨格（A. Young，1741—1820 年）提出。该指数的特点是将同度量因素固定在一个特定时期水平上，因此也称固定加权综合指数，其计算公式如下：

综合物量指数：$\bar{K}_q = \frac{\sum q_1p_n}{\sum q_0p_n}$

综合物价指数：$\bar{K}_p = \frac{\sum p_1q_n}{\sum p_0q_n}$

四、综合指数的应用

（一）生产指数

生产指数概括反映一国或地区各种产品产量的综合变动，它是衡量经济增长水平的指标。生产指数是以固定价格（不变价格）为同度量因素的固定加权综合指数，该生产指数是杨格指数公式的应用。其计算公式如下：

生产定基指数：$\bar{K}_q = \frac{\sum q_tp_n}{\sum q_0p_n}$

生产环比指数：$\bar{K}_p=\dfrac{\sum q_t p_n}{\sum q_{t-1} p_n}$

产量定基指数数列：

$$\frac{\sum q_1 p_n}{\sum q_0 p_n},\ \frac{\sum q_2 p_n}{\sum q_0 p_n},\ \frac{\sum q_3 p_n}{\sum q_0 p_n},\ \cdots,\frac{\sum q_t p_n}{\sum q_0 p_n}$$

产量环比指数数列：

$$\frac{\sum q_1 p_n}{\sum q_0 p_n},\ \frac{\sum q_2 p_n}{\sum q_1 p_n},\ \frac{\sum q_3 p_n}{\sum q_2 p_n},\ \cdots,\frac{\sum q_t p_n}{\sum q_{t-1} p_n}$$

上述定基指数数列与环比指数数列的关系：

1. 环比指数的连乘积等于定基指数；

2. 相邻两期定基指数之商等于相应时期的环比指数。

（二）单位产品成本指数

单位产品成本指数概括反映一个部门或企业各种单位产品成本的综合变动，它是衡量综合单位产品成本水平的指标。单位产品成本指数有以下几种形式：

1. 帕氏形式的以基期成本为比较标基准的单位产品成本综合指数

$$\bar{K}_p=\frac{\sum p_1 q_1}{\sum p_0 q_1}$$

2. 帕氏形式的以计划成本为比较标基准的单位产品成本综合指数

$$\bar{K}_p=\frac{\sum p_1 q_1}{\sum p_n q_1}$$，式中 p_n 表示计划成本

3. 拉氏形式的以计划成本为比较标基准的单位产品成本综合指数

$$\bar{K}_p=\frac{\sum p_1 q_0}{\sum p_n q_0}$$，式中 p_n 表示计划成本

（三）股票价格指数

股票在最初发行时，通常是按面值出售的。股票面值是指股票票面上所

标明的金额。但股票在证券市场上交易时，出现了与面值不一致的市场价格。股票价格一般是指股票在证券市场上交易时的市场价格。股票价格是一个时点值，有开盘价、收盘价、最高价、最低价等，但通常以收盘价作为该种股票当天的价格。股票价格受多种因素的影响，但正常情况下通常与两个直接因素相关：一是预期股息；二是银行存款利息率。股票价格的高低与预期股息成正比，与银行存款利息率成反比。因此，股票价格的形成可以用下列公式表示：

$$股票价格 = \frac{票面价值 \times 预期利息}{存款利息率}$$

股票市场上每时每刻都有多种股票进行交易，且价格各异，有涨有跌。用某一种股票的价格显然不能反映整个股票市场的价格变动，这就需要计算股价平均数和股票价格指数。

1. 股价平均数

股价平均数是股票市场上多种股票在某一时点上的算术平均值，一般以收盘价来计算。计算公式为：

$$股价平均数 = \frac{1}{n}\sum p_i$$

式中，p_i表示第 i 种股票的收盘价；n 表示样本股票数。

因股票市场上股票交易品种繁多，股价平均数（股票价格指数也是一样）只能就样本股票来计算，但所选择的样本股票必须具有代表性和敏感性。代表性是指在种类繁多的股票中，既要选择不同行业的股票，又要选择能代表该行业股价变动趋势的股票；敏感性是指样本股票价格的变动能敏感地反映出整个股市价格的升降变化趋势。

2. 股票价格指数

股票价格指数（stek price index）是反映某一股票市场上多种股票价格变动趋势的一种相对指标，简称股价指数，其单位一般以“点”（point）表示，即将基期指数作为100，每上升或下降一个单位称为“1 点”。

股票价格指数的编制方法有多种，不同的股票价格指数，其计算的对象和基数不同，计算的方法也有所不同，但多数还是采用拉氏股价指数和帕氏股价指数。股票价格指数一般以发行量为权数进行加权综合，其计算公式如下：

$$\bar{K}_p = \frac{\sum p_{1i}q_i}{\sum p_{0i}q_i}$$

式中，p_{1i}表示第 i 种样本股票报告期价格；p_{0i}表示第 i 种股票基期价格；q_i表示第 i 种股票的发行量。

股票的发行量可以确定为基期，也可确定为报告期，但大多数股价指数是以报告期发行量（即 q_{1i}）为权数计算的。

例 5.3　某证券市场三种股票价格和发行量资料如表 5－3 所示，计算股票价格指数。

表 5－3　某证券市场三种股票的价格和发行量资料

股票名称	基期价格（元）p_{0i}	本日收盘价（元）p_{1i}	报告期发行量（万股）q_{1i}
A	25	26.5	3,500
B	8	7.8	8,000
C	12	12.6	4,500

解：股票价格指数为：

$$\bar{K}_p = \frac{\sum p_{1i}q_{1i}}{\sum p_{0i}q_{1i}} = \frac{211850}{205500} = 103.09\%$$

即股价指数上涨了 3.09 点。

目前，世界各地区的主要证券交易所都有自己的股票价格指数，比如美国的道琼斯股票价格指数和标准普尔股票价格指数、伦敦金融时报指数、法兰克福 DAX 指数、巴黎 CAC 指数、瑞士的苏黎世 SMI 指数、日本的日京指数、中国香港的恒生指数等。中国的上海和深圳两个证券交易所也编制了自己的股票价格指数，如上海证券交易所股价指数，它采用的是帕氏综合指数，上市的全部股票都参与计算，以正式开业日 1990 年 12 月 19 日为基期来计算，该指数于 1991 年 7 月 15 日正式公开；而深圳证券交易所股价指数是从 1991 年 4 月 4 日起，深圳各股票在深圳证交所集中上市，并以 4 月 3 日为基期编制的深交所股价指数。深圳股价指数采用一种递推的计算方法。

（四）空间价格指数

空间价格指数概括反映同一时间，不同国家或不同地区各种商品价格水平的差异，也称域区价格指数或静态价格指数。根据不同要求，空间价格指数可以分别采用拉氏公式、马埃公式或理想公式等指数形式计算。

第三节　平均数指数

一、平均数指数的概念和基本原理

平均数指数是用平均的方法对个体指数进行加权平均来求总指数的方法。如前所述，个体指数反映单个事物的变动程度，总指数综合反映多个个体的总变动程度。这里的总变动程度并不是各个个体变动程度的总和，而是它们的一般水平，即总指数具有平均的性质，它反映多个个体的平均变动程度。因此，可以对个体指数进行平均来计算总指数。由于各个个体的重要性不同，不能将个体指数简单平均而应加权平均。

平均数指数的主要问题是：采用哪种平均数形式以及权数如何确定。可选择的平均数有加权算术平均数和加权调和平均数两种。

综上所述，平均数指数的基本原理可概括如下：首先，计算所研究的复杂现象总体各个项目的个体指数；然后，以个体指数为变量值，给出一定的总值（pq）权数，采用加权算术平均数或加权调和平均数的形式求得平均数指数。

注意：用作权数的总值（pq）有四种组合方式即 p_0q_0、p_1q_1、p_0q_1、p_1q_0。但权数的确定既要考虑经济意义，又要考虑资料取得的可行性，所以常用作权数的总值是 p_0q_0 和 p_1q_1，其中 p_0q_0 用作计算加权算术平均数指数的权数，p_1q_1 用作计算加权调和平均数指数的权数。

根据上述原理，平均数指数的计算如下：

加权算术平均数指数：$$\bar{K}_q=\frac{\sum K_q\cdot p_0q_0}{\sum p_0q_0}=\frac{\sum \frac{q_1}{q_0}p_0q_0}{\sum p_0q_0}=\frac{\sum p_0q_1}{\sum p_0q_0}$$

其中 K_q 是数量指标个体指数。

加权调和平均数指数：$$\bar{K}_p=\frac{\sum p_1q_1}{\sum \frac{p_1q_1}{K_p}}=\frac{\sum p_1q_1}{\sum \frac{p_1q_1}{\frac{p_1}{p_0}}}=\frac{\sum p_1q_1}{\sum p_0q_1}$$

其中 K_p 表示质量指标个体指数。

下面先介绍作为综合指数变形的常用平均数指数的计算和应用。

二、作为综合指数变形的常用平均数指数

（一）数量指标的加权算术平均数指数

$$\bar{K}_q = \frac{\sum K_q \cdot p_0 q_0}{\sum p_0 q_0} = \frac{\sum \frac{q_1}{q_0} p_0 q_0}{\sum p_0 q_0} = \frac{\sum p_0 q_1}{\sum p_0 q_0}$$

可见，以基期总值 p_0q_0 为权数，对数量指标个体指数 $K_q = q_1/q_0$ 进行加权算术平均也可求得数量指标总指数。它实质上是数量指标综合指数（拉氏指数公式）的变形，两者只是计算形式不同，而经济意义和计算结果完全相同。

例5.4　现将表5－1的资料改成表5－4，即已知某企业各种商品销售量个体指数和商品价格个体指数及报告期与基期的各种商品销售额资料，试用平均数指数方法计算商品销售量总指数（即商品销售量的加权算术平均数指数）。

表5－4　某企业各种商品销售量和价格个体指数及商品销售额资料

商品名称	商品销售量个体指数（%）$K_q = \frac{q_1}{q_0}$	商品价格个体指数（%）$K_p = \frac{p_1}{p_0}$	商品销售额（元）	
			基期 p_0q_0	报告期 p_1q_1
甲	83.3	200	240	400
乙	125.0	150	320	600
丙	120.0	100	15,000	18,000
合计	—	—	15,560	19,000

解：商品销售量的加权算术平均数指数为：

$$\bar{K}_q = \frac{\sum K_q \cdot p_0 q_0}{\sum p_0 q_0} = \frac{83.3\% \times 240 + 125\% \times 320 + 120\% \times 15000}{240 + 320 + 15000}$$

$$= \frac{18600}{15600} = 119.54\%$$

即三种商品销售量报告期比基期总的（平均）增长了19.54%；同时还说明，由于商品销售量的变动而使商品销售额增长了19.54%。这一计算结果

与前面用数量指标综合指数（拉氏指数公式）计算的结果完全相同。

也可计算分子与分母的绝对差额来说明商品销售量的变动对商品销售额的影响。即：

$$\sum K_q \cdot p_0q_0 - \sum p_0q_0 = 18600 - 15600 = 3040 \text{（元）}$$

（二）质量指标的加权调和平均数指数

$$\bar{K}_p = \frac{\sum p_1q_1}{\sum \frac{p_1q_1}{K_p}} = \frac{\sum p_1q_1}{\sum \frac{p_1q_1}{\frac{p_1}{p_0}}} = \frac{\sum p_1q_1}{\sum p_0q_1}$$

可见，以报告期总值 p_1q_1 为权数，对质量指标个体指数 $K_p = p_1/p_0$ 进行加权调和平均也可求得质量指标总指数。它实质上是质量指标综合指数（帕氏指数公式）的变形，两者只是计算形式不同，而经济意义和计算结果完全相同。

例 5.5 现仍根据表 5－4 的资料，用平均数指数方法计算商品价格总指数（即商品价格的加权调和平均数指数）。

商品价格的加权调和平均数指数为：

$$\bar{K}_p = \frac{\sum p_1q_1}{\sum \frac{p_1q_1}{K_p}} = \frac{400 + 600 + 18000}{\frac{400}{200\%} + \frac{600}{150\%} + \frac{18000}{100\%}} = \frac{19000}{18600} = 102.15\%$$

即三种商品价格报告期比基期总的（平均）增长了 2.15%；同时还说明，由于商品价格的变动而使商品销售额增长了 2.15%。这一计算结果与前面用质量指标综合指数（帕氏指数公式）计算的结果完全相同。

这里也可计算分子与分母的绝对差额来说明商品价格的变动对商品销售额的影响。即：

$$\sum p_1q_1 - \sum \frac{p_1q_1}{K_p} = 19000 - 18600 = 400 \text{（元）}$$

由上可见，综合指数是编制总指数的基本形式，它正确地反映了被研究的复杂现象总体动态变化的客观实际内容，而平均数指数（无论是加权算术平均数指数还是加权调和平均数指数）是综合指数的变形形式。在实际统计工作中，有时由于资料的限制，不能直接利用综合指数公式编制总指数时，须改变综合指数公式形式，根据综合指数公式推导出平均数指数形式来编制总指数。

三、平均数指数的应用

（一）平均数指数与综合指数在应用上的不同特点

与综合指数相比较，平均数指数在应用上具有不同的特点：

1. 综合指数主要适用于全面资料的编制，而平均数指数除了可以适用于全面资料的编制外，对于非全面资料的编制，更有现实应用意义。

以社会商品零售物价指数为例，市场上有成千上万种零售商品价格的变动，不可能取得全面资料编制社会商品零售物价指数，假定选用500种代表规格品调查其零售物价变动来编制总指数，在综合指数算式中就只能包括这500种规格品的价格及其相对应的零售量资料。这样编制的指数，虽然代表规格品的价格变动基本上可以反映商品集团价格的动态，但各规格品的零售量并不等于商品集团的全面销售规模，从而难免会影响到指数的计算结论。编制平均数指数，除了选用代表规格品计算个体物价指数外，还可以以商品集团零售额为权数进行平均计算，这就可以比较完整地反映出市场上的零售物价动态了。

2. 综合指数一般是采用实际资料作为权数来编制的，而平均数指数除可以采用实际资料编制外，也可以采用非实际资料为权数编制。

仍以上述社会零售物价指数为例，计算综合指数要用500种代表规格品价格相对应的实际零售量资料，既有困难也不恰当。用平均数指数编制，除了可用实际零售额为权数外，也可以在实际零售资料的基础上推算并确定零售比重进行加权平均计算。因此，编制质量指标指数，既可以节省不少调查工作量，又能够保证指数计算结论的准确性。

（二）几种重要平均数指数的应用

由上述可见，作为一种独立指数形式的平均数指数，不只是作为综合指数的变形来使用，它本身具有广泛的应用价值。下面介绍现实生活中采用平均数指数形式计算的几种重要经济指数。

1. 居民消费价格指数（CPI）

居民消费价格指数是反映一定时期内城乡居民购买的生活消费品和服务项目的价格变动趋势和程度的相对指标，是对城市居民消费价格指数与农村居民的消费价格指数进行综合汇总的结果。该指数可以观察、分析消费品的零售价格和服务项目价格的变动对城乡居民实际生活费支出的影响程度。

为了满足及时性要求，我国居民消费价格指数按月编制，并公布月度和年度数据；为了各层面分析的需要，它既分别编制全国与地区的居民消费价格指数，又分别编制城市居民与农村居民的消费价格指数。从2001年起，居民消费价格指数按月编制，以2000年平均价格水平为固定基期的指数，以此可以推算年距和月距环比指数。

编制居民消费价格指数依据抽样调查资料，调查地区和调查点以及代表性商品和规格品的选择采用分层抽样调查，将这些代表商品和规格品作为样本，对市场价格进行经常性的调查，以样本推断总体。具体步骤是：

（1）选择调查地区和调查点。按照经济区域和地区分布合理的原则，在全国选出有代表性的大、中、小地区，在此基础上选择经营规模大、商品种类多的商场和某市（县）作为调查点。我国抽选出的调查市、县有200多个。

（2）选择代表性商品和规格品。选择的原则是与人民生活关系密切、销售数量（金额）大、市场供应稳定、价格变动趋势有代表性和规格品差异大。我国把居民消费分为食品、衣着、家庭设备用品及服务、医疗保健、交通通信、娱乐教育文化服务、居住、杂项商品与服务八大类，每一大类又分为若干中类和小类，在小类中选择代表性的消费品及服务项目。目前调查商品达550余种。

（3）收集价格资料。直接派员到调查点收集、登记价格资料，根据不同情况，每月收集登记2~5次。同一种代表品的价格由各调查点的价格简单平均计算，各种代表品的月平均价格由本月各次调查的平均价格再简单平均计算。

（4）确定权数（w）。权数w根据上一年城乡居民家庭消费收支调查资料中，居民家庭消费购买的各种代表性商品的消费支出额占全部代表性消费商品支出总额的比重（即$p_0q_0/\sum p_0q_0$）确定。由于我国目前处于经济转型期，居民消费结构变化频繁，所以改变以前用固定权数的做法，采用每年调整一次权数，即年内各月、各季的权数不变，故亦称固定权数的加权平均数指数。在确定权数时，先确定大类权数，然后确定小类权数，最后确定商品及代表规格品权数，权数均以百分比表示，各层权数之和等于100。为便于计算，要求权数一律取整数。

（5）计算价格指数，即：

$$\bar{K}_p = \frac{\sum K_p \cdot w}{\sum w}$$

式中，K_p 表示个体价格指数或各层的价格类指数；w 表示各层零售额比重权数。

具体计算过程是，先计算出各代表规格品基期和报告期的全社会综合平均价，并计算出相应的价格指数，然后分层逐级计算出小类、中类、大类和总指数。

例5.6　某市居民有关资料见表5－5，试编制该市居民消费价格指数。

解：计算步骤如下，

（1）计算出各代表规格品的个体价格指数，如面粉的个体价格指数为：

$$\bar{K}_p = \frac{p_1}{p_0} = \frac{2.52}{2.40} = 105.0\%$$

（2）根据各代表规格品的个体价格指数及相应的权数，加权算术平均计算小类指数，如细粮小类指数为：

$$\bar{K}_p = \frac{\sum K_P \cdot w}{\sum w} = \frac{105\% \times 40 + 106\% \times 60}{100} = 105.6\%$$

（3）根据各小类指数及相应的权数，加权算术平均计算中类指数。如粮食中类指数为：

$$\bar{K}_p = \frac{\sum K_P \cdot w}{\sum w} = \frac{105.6\% \times 65 + 104.8\% \times 35}{100} = 105.3\%$$

（4）根据各中类指数及相应的权数，加权算术平均计算大类指数，如食品大类指数为：

$$\bar{K}_p = \frac{\sum K_P \cdot w}{\sum w} = \frac{105.3\% \times 35 + 125.4\% \times 45 + 126.0\% \times 11 + 114.8\% \times 9}{100}$$

$$= 117.5\%$$

（5）根据各大类指数及相应的权数，加权算术平均计算总指数，即：

$$\bar{K}_p = \frac{\sum K_P \cdot w}{\sum w} = \frac{117.5\% \times 51 + 115.2\% \times 20 + 109.5\% \times 11 + 110.4\% \times 5}{100} + \frac{108.6\% \times 2 + 116.4\% \times 6 + 114.5\% \times 2 + 105.6\% \times 3}{100}$$

$$= \frac{11514.4\%}{100} = 115.1\%$$

表 5－5　某市居民消费价格指数计算表

商品类别和名称	代表规格品规格等级	计量单位	平均价格		权数（%）w	个体指数 $K_p = \frac{p_1}{p_0}$	个体指数乘权数 $K_p \cdot w$
			p_0	p_1			
（甲）	（乙）	（丙）	（1）	（2）	（3）	（4）	（5）＝（4）×（3）
总指数					100	115.1	11,514.4
一、食品类					51	117.5	5,992.5
1. 粮食中类					35	105.3	3,685.5
（1）细粮小类					65	105.6	6,864.0
面粉	标准粉	千克	2.40	2.52	40	105.0	4,200.0
大米	一级	千克	3.50	3.71	60	106.0	6,360.0
（2）粗粮小类					35	104.8	3,668.0
2. 副食品中类					45	125.4	5,643.0
3. 烟酒茶中类					11	126.0	1,386.0
4. 其他食品中类					9	114.8	1,033.2
二、衣着类					20	115.2	2,304.0
三、家庭设备用品及服务类					11	109.5	1,204.5
四、医疗保健类					5	110.4	552.0
五、交通通信类					2	108.6	217.2
六、娱乐教育文化服务类					6	116.4	698.4
七、居住类					2	114.5	229.0
八、杂项商品与服务类					3	105.6	316.8

需要指出的是，目前我国在编制居民消费价格指数时还采用了国际通行的链式拉氏公式，以便使价格指数能够更真实地反映固定时期总体价格水平变动中的纯价格变动，准确地解释价格的走势，实现月距环比价格指数（月环比价格指数）与年距环比指数（月同比价格指数）之间的逻辑检验。链式拉氏公式如下：

$$K_t = \sum \frac{p_t}{p_{t-1}} w_{t-1} \times k_{t-1} \qquad \left(\sum w_{t-1} = 1 \right)$$

月环比价格指数等于当月定基价格指数与上月定基价格指数之比；月同比价格指数等于当月定基价格指数与上年同月定基价格指数之比；年度价格指数等于当年各月定基价格指数的平均数与上年各月定基价格指数的平均数之比。

居民消费价格指数除了能反映城乡居民所购买的生活消费品价格和服务项目价格的变动趋势和程度外，还具有以下几个方面的作用：

第一，反映通货膨胀状况。通货膨胀的严重程度是用通货膨胀率来反映的，它说明了一定时期内商品价格持续上升的幅度。通货膨胀率一般以居民消费价格指数来表示，计算公式为：

$$\text{通货膨胀率} = \frac{\text{报告期居民消费价格指数} - \text{基期居民消费价格指数}}{\text{基期居民消费价格指数}} \times 100\%$$

第二，反映货币购买力的变动。货币购买力是指单位货币能购买到的消费品和服务的数量。居民消费价格指数上涨，货币购买力则下降，反之则上升。因此，居民消费价格指数的倒数就是货币购买力指数，计算公式为：

$$\text{货币购买力指数} = \frac{1}{\text{居民消费价格指数}} \times 100\%$$

第三，反映对职工实际工资的影响。消费价格指数的提高意味着实际工资的减少，消费价格指数下降则意味着实际工资的提高。因此，利用消费价格指数可以将名义工资转化为实际工资，计算公式为：

$$\text{实际工资} = \frac{\text{名义工资}}{\text{居民消费价格指数}} \times 100\%$$

第四，它是进行宏观经济分析和决策、价格总水平监测和调控以及国民经济核算的重要指标。

2. 农副产品收购价格指数

编制农副产品收购价格指数，一般采用加权调和平均数指数公式，即：

$$\bar{K}_p = \frac{\sum p_1 q_1}{\sum \frac{p_1 q_1}{K_p}}$$

这是因为农副产品收购统计资料可以提供各类农副产品的收购额和各代表规格品的价格，因而采用这个公式较为方便。

例 5.7　某地区农副产品收购资料见表 5－6，试编制该地区农副产品收购价格总指数。

解：编制农副产品收购价格指数的步骤为：

（1）计算各类代表规格品的个体物价指数，如棉花的个体物价指数为：

$$K_p = \frac{p_1}{p_0} = \frac{7.9}{6.5} = 121.54\%$$

（2）把报告期的收购总额除以各代表规格品的个体指数，即得按基期价格计算的收购金额，如棉花按基期价格计算的收购金额为：

$$\frac{p_1 q_1}{K_p} = \frac{16360}{121.54\%} = 13460.59\text{（万元）}$$

（3）计算各类商品价格指数，如经济作物类的价格指数为：

$$\bar{K}_p = \frac{\sum p_1 q_1}{\sum \frac{p_1 q_1}{K_p}} = \frac{16360 + 5400 + 14000 + 18500}{13460.59 + 3748.18 + 12221.74 + 14536.03} = 123.41\%$$

（4）计算该地区农副产品收购价格总指数为：

$$\bar{K}_p = \frac{\sum p_1 q_1}{\sum \frac{p_1 q_1}{K_p}} = \frac{91730 + 54260 + \cdots + 22000 + 12000}{\frac{91730}{1.1534} + \frac{54260}{1.2341} + \cdots + \frac{22000}{1.055} + \frac{12000}{1.12}} = \frac{325390}{283881} = 114.62\%$$

表 5－6　某地区农副产品收购价格指数计算表

商品类别和名称	代表规格品规格等级	计量单位	平均价格		指数（%）	收购金额（万元）	
			p_0	p_1	$K_p = \frac{p_1}{p_0}$	$p_1 q_1$	$\frac{p_1 q_1}{K_p}$
（甲）	（乙）	（丙）	（1）	（2）	$(3) = \frac{(2)}{(1)}$	（4）	$(5) = \frac{(4)}{(3)}$
总指数					114.62	325,390	283,880.99
一、粮食类					115.34	91,730	79,530.08
二、经济作物类					123.41	54,260	43,967.26

续表

商品类别和名称	代表规格品规格等级	计量单位	平均价格		指数（%）	收购金额（万元）	
			p_0	p_1	$K_p=\frac{p_1}{p_0}$	p_1q_1	$\frac{p_1q_1}{K_p}$
1. 棉花	细绒	千克	6.5	7.9	121.54	16,360	13,460.59
2. 麻	甲级青麻	千克	5.9	8.5	144.07	5,400	3,748.18
3. 烤烟	中部六级	千克	5.5	6.3	114.55	14,000	12,221.74
4. 芝麻	白 95 成	千克	2.2	2.8	127.27	18,500	14,536.03
三、木材类					128.41	6,000	4,672.53
四、工业用油漆类					118.34	1,200	1,014.03
五、禽畜产品类					118.00	32,000	27,118.64
六、蚕丝类					135.68	7,200	5,306.60
七、干鲜果类					112.00	20,000	17,857.14
八、干鲜菜及调味品类					110.00	49,000	44,545.45
九、土特产品类					106.00	30,000	28,301.89
十、药材类					105.50	22,000	20,853.08
十一、水产品类					112.00	12,000	10,714.29

3. 工业品出厂价格指数

工业品出厂价格指数是反映一定时期内全部工业产品出厂价格总水平的变动趋势和程度的相对指标，该指数可以观察出厂价格变动对工业总产值及增加值的影响。

随着我国社会经济的发展，原有工业发展速度的计算方法已不适用了。为适应新形势要求，国家统计局决定从 2002 年 4 月起采用价格指数减缩法计算工业发展速度。这里的价格指数是指工业品出厂价格指数，工业品出厂价格指数编制步骤如下：

首先，用几何平均法计算代表规格品的价格指数 K_i 。

$$K_i = \sqrt[\sum f]{\prod_{k-1}^{n} K_h}$$

式中：$h=1, 2, \cdots, n$；K_h 表示第 h 个企业代表规格品价格指数。

其次，用简单算术平均法计算代表产品的价格指数 K_j 。

$$K_j = \frac{\sum K_i}{m}$$

式中：K_j 表示第 j 种代表产品价格指数；m 表示代表规格品数量；K_i 表示第 j 种代表产品中第 i 种代表规格品价格指数。

再次，用加权算术平均法计算工业品出厂价格总指数 $\bar{K}$。

$$\bar{K} = \frac{\sum K_j \cdot w_j}{w_j}$$

式中：$\bar{K}$ 表示工业品出厂价格指数；w_j 表示第 j 种代表产品的权数。

第四节　指数体系和因素分析

一、指数体系的概念和作用

（一）指数体系的概念

社会经济现象之间总是相互联系的，某一现象总量往往可以分解为两个或多个现象（影响因素）的乘积，如商品销售额 = 商品销售量 × 商品价格。现象之间的这种联系反映在它们的指数上也有类似的联系，形成指数体系。

一般地说，三个或三个以上有联系的指数，如果相互间能构成一定的数量对等关系，那么这个相互联系的指数便构成指数体系。例如：

商品销售额指数 = 商品销售量指数 × 商品价格指数

总成本指数 = 产品产量指数 × 单位产品成本指数

原材料费用总额指数 = 产品产量指数 × 单位产品原材料消耗量指数 × 原材料价格指数

工资总额指数 = 职工人数指数 × 工资水平指数

（二）指数体系的作用

1. 利用指数体系进行因素分析

由于某种现象的变动是受多个影响因素变动共同作用的结果，利用指数体系可以分别测定各个影响因素对所研究现象的影响。这种方法用于多因素分析时，习惯上又称为连锁关系替代法。这种方法不仅适用于分析现象总量的变动，也适用于分析分组情况下总平均指标的变动。

2. 利用指数体系可以进行指数之间的相互推算

即根据有关现象的变动程度来推算另一现象的变动程度。

例如：某企业本月各种商品价格在上月基础上平均降低 10%，预计销售量可增加 15%，因此，根据指数体系，商品销售额指数 = 商品销售量指数 × 商品价格指数，可推算，销售额指数 = 115% × 90% = 103.5%，即销售额将比上月增长 3.5%。

又如，同样多的货币报告期所能购买的商品数量相当于基期的 90%，则可推算，价格指数 = 购买额指数/购买量指数 = 1/90% = 111.11%，即价格上涨 11.11%。

二、因素分析的方法和内容

因素分析一般是根据综合指数法建立指数体系，即用编制综合指数的方法，根据数量指标综合指数与质量指标综合指数所形成的体系对现象总变动进行因素分析，其指数体系如下，

总量变动指数 = 数量指标指数 × 质量指标指数

$$\frac{\sum p_1q_1}{\sum p_0q_0}=\frac{\sum q_1p_0}{\sum q_0p_0}\times\frac{\sum p_1q_1}{\sum p_0q_1}$$

总量变动指数 = 各因素指数的乘积

$$\sum p_1q_1-\sum p_0q_0=\left(\sum q_1p_0-\sum q_0p_0\right)+\left(\sum p_1q_1-\sum p_0q_1\right)$$

即：总量变动指数分子与分母的差额 = 各因素指数分子与分母的差额的总和

注意：在两因素指数中，数量指标综合指数是采用拉氏指数公式，质量指标综合指数是采用帕氏指数公式。即习惯上，人们常选择拉氏数量指数和帕氏质量指数来构成指数体系。

因素分析就是借助于上述指数体系，从数量方面分析在现象总量变动中，受各个因素变动的影响程度和影响绝对额。因素分析的种类包括总量指标变动的因素分析和总平均指标变动的因素分析。

三、现象总量变动的因素分析

（一）现象总量变动的两因素分析

例5.8　根据表5-2的资料，试分析商品销售量的变动和商品价格的变动对商品销售额变动影响的程度和影响的绝对额（要求：从相对数和绝对数两个方面进行分析）。

解：根据表5-2的资料，对商品销售额变动的因素分析的步骤如下：

（1）计算被分析指标总变动指数及分子与分母差额。

$$\text{商品销售额指数}\ \frac{\sum p_1q_1}{\sum p_0q_0}=\frac{19000}{15560}=122.11\%$$

$$\sum p_1q_1-\sum p_0q_0=19000-15560=3440(\text{元})$$

销售额报告期比基期总的增长了22.11%，商品销售额增加的绝对额为3440元。

（2）计算各因素指数及分子与分母的差额。

$$\text{商品销售量指数}\ \frac{\sum q_1p_0}{\sum q_0p_0}=\frac{18600}{15560}=119.54\%$$

$$\sum q_1p_0-\sum q_0p_0=18600-15560=3040(\text{元})$$

即由于商品销售量的变动，商品销售额报告期比基期增长了19.54%，而由于商品销售量的变动，商品销售额增加的绝对额为3040元。

$$\text{商品价格指数}\ \frac{\sum p_1q_1}{\sum p_0q_1}=\frac{19000}{18600}=102.15\%$$

$$\sum p_1q_1-\sum p_0q_1=19000-18600=400(\text{元})$$

即由于商品价格的变动使商品销售额报告期比基期增长了2.15%，而由于商品价格的变动使商品销售额增加的绝对额为400元。

（3）影响因素的综合分析（建立相对数和绝对数体系）。

销售额指数=销售量指数×价格指数

$$\frac{\sum p_1q_1}{\sum p_0q_0}=\frac{\sum q_1p_0}{\sum q_0p_0}\times\frac{\sum p_1q_1}{\sum p_0q_1}$$

$$122.11\% = 119.54\% \times 102.15\%$$

$$\sum p_1q_1 - \sum p_0q_0 = (\sum q_1p_0 - \sum q_0p_0) + (\sum p_1q_1 - \sum p_0q_1)$$

$$3440\text{（元）} = 3040\text{（元）} + 400\text{（元）}$$

上述计算结果表明，商品销售额报告期比基期增长了22.11%，增加的绝对额为3440元。这是由于商品销售量的提高使商品销售额增长了19.54%，增加的绝对额为3040元；由于商品价格的提高使商品销售额增长了2.15%，增加的绝对额为400元，两者共同影响的结果。

（二）现象总量变动的多因素分析

原材料费用总额 = 产量 × 单位产品材料消耗量 × 单位原材料价格

$q\ m\ p$ （q） （m） （p）

在进行多因素分析时，应注意以下问题：

第一，多因素分析的基本依据仍然是指数体系，即各因素指数的乘积等于总变动指数；各因素指数分子与分母的差额的总和等于总变动指数分子与分母的差额。

第二，进行多因素分析时，为测定某因素变动的影响，应把其他两个或两个以上因素固定不变，通常是按编制数量指标和质量指标指数的一般原则确定。

第三，根据各因素之间的相乘关系，确定各因素的合理排列顺序。即先数量指标，后质量指标；先基础因素，后派生因素；并注意每相邻因素相乘后的实际经济意义（中间指标与左右指标结合形成有经济意义的指标后，仍是数量指标在前，质量指标在后）。

单位产品原材料消耗额（mp）

原材料费用总额=产量×单位产品原材料消耗量×单位原材料价格

（qmp） （q） （m） （p）

原材料总消耗量（qm）

$$\frac{\sum q_1m_1p_1}{\sum q_0m_0p_0} = \frac{\sum q_1m_0p_0}{\sum q_0m_0p_0} \times \frac{\sum q_1m_1p_0}{\sum q_1m_0p_0} \times \frac{\sum q_1m_1p_1}{\sum q_1m_1p_0}$$

$$\sum q_1m_1p_1 - \sum q_0m_0p_0 = (\sum q_1m_0p_0 - \sum q_0m_0p_0) + (\sum q_1m_1p_0 -$$

$$\sum q_1 m_0 p_0) + (\sum q_1 m_1 p_1 - \sum q_1 m_1 p_0)$$

例 5.9　某企业三种产品的生产量、单位产品原材料消耗量、单位原材料价格及原材料费用总额资料见表 5－7 所示。

表 5－7　总量变动的多因素分析计算表

产品种类	原材料种类	生产量		单耗		单价（元）		原材料费用总额（元）			
		q_0	q_1	m_0	m_1	p_0	p_1	$q_0m_0p_0$	$q_1m_0p_0$	$q_1m_1p_0$	$q_1m_1p_1$
甲(件)	A(千克)	600	800	0.5	0.4	20	21	6,000	8,000	6,400	6,720
乙(套)	B(米)	400	400	1.0	0.9	15	14	6,000	6,000	5,400	5,040
丙(支)	C(千克)	800	1,000	2.2	2.3	30	28	52,800	66,000	69,000	64,400
合计	—	—	—	—	—	—	—	64,800	80,000	80,800	76,160

根据上表资料，试分析产品生产量的变动、单位产品原材料消耗量的变动和单位原材料价格的变动对原材料费用总额变动影响的程度和影响的绝对额（要求：从相对数和绝对数两个方面进行分析）。

解：根据表 5－7 的资料，对原材料费用总额变动的因素分析步骤如下，

（1）计算被分析指标总变动指数及分子与分母差额。

原材料费用总额指数：$\dfrac{\sum q_1 m_1 p_1}{\sum q_0 m_0 p_0} = \dfrac{76160}{64800} = 117.53\%$

原材料费用总额变动的绝对额：

$$\sum q_1 m_1 p_1 - \sum q_0 m_0 p_0 = 76160 - 64800 = 11360(\text{元})$$

即原材料费用总额报告期比基期总的增长了 17.53%，原材料费用总额增加的绝对额为 11360 元。

（2）计算各因素指数及分子与分母的差额。

生产量指数：$\dfrac{\sum q_1 m_0 p_0}{\sum q_0 m_0 p_0} = \dfrac{80000}{64800} = 123.46\%$

生产量变动对原材料费用影响的绝对额：

$$\sum q_1 m_0 p_0 - \sum q_0 m_0 p_0 = 80000 - 64800 = 15200(\text{元})$$

即由于生产量的变动使原材料费用报告期比基期增长了 23.46%，而由于生产量的变动使原材料费用增加的绝对额为 15200 元。

单位产品原材料消耗量指数：$\frac{\sum q_1 m_1 p_0}{\sum q_1 m_0 p_0} = \frac{80800}{80000} = 101.00\%$

单位产品原材料消耗量变动对原材料费用影响的绝对额：

$\sum q_1 m_1 p_0 - \sum q_1 m_0 p_0 = 80800 - 80000 = 800$（元）

即由于单位产品原材料消耗量变动使原材料费用报告期比基期增长了1%，而由于单位产品原材料消耗量的变动使原材料费用增加的绝对额为800元。

单位原材料价格指数：$\frac{\sum q_1 m_1 p_1}{\sum q_1 m_1 p_0} = \frac{76160}{80800} = 94.26\%$

单位原材料价格变动对原材料费用影响的绝对额：

$\sum q_1 m_1 p_1 - \sum q_1 m_1 p_0 = 76160 - 80800 = -4640$（元）

即由于单位原材料价格变动使原材料费用报告期比基期降低了5.74%，而由于单位原材料价格变动使原材料费用减少的绝对额为4640元。

（3）影响因素的综合分析（建立相对数和绝对数体系）。

原材料费用总额指数=生产量指数×单位产品原材料消耗量指数×单位原材料价格指数

117.53% = 123.46% ×101% ×94.26% （相对数体系）

11360（元）=15200（元）+800（元）-4640（元）（绝对数体系）

上述分析表明，该企业原材料费用总额报告期比基期总的增长了17.53%，增加的绝对额为11360元。这是由于生产量的提高使原材料费用增长了23.46%，原材料费用增加的绝对额为15200元；由于单位产品原材料消耗量的增加使原材料费用增长了1%，原材料费用增加的绝对额为800元；由于单位原材料价格的下降使原材料费用降低了5.74%，原材料费用减少的绝对额为4640元，三者共同影响的结果。

四、现象总平均指标变动的因素分析

现象总平均指标变动的因素分析，见第五节“总平均指标对比指数及其因素分析”。

第五节 总平均指标对比指数及其因素分析

总平均指标对比指数是指某一经济量的总平均指标在时间上对比的指数。本节论述的中心内容是总平均指标对比指数的分解及总平均指标变动的因素分析。

一、总平均指标影响因素的分解

在分组条件下，总平均指标受各组平均指标（即各组变量值）和各组权数两个因素的影响，即：

$$\bar{x}=\frac{\sum xf}{\sum f}=\sum x\cdot\frac{f}{\sum f}$$

式中：$\bar{x}$表示总平均指标；x表示各组平均指标（即各组变量值）；$f/\sum f$表示各组单位数结构。

两个时期的总平均指标对比时，仍然存在着这两个因素的影响。

二、总平均指标对比指数分解的一般公式

（一）可变构成指数

总平均指标对比指数，即可变构成指数可表示如下：

$$可变构成指数=\frac{\bar{x}_1}{\bar{x}_0}=\frac{\dfrac{\sum x_1f_1}{\sum f_1}}{\dfrac{\sum x_0f_0}{\sum f_0}}=\frac{\sum x_1\cdot\dfrac{f_1}{\sum f_1}}{\sum x_0\cdot\dfrac{f_0}{\sum f_0}}$$

式中，$\bar{x}_1$ 表示报告期某一经济量的总平均指标；$\bar{x}_0$ 表示基期某一经济量的总平均指标；x_1 表示报告期各组平均指标；x_0 表示基期各组平均指标；$f_1/\sum f_1$ 表示报告期各组单位数结构；$f_0/\sum f_0$ 表示基期各组单位数结构。

从上面公式可以看出，在分组条件下，总平均指标对比指数所反映的变动程度受两个因素变动的影响，即受各组平均指标（即各组变量值）变动的

影响和各组单位数结构（即各组单位数在总体单位数中所占的比重）变动的影响。这是所有总平均指标对比指数所共同具有的特点，一般将总平均指标对比指数称为总平均指标的可变构成指数，简称可变构成指数。

为了测定各组平均指标的变动和各组单位数结构的变动对总平均指标变动的影响程度，需要将总平均指标对比指数（即可变构成指数）进行分解，即将影响总平均指标变动的两个因素分开，编制成下面两个独立的指数。

（二）固定构成指数

固定构成指数是将各组单位数结构（$f/\sum f$）固定下来，以反映各组平均指标（x）变动对总平均指标变动的影响，其中各组单位数结构既可以固定在基期（$f_0/\sum f_0$），也可以固定在报告期（$f_1/\sum f_1$），但在实际中多固定在报告期。其计算公式为：

$$\text{固定构成指数：}\frac{\dfrac{\sum x_1 f_1}{\sum f_1}}{\dfrac{\sum x_0 f_1}{\sum f_1}}=\frac{\sum x_1\cdot\dfrac{f_1}{\sum f_1}}{\sum x_0\cdot\dfrac{f_1}{\sum f_1}}$$

（三）结构影响指数

结构影响指数是将各组平均指标（x）固定下来，以反映各组单位数结构（$f/\sum f$）变动对总平均指标变动的影响，其中各组平均指标既可以固定在基期（x_0），也可以固定在报告期（x_1），但在实际中多固定在基期。其计算公式为：

$$\text{结构影响指数：}\frac{\dfrac{\sum x_0 f_1}{\sum f_1}}{\dfrac{\sum x_0 f_0}{\sum f_0}}=\frac{\sum x_0\cdot\dfrac{f_1}{\sum f_1}}{\sum x_0\cdot\dfrac{f_0}{\sum f_0}}$$

可以看出，总平均指标的可变构成指数、固定构成指数和结构影响指数具有如下关系：

$$\frac{\bar{x}_1}{\bar{x}_0}=\frac{\sum x_1\cdot\frac{f_1}{\sum f_1}}{\sum x_0\cdot\frac{f_0}{\sum f_0}}=\frac{\sum x_1\cdot\frac{f_1}{\sum f_1}}{\sum x_0\cdot\frac{f_1}{\sum f_1}}\times\frac{\sum x_0\cdot\frac{f_1}{\sum f_1}}{\sum x_0\cdot\frac{f_0}{\sum f_0}}$$

可变构成指数　固定构成指数　　结构影响指数

上述的可变构成指数、固定构成指数和结构影响指数三个指数在形式上都是两个时期的平均数之比。并且，可变构成指数分子与分母差额、固定构成指数分子与分母差额、结构影响指数分子与分母差额也形成如下关系，即：

$$\bar{x}_1-\bar{x}_0=\sum x_1\cdot\frac{f_1}{\sum f_1}-\sum x_0\cdot\frac{f_0}{\sum f_0}=\left(\sum x_1\cdot\frac{f_1}{\sum f_1}-\sum x_0\cdot\frac{f_1}{\sum f_1}\right)+\left(\sum x_0\cdot\frac{f_1}{\sum f_1}-\sum x_0\cdot\frac{f_0}{\sum f_0}\right)$$

三、总平均指标对比指数的分析

所谓总平均指标对比指数的分析就是对总平均指标的变动进行因素分析，即分析各组平均水平的变动和各组单位数结构的变动对总平均指标变动影响的程度和影响的绝对额。

常见的总平均指标对比指数有总平均工资对比指数、总平均劳动生产率对比指数和总平均单位成本对比指数等。

例5.10　某企业工人平均工资、工人人数、工资总额资料见表5-8所示。

表5-8　某企业工人平均工资指数计算表

工人类别	平均工资（元/人）		工人人数（人）		工资总额（万元）		
	基期 x_0	报告期 x_1	基期 f_0	报告期 f_1	基期 x_0f_0	报告期 x_1f_1	假定 x_0f_1
技工	1,600	1,700	300	315	48.00	53.55	50.40
徒工	800	900	200	435	16.00	39.15	34.80
合计	—	—	500	750	64.00	92.70	85.20

试对该企业工人总平均工资的变动进行因素分析（要求从相对数和绝对数两个方面进行）。

解：根据表5-8的资料进行以下计算，

（1）计算工人总平均工资的可变构成指数（即总平均工资对比指数），以测定该企业工人总平均工资的变动程度及增减绝对额。

$$\bar{x}_1=\frac{\sum x_1f_1}{\sum f_1}=\sum x_1\cdot\frac{f_1}{\sum f_1}=\frac{92.7\times10^4}{750}=1236(\text{元}/\text{人})$$

$$\bar{x}_0=\frac{\sum x_0f_0}{\sum f_0}=\sum x_0\cdot\frac{f_0}{\sum f_0}=\frac{64.0\times10^4}{500}=1280(\text{元}/\text{人})$$

$$\bar{x}_n=\frac{\sum x_0f_1}{\sum f_1}=\sum x_0\cdot\frac{f_1}{\sum f_1}=\frac{85.2\times10^4}{750}=1136(\text{元}/\text{人})$$

总平均工资可变构成指数：$\frac{\bar{x}_1}{\bar{x}_0}=\frac{\sum x_1\cdot\frac{f_1}{\sum f_1}}{\sum x_0\cdot\frac{f_0}{\sum f_0}}=\frac{1236}{1280}=96.56\%$

$$\bar{x}_1-\bar{x}_0=\sum x_1\cdot\frac{f_1}{\sum f_1}-\sum x_0\cdot\frac{f_0}{\sum f_0}=1236-1280=-44(\text{元}/\text{人})$$

计算结果表明，该企业工人总平均工资报告期比基期下降了3.44%，工人总平均工资报告期比基期减少了44元/人。

（2）计算工人总平均工资的固定构成指数，以测定该企业各类工人平均工资的变动对工人总平均工资变动影响的程度及影响绝对额。

总平均工资固定构成指数：$\frac{\sum x_1\cdot\frac{f_1}{\sum f_1}}{\sum x_0\cdot\frac{f_1}{\sum f_1}}=\frac{1236}{1136}=108.8\%$

$$\sum x_1\cdot\frac{f_1}{\sum f_1}-\sum x_0\cdot\frac{f_1}{\sum f_1}=1236-1136=100(\text{元}/\text{人})$$

计算结果表明，（假如排除工人人数结构的变动影响）由于两类工人平均工资的变动影响，使该企业工人总平均工资报告期比基期提高了8.8%，工人总平均工资报告期比基期增加100元/人。

（3）计算工人总平均工资的结构影响指数，以测定该企业各类工人人数结构的变动对工人总平均工资变动影响的程度及影响绝对额。

$$总平均工资结构影响指数：\frac{\sum x_0 \cdot \frac{f_1}{\sum f_1}}{\sum x_0 \cdot \frac{f_0}{\sum f_0}} = \frac{1136}{1280} = 88.75\%$$

$$\sum x_0 \cdot \frac{f_1}{\sum f_1} - \sum x_0 \cdot \frac{f_0}{\sum f_0} = 1136 - 1280 = -144(元/人)$$

计算结果表明，（假如排除工人平均工资的变动影响）由于工人数结构的变动影响，使该企业工人总平均工资报告期比基期下降 11.25%，工人总平均工资报告期比基期每人减少 144 元。

综合起来分析，该企业报告期工人总平均工资比基期下降了 3.44%，工人总平均工资绝对额每人减少了 44 元/人。这是由于两类工人平均工资的提高，使该企业工人总平均工资提高 8.8%，工人总平均工资绝对额每人增加 100 元/人。由于工人数结构的变动影响，使该企业工人总平均工资降低 11.25%，工人总平均工资绝对额每人减少 144 元/人，这是两者共同影响的结果，其关系为：

$$96.56\% = 88.75\% \times 108.8\%$$

$$-44(元/人) = 100(元/人) - 144(元/人)$$

本章小结

本章学习了统计指数的概念和种类，总指数的计算方法和利用指数体系进行因素分析。

统计指数分广义和狭义两种。广义的指数一般是在经济领域中用以反映所研究现象数量变动或差异程度的相对指标，如动态相对指标、比较相对指标、计划完成程度相对指标等都可称为指数。狭义的指数是指用于反映所研究的复杂社会经济现象总体数量综合变动程度的相对指标。统计中的指数，主要是指这种狭义的指数。统计指数按其反映对象的范围不同可分为个体指数和总指数；按其反映现象的数量特征不同可分为数量指标指数和质量指标指数；按其表现形式不同可分为综合指数、平均数指数和平均指标对比指数；按其说明的时间状况不同可分为动态指数和静态指数；在指数数列中，指数按其采用的基期不同可分为定基指数和环比指数。

总指数的计算有综合指数和平均数指数两种。综合指数是通过两个时期的综合总量对比计算的总指数，是总指数的基本形式。其编制的一般方法是：在编制数量指标综合指数时，一般要以基期的质量指标作为同度量因素；在编制质量指标综合指数时，一般要以报告期的数量指标作为同度量因素。平均数指数是用平均的方法对个体指数进行加权平均来求总指数的方法。平均数指数有加权算术平均数和加权调和平均数两种。

指数体系一般是指三个或三个以上有联系的指数相互间所构成的一定数量对等关系。利用指数体系一方面可以进行因素分析；另一方面还可以进行指数之间的相互推算。所谓因素分析就是借助于上述指数体系，从数量方面分析在现象总量变动中受各个因素变动的影响程度和影响绝对额。因素分析的种类包括总量指标变动的因素分析和总平均指标变动的因素分析。其中，总量变动的因素分析又分为两因素分析和多因素分析两种。

本章练习题

1. 举例说明什么是同度量因素？它有什么作用？

2. 根据某企业如下产量数据，在 Excel 中通过列表计算，建立指数曲线，并制作指数曲线图。

时间	序号 t	产量 y	$\lg y$	t^2	$t\lg y$	y_c
2000	1	167.1				
2001	2	200.3				
2002	3	215.2				
2003	4	237.4				
2004	5	280.3				
2005	6	342.2				
2006	7	376.5				
2007	8	471.6				
2008	9	510.0				
2009	10	601.0				
2010	11	695.0				

续表

时间	序号 t	产量 y	lg$y$	t^2	$t$lg$y$	y_c
2012	12	843.4				
2013	13	991.3				
2014	14	1181.1				
2015	15	1424.5				
2016	16	1618.0				
合计						

3. 某地区副食品价格调整前后，一生活小区的消费数据如下：

食品种类	调整后		调整前	
	零售价（元/斤）	销售量（万斤）	零售价（元/斤）	销售量（万斤）
甲	0.3	5	0.4	5.2
乙	2.2	4.46	2.44	5.52
丙	1.8	1.2	1.92	1.15
丁	6.8	1.15	7.6	1.3

（1）要求在 Excel 中列表计算价格总指数和销售量总指数；

（2）分析价格调整对该小区居民生活的影响。

4. 根据某企业月度资料，试对职工总平均工资的变动进行因素分析（要求在 Excel 中列表计算）。

工人类别	平均工资（元/人）		工人人数（人）		工资总额（万元）		
	基期 x_0	报告期 x_1	基期 f_0	报告期 f_1			
管理人员	5600	6700	100	80			
生产工人	4000	6100	400	520			
合计							

第六章

抽样推断

【本章学习目的和要求】

本章目的在于提供一套利用抽样资料来估计总体数量特征的方法。通过本章内容的学习，理解什么是抽样推断，对比一般推算，它具有哪些特点，在哪些场合应用抽样推断方法；认识抽样误差是怎样形成的，如何计算抽样误差，如何确定一定误差范围的置信度；认识抽样误差的优良标准，掌握抽样估计及样本容量的计算分析方法；明确抽样调查的组织形式及其误差的计算。

第一节 抽样推断的意义

现代社会是高度信息化的社会，大到一个国家或地区范围的经济社会发展战略、发展规划及各项政策法规的制定，小到一个企业生产经营过程的各种管理决策，都离不开对各种信息资源的依赖。而信息资源的表现形式又是多种多样的，概括起来大致可分成两大类型，一是定性化的信息，如各种文字性质的消息、新闻、报告等情报材料；二是定量化的信息，如各种数字性质的图、表等指标资料。前者的获取可借助于各种传播媒体，后者则主要通过统计调查整理形成。抽样推断是现代统计调查中最常用的基本方法之一。

一、抽样推断的概念

关于抽样推断的定义大体上可以区分成广义和狭义两种，广义的抽样包括非概率抽样与概率抽样，狭义概念仅指概率抽样。本书取狭义的理解，将抽样推断定义为是按照一定的程序和方法，从所要研究现象的总体中根据随机原则抽取一部分单位组成样本，通过对样本的调查，获得样本资料，计算出有关的样本指标（统计量），依据一整套专门的方法以对相应的总体指标（参数）做出估计和推算，并有效控制抽样误差的一种统计方法。抽样推断所依据的概率原理属于数理统计学的一个重要分支，也是现代统计学的基础。抽样的方法不仅对统计推断、统计检验以及统计决策等理论的发展产生了直接的影响，而且还构成了其他应用性学科如计量经济学、管理会计学等的方法论基础。

所谓随机原则就是在抽选调查单位的过程中，完全排除人为的主观因素的干扰，以保证现象总体中的每一个个体都有一定的可能性被选中。换句话讲，哪些单元能够被选作调查单位纯属偶然因素的影响所致。这里需说明几点：①随机并非“随意”，随机是有严格的科学含义的，可用概率来描述，而“随意”仍带有人为的或主观的因素，它不是一个科学的概念；②随机原则不等于等概率原则；③随机原则一般要求总体中每个单元均有一个非零的概率被抽中；④抽样概率对总体参数的估计有影响。同时，按随机原则抽样可以保证被抽中的单元在总体中均匀分布，不致出现系统性、倾向性偏差；在随机原则下，当抽样数目达到足够多时，样本就会遵从大数定律而呈正态分布，样本单位的标志值才具有代表性，其平均值才会接近总体平均值；按随机原则抽样，才可能实现计算和控制抽样误差的目的。因此，随机原则是抽样调查必须遵循的基本原则。

在这里，“可能性”就是常说的机会，对“可能性”大小所作的数值度量在数理统计学中被称做概率，它常常是用统计的频率来近似度量的。

二、抽样推断的阶段划分与职业规范

从抽样推断的概念出发，我们可以将抽样调查工作的全过程划分成三个不同的阶段。

第一阶段为抽样设计阶段，即从现象总体中抽选样本的阶段。在这一过程中，要在对现象总体进行初步分析的基础之上编制出尽可能完善的抽样框，选择最适合的抽样方式方法，确定出最佳的样本容量，以充分保证所选样本对整个总体的代表性，从而增强抽样推断的效果。同时，还要做好问卷设计和试调查等。

第二阶段为调查阶段，即对所选中的样本进行调查，搜集样本资料的阶段。在这一过程中，要解决好调查具体方法的选择，即确定是用走访调查、电话调查、邮寄调查还是其他方法来搜集所需资料，还要设计出对拒访和无回答（包括样品无回答和项目无回答）的预防和处理措施，以及对数据质量的检查、控制措施与评价方法等内容。其基本目标是获取准确的资料，为抽样推断的可靠性打下基础。

第三阶段为数据处理和估计推断阶段，即依样本资料对所需要的总体资料进行科学的估计推算的阶段，是抽样调查工作的最后一个，同时也是最重要的一个阶段。在这一阶段，涉及对推断总体资料的各种方法（估计量）进行比较、选择，估计误差的计算与控制，缺失数据的处理，以及进行数据分析，得出分析结果。其核心是不断提高推断结果的可靠性，圆满完成抽样调查的各项任务。

这表明，抽样调查工作的出发点是现象的总体，其目的也是要了解总体的有关方面特征，但在具体认识过程中是以样本作为核心的，绝大部分的工作也是围绕样本展开的。然其工作的结果绝不仅仅停留在对样本的认识之上，而是最终上升到对整个总体的更高层次的认识和把握，也就是以总体作为全部工作的归宿点。

另外任何工作都有一定的职业规范，抽样调查也不例外。在抽样调查中，第一，要注意尊重并保护被调查者的隐私权，调查结果只能用于综合分析，而不应给被调查者造成不必要的麻烦和伤害。第二，要诚实地分析调查资料，不能为得出某个事先期望的结论而随意地改动资料。第三，要做一个具有职业水平的工作者，做出来的东西既要有能让普通人看懂的主要信息，也要有能让专家看出其内涵的内容。第四，当从有些调查结果得不出好的结论时，应诚实地加以说明，而不应含糊其辞。第五，抽样调查必须在国家法律法规所允许的范围内进行，不做违反社会公众利益的调查。

三、抽样推断的特点

抽样推断作为一种非全面调查方法，同全面调查相比，具有一系列特点，即使同其他的非全面调查比较，它仍呈现出明显的特色。

（一）按随机原则抽选调查单位

同属非全面调查的典型调查和重点调查，在调查单位的具体选定过程中，都不同程度地受到了调查组织者主观意识的影响，因而带有一定的随意性，使得典型调查和重点调查的科学性受到影响。而抽样推断按随机原则抽选调查单位，则完全排除了主观意识的干扰，使调查单位的选择建立在较为客观的基础之上，从而确立了它的科学性。因此，按随机原则抽样既是抽样推断的特色所在，又是其取得成功的基本保证。

（二）可以用样本资料推断总体资料

由前面的分析可知，用样本推断总体是抽样调查的一个重要阶段，实质上这也是进行抽样调查的最终目的之所在。能够用样本资料推断总体资料的重要意义在于，我们可以通过对部分单位的调查，以少量的投入，即可取得以前只能用普查才能取得的同样的效果，得到所希望了解的现象总体的全面资料，从而节约大量的调查费用，这也是抽样调查得以广泛应用的重要原因之一。

（三）在抽样推断之前可以计算和控制抽样误差

随着抽样推断理论的不断发展，误差分布理论日趋成熟，与此同时，抽样误差计算和控制的方法也逐步得以完善，而且关于抽样调查的误差问题的讨论也扩展到了对具有更为广泛意义的非抽样误差的深入研究。这是抽样调查的又一重要特色。

（四）抽样结果具有一定的可靠程度

抽样调查在给定概率和误差范围的条件下，保证抽样推断结果达到一定的可靠程度。

四、抽样推断的作用

抽样推断除具有十分明显的特色之外，还在实际应用过程中发挥着突出的作用。

（一）对于不可能或不必要进行全面调查的现象抽样调查具有独特的作用

在实际工作中，对某些现象常常可能一方面需要了解其全面情况，另一方面又由于现象自身的特性决定了无法通过全面调查获取资料。此时，只有使用抽样调查。该类现象主要有：第一，产品质量的破坏性检验，如轮胎的里程寿命试验、青砖的抗折耐压试验、炮弹的杀伤力试验、弹簧的抗拉强度试验等；第二，无限总体的调查，无限总体因其所包含的总体单位数目是无限的，故无法一一计量，如宇宙空间的星球数目、人体的细胞数目等；第三，包括未来时序的总体，如生产过程稳定性的检查等。

有些现象虽属于有限总体，但由于其总体范围过大，单位数目过多且过于分散，事实上不可能作全面调查，如森林的木材蓄积量调查、某些大量连续作业的产品的质量的非破坏性检验、水稻的个粒重检验等。还有些现象由于受时间或其他条件的制约，不能组织全面调查，如战备物资调查、自然灾害造成损失情况的调查等。

（二）抽样调查与全面调查相结合，可以补充和修正全面调查的数据

任何调查都可能存在误差，全面调查也不例外。而且由于全面调查涉及面广、工作量大、参加人员多、汇总传递环节多，调查结果容易出现差错。但是，其差错到底有多大，全面调查自身无法回答这一问题。因此，可在全面调查之后再进行一次抽样调查，根据抽样调查结果对全面调查结果进行检查和修正，从而提高全面调查的质量。

（三）抽样调查常用于生产过程中的产品质量控制

在工业产品成批或大量连续生产过程中，利用抽样调查方法对产品的质量进行动态检测，及时提供有关信息，变事后监督为事中控制，并通过编制质量控制图开展监控，是世界上许多国家广泛采用的工业产品质量控制系统。这一应用不仅对于生产过程的控制意义重大，而且也为进一步推广抽样调查，乃至于整个统计方法的应用，提供了成功的范例，积累了可贵的经验，并产生了深远的影响。

（四）抽样调查利用小概率原理，可对某些假设进行检验以判断假设的真伪

例如：一种新药在对某患者使用后效果不错，这是否意味着这种新药的疗效就一定显著呢？单凭此还不能做出结论。因为疗效对于每个人常会受到

一些随机因素的影响而呈现出一定的不确定性。因此，最好利用抽样调查结果，对这种药物的疗效是否存在显著性的统计差异进行检验，以确定其疗效状况，并据此做出是否推广使用该药的决策。利用抽样调查方法研究人们未来的行动决策，这是抽样方法应用上的又一重要突破。

五、抽样推断的内容

主要内容有两方面：参数估计和假设检验。

（一）参数估计

由于不知道总体的数量特征，依据所获得的样本观察资料，对所研究现象总体的水平、结构、规模等数量特征进行估计的推断方法。

（二）假设检验

由于对总体变化情况不了解，先对总体的状况作某种假设，然后再根据抽样推断的原理及样本观察资料，对所作假设进行检验，判断这种假设的真伪，以决定取舍的推断方法。

六、抽样推断的基本概念

（一）总体和样本

总体也称全及总体，指所要认识的研究对象全体，它是由所研究范围内具有某种共同性质的全体单位组成的集合体。总体单位数通常很大，甚至是无限的，一般用大写字母 N 表示。

样本又称子样，它是全及总体中随机抽取出来，作为代表这一总体的那部分单位组成的集合体。样本的单位数总是有限的，相对全及总体来说它的数目比很小，但样本是从总体中产生并代表它。一般用英文小写字母 n 表示。

作为推断对象的总体是确定的，而且是唯一的，但作为观察对象的样本，是不确定的，也是不唯一的，是可变的。

（二）总体参数和样本统计量

总体参数：是总体变量的函数，其数值由总体各单位的标志值或标志属性决定，反映总体数量特征的综合指标值是唯一确定的量。

对总体的数量标志，常用的总体参数有总体平均数、总体方差或总体标准差。设总体变量 X 为：$X_1, X_2, \cdots, X_n$，则有：

$$\bar{X} = \frac{\sum X}{N} = \frac{\sum XF}{\sum F}$$

$$\sigma^2 = \frac{\sum (X - \bar{X})^2}{N} = \frac{\sum (X - \bar{X})^2 F}{\sum F}$$

对总体的品质标志，由于单位标志不能用数量来表示，总体参数常以成数指标 P 表示具有某种性质的单位数在总体单位数中所占的比重，以 Q 表示总全中不具有某种性质的单位数在总体单位数中所占的比重，并求出相应的方差和标准差。设总体 N 个单位中，有 N_1 个单位具有某种性质，N_0 个单位不具有某种性质，$N_1 + N_0 = 1$，则有：

$$P = \frac{N_1}{N} \qquad Q = \frac{N - N_1}{N} = \frac{N_0}{N} = 1 - P$$

$$P + Q = 1$$

成数 P 可视为（0，1）分布的平均数，其相应的方差和标准差：

据 $\bar{x} = \sum x \cdot \frac{f}{\sum f}, \sigma^2 = \sum (x - \bar{x})^2 \cdot \frac{f}{\sum f}$

则：$\bar{x}_p = 1 \times P + 0 \times Q = P = \frac{N_1}{N}$

$$\sigma_P^2 = (1 - P)^2 \frac{N_1}{N} + (0 - P)^2 \frac{N_0}{N} = (1 - P)^2 P + (0 - P)^2 Q =$$

$$PQ = P(1 - P)$$

$$\sigma_p = \sqrt{PQ} = \sqrt{P(1 - P)}$$

样本统计量：根据样本各单位标志值或标志属性计算的综合指标称为统计量。

统计量是样本变量的函数，用来估计总体参数，因此和常用的总体参数相对应，有样本平均数、样本方差和样本成数等。

设有样本变量 x 为 $x_1, x_2, \cdots, x_n$ 则有：

$$\bar{x}=\frac{\sum x}{n}=\frac{\sum xf}{\sum f}\qquad \sigma_i^2=\frac{\sum (x-\bar{x})^2}{n}=\frac{\sum (x-\bar{x})^2 f}{\sum f}$$

$$\bar{x}_p=\frac{n_1}{n}=p\qquad \sigma_p^2=p(1-p)$$

$$\sigma_p=\sqrt{pq}=\sqrt{p(1-p)}$$

（三）样本容量和样本个数

样本容量指一个样本所包含的单位数。通常将样本容量不少于30个的样本称为大样本，小于30个的样本称为小样本。社会、经济统计的抽样调查多属于大样本调查。

样本个数又称样本可能数目。用M表示，指从一个总体可能抽取的样本个数。

（四）重复抽样和不重复抽样

重复抽样也称回置抽样。从总体N个单位中，用重复抽样的方法，随机抽取n个单位构成一个样本，则共可抽取N^n个样本。

不重复抽样也称不回置抽样。从总体N个单位中，用不重复抽样的方法，随机抽取n个单位构成一个样本，则共可抽取$N(N-1)(N-2)\cdots(N-n+1)$个样本。

第二节　抽样误差

一、抽样误差的概念

抽样误差是指由于随机抽样的偶然因素使样本各单位的结构不足以代表总体各单位的结构，而引起的样本统计量和总体参数（即样本指标与总体指标）之间的绝对离差。抽样误差通过误差是否超过了允许的限度，表明抽样效果的好坏。抽样误差是随机抽样所特有的误差。理解抽样误差可以从下面两方面入手：

第一，抽样误差是指由于抽样的随机性而产生的那一部分代表性误差，不包括登记误差，也不包括可能发生的偏差。

第二，随机误差有两种，实际误差和抽样平均误差。实际误差是一个样本统计量与总体参数之间的差别，这是无法知道的误差。抽样平均误差是指所有可能出现的样本统计量与总体参数的标准差，也可以说是所有可能出现的样本统计量与总体参数的平均离差。抽样实际误差是无法知道的，而抽样平均误差是可以计算的。在讨论抽样误差时指的是抽样平均误差。

二、影响抽样误差的主要因素

为了计算和控制抽样平均误差，需要分析影响抽样平均误差的因素。抽样平均误差的大小主要受以下几个因素的影响：

（一）总体各单位标志值的差异程度

总体标志变动程度越大，抽样平均误差就越大；反之，就越小。差异程度越大则抽样误差越大，反之越小。两者成正比关系的变化。这时每个单位都可作代表，平均指标也就无须计算了。

（二）抽样单位数的多少

在其他条件不变的情况下，抽取的单位数越多，抽样平均误差越小；样本单位数越少，抽样平均误差越大。抽样平均误差的大小和样本单位数成相反关系的变化，这是因为抽样单位数越多，样本单位数在全及总体中的比例越高，抽样总体会愈接近全及总体的基本特征，总体特征就愈能在抽样总体中得到真实的反映，假设抽样单位数扩大到与总体单位数相等时，抽样调查就会变成全面调查，实际就不存在抽样误差。

（三）抽样方法

抽样方法不同，抽样误差也不同。一般地说重复抽样的误差比不重复抽样的误差要大些。

（四）抽样调查的组织形式

不同的抽样组织形式有不同的抽样误差，同一种组织形式的合理程度也影响抽样误差。

三、抽样平均误差

（一）抽样平均误差的意义

在对某一全及总体进行抽样时，在总体中可以抽取一个抽样总体进行观察，也可以连续抽取几个以至一系列的抽样总体进行综合观察，每个抽样总体都可以计算出相应的样本统计量。由于每一抽样总体所包含的具体样本单位不同，它们的统计量取值也各不相同，因而它们与总体参数之间的差数也是各不相同的。所以，这些抽样误差也是一个随机变量。前已论述，抽样误差是反映样本统计量对总体参数代表性程度的，而就抽样整体来说，可以有许多个抽样总体和许多个抽样误差，我们是否可以任取一次抽样所提供的抽样误差来作为衡量样本统计量代表总体参数的程度呢？这显然是不恰当的。某一次抽样结果的抽样误差只是一系列抽样结果可能出现的误差数值之一，它不能概括一系列抽样可能结果所产生的所有抽样误差。这如同衡量总体单位的平均数代表性程度一样，不能用总体单位的平均数与总体的某一单位标志值离差大小来说明平均数对总体单位所有单位的标志值的代表性程度。平均数的代表性程度是用各个单位的标志值对平均数离差平方平均数的平方根（标准差）来衡量的。它概括了所有单位标志值与平均指标离差的所有结果。那么，测定抽样指标的代表性程度的抽样误差，也可以由同样的原理求得，即把各个可能的样本平均数与总体参数之间都存在的抽样误差的所有结果都考虑进去，用平方平均数的方法便可求得标准差，即抽样平均误差。也就是说，抽样平均误差是一系列样本统计量（平均指标或成数）的标准差。在进行抽样时，所得的样本平均数与总体参数产生误差，样本统计量比总体参数既可能大一些，也可能小一些，但用抽样平均误差来表示的抽样误差，概括地反映了这些所有可能的结果，也就是平均说来会有这么大的误差。因此，抽样平均误差的意义，它既是可以实际运用于衡量样本平均数对总体参数的代表性程度的一个尺度，也是计算样本平均数与总体参数之间变异范围的一个根据；同时，在组织抽样中，也是确定抽样单位数多少的计算依据之一。总之，抽样平均误差对于整个抽样推断分析具有重要的意义。

（二）抽样平均误差的计算

1. 抽样平均误差的理论公式

抽样平均误差是反映抽样误差一般水平的指标，反映了抽样指标与总体指标的平均离差程度，其作用首先表现在它能够说明样本指标代表性的大小。平均误差大，说明样本指标对总体指标的代表性低；反之说明样本指标对总体指标的代表性高。

通常用抽样平均数的标准差或抽样成数的标准差来作为衡量其抽样误差一般水平的尺度。设以 $\mu_{\bar{x}}$ 表示抽样平均数的平均误差，μ_p 表示抽样成数的平均误差，M 表示全部可能的样本数目。则：

$$\mu_{\bar{x}} = \sqrt{\frac{\sum (\bar{x} - \bar{X})^2}{M}} \qquad \mu_p = \sqrt{\frac{\sum (p - P)^2}{M}}$$

上面的公式仅仅是抽样平均误差的理论公式，在实际抽样调查过程中不能用它来计算抽样平均误差，其原因是：首先，在抽样调查过程中总体参数（总体平均数和总体成数）是未知的，是需要我们去加以推断的；其次，不可能把每一种样本组合都找到（应有 M 种），即便是能找到也是一件非常困难的事情。

2. 抽样平均误差的计算公式

（1）抽样平均数的抽样平均误差，又可分为重复抽样和不重复抽样两种情况。

在重复抽样下，抽样平均误差的计算公式为：

$$\mu_{\bar{x}} = \frac{\sigma}{\sqrt{n}}$$

式中：$\mu_{\bar{x}}$ 为抽样平均数的抽样平均误差；σ 为总体的标准差；n 为样本单位数。

在不重复抽样下，抽样平均误差的计算公式为：

$$\mu_{\bar{x}} = \sqrt{\frac{\sigma^2}{n}\left(\frac{N - n}{N - 1}\right)} = \sqrt{\frac{\sigma^2}{n}\left(1 - \frac{n}{N}\right)}$$

（2）抽样成数的抽样平均误差。

在重复抽样下，抽样成数的平均误差：$\mu_p = \sqrt{\dfrac{p(1 - p)}{n}}$

不重复抽样：$\mu_p = \sqrt{\frac{p(1-p)}{n}(\frac{N-n}{N-1})} = \sqrt{\frac{p(1-p)}{n}(1-\frac{n}{N})}$

在上述公式中，需要知道总体方差或总体成数，但实际中这一资料是未知的。计算抽样平均误差时通常采用下列代替方法：

（1）用样本标准差代替总体标准差。在大样本情况下，可直接用样本标准差 S 代表总体标准差。

（2）用以前（近期）的总体标准差或同类地区的总体标准差代表所研究总体的标准差。若同时有多个可供参考的数值时，应选其中最大者。对于成数 P，因其标准差 $\sigma_p = \sqrt{p(1-p)}$ 在 $p=0.5$ 时为最大，所以有多个可供选择的数值时，应选最接近 0.5 的。其目的在于对抽样误差的估计有更大的把握程度。

例 6.1　工商部门对某超市经销的小包装休闲食品进行重量合格率抽查，规定每包重量不低于 30 克，在 1000 包食品中抽 1% 进行检验，结果如表 6－1，试计算抽样平均误差。

表 6－1　抽样平均误差计算表

重量分组（克）	包数（f）	组中值（x）	xf	$x-\bar{x}$	$(x-\bar{x})^2f$
26～27	1	26.5	26.5	－1.9	3.61
27～28	3	27.5	82.5	－0.9	2.43
28～29	3	28.5	85.5	0.1	0.03
29～30	2	29.5	59	1.1	2.42
30～31	1	30.5	30.5	2.1	4.41
合计	10	—	284	—	12.9

解：第一，计算样本平均数，

$$\bar{x} = \frac{\sum xf}{\sum f} = \frac{284}{10} = 28.4(\text{克})$$

第二，计算样本的标准差，

$$\sigma = \sqrt{\frac{\sum(x-\bar{x})^2 f}{\sum f - 1}} = \sqrt{\frac{12.9}{10-1}} = 1.20(\text{克})$$

第三，计算抽样平均数的抽样平均误差，

按重复抽样计算：$\mu_{\bar{x}} = \frac{\sigma}{\sqrt{n}} = \frac{1.20}{\sqrt{10}} = 0.38(\text{克})$

按不重复抽样计算，$\mu_{\bar{x}}=\sqrt{\frac{\sigma^2}{n}(1-\frac{n}{N})}=0.38\times\sqrt{1-\frac{10}{1000}}=0.3781$（克）

产品的不合格率为：$p=\frac{n_1}{n}=\frac{9}{10}=90\%$

抽样成数的抽样平均误差为：

重复抽样下，$\mu_p=\sqrt{\frac{p(1-p)}{n}}=\sqrt{\frac{0.9\times0.1}{10}}=9.5\%$

不重复抽样下，$\mu_p=\sqrt{\frac{p(1-p)}{n}(1-\frac{n}{N})}=\sqrt{\frac{0.9\times0.1}{10}(1-\frac{10}{1000})}=9.44\%$

第三节 抽样估计

抽样推断的目的是用样本统计量去推断总体参数，由于存在抽样平均误差，这种推断不可能是很精确的，问题在于对这个误差的大小要有一个科学的判断。在参数估计中，如果只得出一个估计值而不对这个估计值的误差做出进一步说明，那么这样的估计值便没有什么意义。但是一方面也要看到，要确切地指出某一个样本统计量究竟误差有多大，这也几乎是不可能的，因为样本统计量是随机变量的函数，它本身也是随机变量，而抽样误差又是样本统计量的函数，它本身还是随机变量。抽样误差是随着不同的样本而变化的，我们只能把抽样误差控制在一定的范围内，这需要研究抽样极限误差问题。

一、抽样极限误差

是指用绝对值形式表示的样本指标与总体指标偏差的可允许的最大范围，等于抽样指标变动可允许的上限或下限与总体指标之差的绝对值求得。设 $\Delta_{\bar{x}}$ 表示抽样平均数极限误差，Δ_p 表示抽样成数极限误差，则：

$$\Delta_{\bar{x}}\leqslant|\bar{x}-\bar{X}|\text{得到 }\bar{x}-\Delta_{\bar{x}}\leqslant\bar{X}\leqslant\bar{x}+\Delta_{\bar{x}}$$

$$\Delta_p\leqslant|p-P|\text{ 得到 }p-\Delta_p\leqslant P\leqslant p+\Delta_p$$

平均数的置信区间：（$\bar{x}-\Delta_{\bar{x}}$，$\bar{x}+\Delta_{\bar{x}}$）

成数的置信区间：（$p-\Delta_p$，$p+\Delta_p$）

由于总体平均数和总体成数是未知的，它要靠实测的抽样平均数和成数来估计。因而抽样极限误差的实际意义是希望总体平均数落在抽样平均数的范围内，总体成数落在抽样成数的范围内。

二、抽样误差的概率度

把极限误差 $\Delta_{\bar{x}}$ 或 Δ_p 相应除以抽样平均误差 $\mu_{\bar{x}}$ 或 μ_p，得出相对数 t，称为抽样误差的概率度。抽样平均误差、抽样极限误差与概率度的相互关系为：

$$\Delta_{\bar{x}} = t\mu_{\bar{x}} \qquad \Delta_p = t\mu_p$$

三、抽样误差的置信度

抽样极限误差的估计总是和一定的概率保证程度联系在一起的，因为既然抽样误差是一个随机变量，就不能期望抽样平均数和抽样成数落在一个区间内是一个必然事件，而只能给予一定的概率保证程度。所以在进行抽样估计时，不但要考虑抽样误差的可能范围有多大，而且还必须考虑落在这一范围内的概率有多少。前者称之为抽样估计的精确度，后者称为抽样估计的可靠程度，也就是在概率上的保证程度问题，称之为抽样估计的置信度。

抽样估计的置信度和抽样极限误差有着密切的联系。根据中心极限定理，当抽样误差范围增大时，抽样估计的置信度也增大，抽样估计的精确度则降低，反之亦然。实质上，抽样估计的精确度与置信度是一对矛盾。科学的调查方法就是要协调好它们之间的矛盾。

在实际的抽样调查中，总体变量的分布通常是不知道的，抽样平均数（或抽样成数）的概率分布是否接近于正态分布，或接近到什么程度，起决定作用的是样本容量。理论已经证明，在大样本情况下，抽样平均数（或抽样成数）的分布接近于正态分布。其特点是：首先这一分布是以总体平均数（或成数）为中心，两边完全对称，即抽样指标大于或小于总体参数的概率完全相等，就是说抽样指标的正误差与负误差的可能性是完全一致的；其次，样本统计量越接近于总体参数，出现的可能性越大，反之，样本统计量越远离总体参数，出现的可能性越小，概率越小，直至趋近于零。具体见图 6－1。

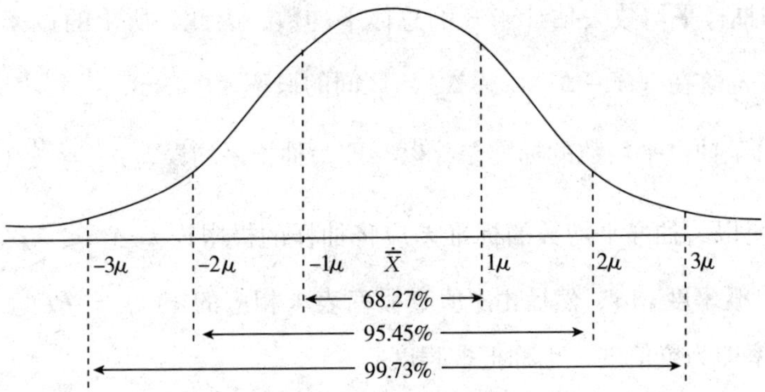

图 6 -1　正态分布曲线图

根据图 6 -1 所示，正态曲线与横轴所包围的面积等于 1，则样本平均数落在总体参数某一区间的概率 p 就可以以曲线在这一区间所包围的面积 $F(t)$ 来表示。

$$P(\bar{X}-\mu_x \leqslant \bar{x} \leqslant \bar{X}+\mu_x) = P(|\bar{x}-\bar{X}| \leqslant \mu_x) = 68.27\%$$

$$P(P-\mu_p \leqslant p \leqslant P+\mu_p) = P(|p-P| \leqslant \mu_p) = 68.27\%$$

$$P(\bar{X}-2\mu_x \leqslant \bar{x} \leqslant \bar{X}+2\mu_x) = P(|\bar{x}-\bar{X}| \leqslant 2\mu_x) = 95.45\%$$

$$P(P-2\mu_p \leqslant p \leqslant P+2\mu_p) = P(|p-P| \leqslant 2\mu_p) = 95.45\%$$

$$P(\bar{X}-3\mu_x \leqslant \bar{x} \leqslant \bar{X}+3\mu_x) = P(|\bar{x}-\bar{X}| \leqslant 3\mu_x) = 99.73\%$$

$$P(P-3\mu_p \leqslant p \leqslant P+3\mu_p) = P(|p-P| \leqslant 3\mu_p) = 99.73\%$$

也可以直接表示为：

$t=1 \quad F(t)=68.27\%$；$t=2 \quad F(t)=95.45\%$；$t=3 \quad F(t)=99.73\%$

应用正态分布理论和中心极限定理，来估计总体参数落在一定区间内的概率，应注意以下几点：

1. 由于抽样平均数的平均数等于总体平均数，所以，抽样平均数的分布，实际上就是围绕着以总体平均数 $\bar{X}$ 为对称中心的分布，而各个样本平均值和中心点的离差的概率恰好表明抽样极限误差的概率。

2. 根据正态分布的理论，抽样极限误差 $\Delta_{\bar{x}} \leqslant |\bar{x}-\bar{X}|$ 的概率，应该是抽样平均数 $\bar{x}$ 落在（$\bar{X}-\Delta_{\bar{x}}$，$\bar{X}+\Delta_{\bar{x}}$）区间的概率，由于抽样调查中总体平均数是未知的，而抽样平均数是已知的，就不需要再估计了，而需要估计的是

由已知的抽样平均数去估计未知的总体平均数，因此，所求的概率应该是总体平均数 $\bar{X}$ 落在（$\bar{x}-\Delta_{\bar{x}}$，$\bar{x}+\Delta_{\bar{x}}$）区间的概率。

3. 由于抽样平均数的标准差除以$\sqrt{n}$即为抽样平均误差$\mu_{\bar{x}}=\dfrac{\sigma}{\sqrt{n}}$（在重复抽样下），所以，抽样平均数的标准差应将抽样的极限误差 $\Delta_{\bar{x}}\leqslant|\bar{x}-\bar{X}|$ 除以 $\mu_{\bar{x}}$，求出概率度 t 值，然后由 t 值查概率表求相应的 $F(t)=P(|\bar{x}-\bar{X}|)\leqslant t\mu_{\bar{x}}$ 的概率即为置信度，也称把握程度。

4. 在实际工作中，由于总体的标准差通常是未知的，因此，在一般情况下用样本的标准差代替总体的标准差，以推算抽样平均误差。

四、抽样估计方法

抽样估计就是利用实际调查计算的样本指标值来估计相应的总体指标数值。

抽样估计有点估计和区间估计两种。

（一）总体参数的点估计

根据总体指标的结构形式设计样本指标作为总体参数的估计量，并以样本指标的实际值直接作为相应总体参数的估计值。

点估计的优良标准：无偏性、一致性和有效性。

由于抽样指标是一个随机变量，随着抽取的样本不同，便有不同的估计值，因此，要判断一种估计量的好坏，仅从某一次试验的结果来衡量是不够的，而应从多次重复试验中，看这种估计量是否在某种意义上最接近于被估计参数的真值。一般地说，用抽样指标估计总体指标应该有三项基本要求或标准，满足这三项要求的估计就可以被认为是合理的估计或优良的估计，这三项要求即是抽样估计的三条优良标准。

1. 无偏性

用样本指标估计总体指标要求所有可能的样本指标的平均值等于对应的总体指标值。

就是说，虽然每一次的抽样指标和未知的总体指标可能有偏误，但在多次反复的估计中，各个抽样指标的平均值应该等于总体指标，即用抽样指标来做估计平均说来是没有偏误的。所以，样本指标是对应的总体指标的无偏估计量。

2. 一致性

用样本指标估计总体指标要求当样本容量充分大时，抽样指标也充分地靠近总体指标。换言之，随着样本单元数 n 的无限增大（无限接近于总体单元数 N)，抽样指标和总体指标间的绝对离差可以无限缩小。

3. 有效性

用抽样指标估计总体指标要求作为优良估计量的方差应该比其他估计量的方差小。即：用抽样平均数和总体某一变量来估计总体平均数，虽然两者都是无偏估计量，而且在每一次的估计中，两种估计量和总体平均数都可能有离差，但样本平均数更靠近在总体平均数的周围，平均说来它的离差比较小，所以对比而言，抽样平均数是更为优良的估计量。

（二）总体参数的区间估计

1. 区间估计的三要素

参数区间估计：根据给定的概率保证程度的要求，利用实际抽样资料，指出总体被估计值的上限和下限，即指出总体参数可能存在的区间范围，而不是直接给出总体参数的估计值。

总体参数区间估计应具备的三个要素：估计值、抽样误差的范围、抽样误差范围的概率保证程度。抽样误差范围决定估计的准确性，概率保证程度决定估计的可靠性。

2. 区间估计的步骤

（1）确定样本指标（有时题目给出，有时通过计算，尤其是样本成数）。

（2）计算抽样误差（重复抽样或不重复抽样）分清是平均数还是成数。

（3）根据给定的概率置信度找出概率度。

（4）根据 $\Delta_{\bar{x}} = t\mu_{\bar{x}}$ 或 $\Delta_p = t\mu_p$ ，利用样本指标求出估计的总体指标的上下限。

3. 总体参数区间估计的内容

总体平均数的估计和总体成数的估计。

例6.2 某学校进行一次英语测验，为了解学生的考试情况，随机抽选部分学生进行调查，所得资料如下：

表6-2 英语成绩资料表

考试成绩	60分以下	60~70分	70~80分	80~90分	90~100分
学生人数（人）	10	20	22	40	8

试以95.45%的可靠性估计该校学生英语考试的平均成绩的范围及该校成绩在80分以上的学生所占的比重的范围。

解：（1）该校学生英语考试的平均成绩的范围为：

$$\bar{x}=\frac{\sum xf}{\sum f}=\frac{7660}{100}=76.6$$

$$\sigma=\sqrt{\frac{\sum (x-\bar{x})^2 f}{\sum f}}=\sqrt{\frac{12944}{100}}=11.377$$

$$\mu_{\bar{x}}=\frac{\sigma}{\sqrt{n}}=\frac{11.377}{\sqrt{100}}=1.1377$$

$$\Delta_{\bar{x}}=t\mu_{\bar{x}}=2\times 1.1377=2.2754$$

该校学生考试的平均成绩的区间范围是：$\bar{x}-\Delta_{\bar{x}}\leqslant \bar{X}\leqslant \bar{x}+\Delta_{\bar{x}}$

$$76.6-2.2754\leqslant \bar{X}\leqslant 76.6+2.2754$$

$$74.32\leqslant \bar{X}\leqslant 78.88$$

（2）该校学生成绩在80分以上的学生所占的比重的范围是：

$$p=\frac{n_1}{n}=\frac{48}{100}=48\%$$

$$\mu_p=\sqrt{\frac{p(1-p)}{n}}=\sqrt{\frac{0.48(1-0.48)}{100}}=0.04996$$

$$\Delta p=t\cdot\mu_p=2\times 0.04996=0.09992$$

80分以上学生所占的比重的范围：

$$P=p\pm\Delta_p=0.48\pm 0.09992$$

$$0.3801\leqslant P\leqslant 0.5799$$

在95.45%概率保证程度下，该校成绩在80分以上的学生所占的比重的范围在38.01%~57.99%。

这是在简单抽样条件下进行区间估计的例题。从上面的解法中，我们可以总结出这一类计算题的基本做法：先计算出样本指标，然后根据所给条件（重复抽样或不重复抽样）进行抽样平均误差的计算、抽样极限误差的计算，最后根据样本指标和极限误差进行区间估计。

五、必要样本容量的确定

（一）确定抽样单位数的意义和原则

如前所述，抽样误差是抽样调查所固有的，虽然不能消除，但却可以控制。影响抽样误差的因素有许多，样本容量的多少是其中最重要的影响因素之一。样本容量越大，样本对总体的代表性就可能愈强，抽样误差就越小，抽样估计的精度也就越高。

而在实际的抽样调查工作中，显然不可能无限制地增大样本容量，以追求对总体参数的估计达到尽可能高的精度，因为样本容量愈大，抽样调查所需花费的费用就愈多，调查的时间也愈长，接近于全面调查，则就失去了抽样调查的意义和作用。反过来，如果抽样数目过少，费用和时间的花费固然也少，较易得到满足，但在估计精度上，常不能达到规定的最低限度之要求，因此满足不了分析研究的需要。

所以，在确定样本容量时，必须在估计的精度要求和可供调查使用的费用之间进行权衡，使在费用一定的条件下精度达到最高，或在精度要求得到保证的前提下使费用最省。通常将在这一原则指导下所确定的样本容量称为必要样本容量，它是在最大限度地满足规定精度要求以及尽可能节约调查费用的前提下，所应该抽取到的最少的样本容量。以后各种抽样组织方式所讨论的样本容量均是指必要样本容量。

（二）抽样单位数的影响因素

根据以上原则确定抽样单位数，首先决定于调查者对一项抽样推断的可靠程度和精确程度的要求。如果要求抽样的可靠程度和精确程度比较高，那么抽样单位数就要多些；反之，就可以少些。

其次，抽样单位数决定于总体标志的变异程度。总体标志变异程度越大，须抽取的样本单位数就越多；反之，须抽取的样本单位数越少。

再次，抽样单位数决定于不同的抽样组织方法。一般来说，分层抽样和等距抽样可比简单随机抽样需要的抽样单位数少，单个抽样比整群抽样需要的单位数少，不重复抽样比重复抽样需要的抽样单位数少。

最后，按上述依据确定的抽样单位数，还要结合调查的人力、物力和财力的许可情况加以适当调整，然后做出最后的决定。

由此可见，上述几个方面都是确定抽样单位数的依据，在应用时应加以综合考虑，不能孤立地仅仅依据其中一二项因素。

（三）确定抽样单位数的计算公式

根据上面确定的抽样单位数的影响因素，可以由抽样极限误差公式来反映它们之间的关系。因此，将抽样极限误差公式加以推演，就可导出各种不同抽样单位数的公式。

1. 重复抽样平均指标的抽样单位数公式

$$\Delta_{\bar{x}} = t\mu_{\bar{x}} = t \cdot \sqrt{\frac{\sigma^2}{n}} \qquad n = \frac{t^2\sigma^2}{\Delta_{\bar{x}}^2}$$

2. 重复抽样成数的抽样单位数公式

$$\Delta_p = t\mu_p = t \cdot \sqrt{\frac{p(1-p)}{n}} \qquad n = \frac{t^2p(1-p)}{\Delta_p^2}$$

3. 不重复抽样平均指标的抽样单位数公式

$$\Delta_{\bar{x}} = t\mu_{\bar{x}} = t \cdot \sqrt{\frac{\sigma^2}{n}(1-\frac{n}{N})} \qquad n = \frac{Nt^2\sigma^2}{N\Delta_{\bar{x}}^2 + t^2\sigma^2}$$

4. 不重复抽样成数的抽样单位数公式

$$\Delta_p = t\mu_p = t \cdot \sqrt{\frac{p(1-p)}{n}(1-\frac{n}{N})} \qquad n = \frac{Nt^2p(1-p)}{N\Delta_p^2 + t^2p(1-p)}$$

例6.3　对某型号电池进行电流强度的测试。抽样测得电流强度的标准差为0.6A，合格率为90%，需要在95.45%的概率保证下，抽样平均电流强度的极限误差不超过0.08A，抽样合格率的极限误差不超过6%，确定必要抽样单位数。

解：首先计算抽样平均数的单位数，

根据题意可知，$\sigma = 0.6 \quad \Delta_{\bar{x}} = 0.08 \quad F(t) = 95.45 \quad t = 2$

$$n = \frac{t^2\sigma^2}{\Delta_{\bar{x}}^2} = \frac{2^2 \times 0.6^2}{0.08^2} = 225(\text{个})$$

其次，计算抽样成数的单位数，

$$\Delta_p = 6\% \quad p = 90\%$$

$$n = \frac{t^2 p\ (1-p)}{\Delta_p^2} = 2^2 \times 0.9 \times\ (1-0.9)\ /0.06^2 = 100$$

所以，在95.45%的概率保证下，使抽样平均数的抽样误差范围不超过0.08A，应抽取225个单位进行调查；使抽样成数的抽样误差范围不超过6%，应抽取100个单位进行调查。若要同时满足上述条件，应抽取225个单位进行调查。

5. 需要注意的几个问题

（1）对同一总体既需要进行抽样平均数的推断，又需要进行抽样成数的推断，按不同的误差要求可以确定两个必要抽样数目，为了兼顾两者共同的需要，通常采用其中较大的 n 值作为统一的抽样单位数。

（2）对于同一个总体在同样的抽样精度和置信度的要求下，重复抽样的抽样单位数大于不重复抽样的单位数。同样，重复抽样的平均误差也大于不重复抽样的平均误差。

（3）在确定抽样单位数时，需要知道总体的方差，这在抽样调查中是不可能的。同时样本的方差此时也是未知的。只能用以下方法来求总体方差的近似值：首先，根据以往调查的经验数据。这种方法一般适用于定期进行的抽样调查，如农产量调查等有以往的数据可以参考。其次，采用试点调查的方式以样本的方差来代替总体的方差。这种方法要求抽样单位数比较大一些，这样才能对总体的方差做出比较接近的估计。再次，成数的方差可以用最大值来代替。当 $p = q = 50\%$ 时，方差 $p(1-p)$ 取最大值为0.25。

第四节 抽样组织形式

一、抽样调查方案的设计

抽样调查是一项理论性和方法性都很强的统计工作，因此必须精心设计，认真组织，以确保调查工作的质量和时效性。

（一）抽样调查方案的设计原则

抽样调查方案的设计就是在实际进行抽样调查之前，对整个抽样调查工作过程所做出的通盘考虑和合理安排。在抽样调查方案的设计中，一般应遵循以下两条基本原则：

1. 保证抽样的随机性原则。随机原则是抽样调查所必须坚持的根本原则，是抽样推断的基本前提，按随机原则取样也是抽样调查有别于其他非全面调查的最根本标志，是抽样调查科学性的基本保证。但在实践中，如何保证实现抽样的随机性，并非容易之事，为此要注意解决好几个问题：首先，要排除人为的主观因素的干扰，使得总体中的每个单位都有一定的入选机会。当然，这需要做出很多的努力，并有较为严格的控制措施，因为，抽样中人为因素的干扰有时是很隐蔽的。其次，要确定合适的抽样框。抽样框是赖以进行抽样的基础。一个好的抽样框应该能够覆盖总体中的所有单元，并且没有重复。抽样框不完备常常会导致产生系统性偏差。再次，要选择合适的抽样实施方法及抽样的组织形式，并为其执行提供一切必要的条件。

2. 保证实现最大的抽样效果原则。即在一定的调查费用条件下使抽样误差最小（等价于使估计精度最高），或在给定的精度要求下使调查费用最省。通常，提高精度的要求和节省费用的要求往往是矛盾的，因为提高精度意味着降低抽样误差，而抽样误差愈小，则样本量就要扩大，费用相应增加。因此，在实际的抽样调查中，抽样误差最小的方案，常常可能并不是最好的方案，许多情况是允许一定的误差范围，就能够满足分析的需要，误差过小会使费用超过限制；另外，费用最小的方案也不一定就是最优方案，因为过少的调查费用会限制调查的单元数目，进而使抽样误差超过允许的最大范围，并最终使抽样调查本身失去意义。所以，设计抽样调查方案时，要综合考虑精度和费用两方面的限制条件，在多种抽样组织形式间精心选择，或将多种抽样组织形式结合起来加以应用。

此外，一个好的抽样调查方案还必须服从目的性和实践性的要求。前者强调无论是抽样还是估计推断的设计，都要紧紧围绕研究的目的；后者是指所设计的方案要能够在实践中得到切实的执行。

（二）抽样调查方案的内容

由于所研究现象总体的具体特点和调查的问题不同，抽样调查方案所应包括的内容也不尽相同。但在一般情况下，应具有以下几个部分：

1. 有关抽样调查要求方面的内容设计。一是要明确调查目的，即通过抽样调查要解决什么问题，并且要将调查目的进一步具体化为所要进行推断的各种变量。这样，才能恰当地确定调查方案的其他内容。二是要明确调查对象和调查单位，即确定什么是总体，什么是总体单位，也就是在什么范围内进行抽样调查，以什么为基本单位进行调查以取得数据资料。这是搞好抽样调查的基础。三是要明确规定对于主要目标量的抽样推断精度要求或者误差控制要求。它既是对抽样调查工作的基本要求，同时也是衡量抽样调查工作质量好坏的标准。

2. 有关抽样推断工作方面的内容设计。具体包括：①确定抽样框。在抽样调查中，抽样框是否合适，对于所抽样本的代表性影响很大。因此，抽样前要尽可能多地收集和利用与调查变量相关的各种资料，编制出符合实际情况的抽样框。②确定抽样的组织方式及方法。不同的抽样方法、不同的抽样方式有着各自不同的特点和适应性，因此，要根据所要研究现象的基本特点合理地加以选择，以求获得最好的抽样效果。③确定样本容量的大小，这是抽样设计的主要内容之一。样本容量的确定要综合考虑两方面的因素：一是调查费用的多少，它通常限制了所能调查的最多单元数目。二是精度要求的高低，它通常是规定了必须调查的最少单元数目。④确定数据处理方式，包括数据整理方法、整理技术、资料审核检验方法等。⑤确定推断方式。在取得了样本资料后，运用什么样的方式来推断总体资料，如何计算并控制误差等就成了关键问题，应依照调查研究的具体目的及所选用抽样方式的特点，结合现象总体的情况加以选择。

3. 有关调查内容方面的设计。调查内容就是所要调查的项目或问题，它是抽样调查方案的核心所在。确定选择哪些项目进行调查，对于能否圆满地实现调查目的是至关重要的，具体内容在后面有关章节做系统介绍。

4. 有关组织工作方面的内容设计。包括：①调查人员、组织领导机构的确定以及调查费用的筹措等。②调查人员的培训。要使调查人员在明确调查目的、熟悉调查项目的基础上，根据分工去掌握有关的抽样技术、现场调查方法、编码、审核、数据录入汇总等基本技能。③确定搜集资料的具体方法和调查问卷的回收方法等。④制定控制回答质量、减少回答误差的方案。

二、抽样调查方案的检查

抽样方案设计好之后，便可以组织实施，指导抽样调查的实践。但在实际中，由于情况发生变化，据以设计抽样方案的历史资料或许已经过时，或者因当初考虑不周，在设计时发生失误又未被发现等原因，都可能造成抽样方案的缺陷，从而影响调查的结果。因此，在设计好的方案正式实施之前都必须进行检查，用试点的调查数据对方案进行验证，然后才能正式实施调查。抽样调查方案的检查主要包括两个方面：

一是准确性检查。即以方案所要求的允许误差范围为标准，用已掌握的资料（试点资料）来检查其在一定概率保证下，实际的极限误差是否超过方案所允许的误差范围，如果实际的误差范围没有超过规定，则认为方案的设计符合准确性的要求，可以实施；否则，就说明设计方案的准确性不符合要求，这时就应对所设计的抽样调查方案进行认真的分析和检查，如果方案中不存在技术性的错误，就要考虑增加样本量，对方案做必要的修订。

二是代表性检查。即以方案中的样本指标与过去已掌握的总体同一指标进行对比，视其比率是否超过规定的要求来判断方案是否满足代表性要求。例如，在我国的农产量抽样调查和住户调查中分别规定，农产量的比率不超过 ±2%，居民收入的比率不超过 ±3%，即：

$$98\% \leq 样本平均单产 \div 总体平均单产 \leq 102\%,$$

$$97\% \leq 样本平均收入 \div 总体平均收入 \leq 103\%。$$

如果比率超过规定范围，则要对方案进行多方面的检查、修正，如果修正后的代表性仍不符合要求，就要通过增加样本量来获得满意的代表性。

三、简单随机抽样

（一）简单随机抽样的概念

简单随机抽样也叫做纯随机抽样。是从总体的 N 个抽样单元中，每抽取一个单元时，使每一个单元都有相等的概率被抽中，连续抽 n 次，以抽中的 n 个单元组成简单随机样本。

（二）简单随机抽样的具体实施方法

常用的有抽签法和随机数法两种。

1. 抽签法

抽签法是先对总体 N 个单位（或单元）分别编上 1 到 N 的号码，再制作与之相对应的 N 个号签并充分摇匀后，随机地从中抽取 n 个号签（可以是一次抽取 n 个号签，也可以一次抽一个号签，连续抽 n 次），与抽中号签号码相同的 n 个单元即为抽中的单元，由其组成简单随机样本。

抽签法在技术上十分简单，但在实际应用中，对总体各单元编号并制作号签的工作量可能会很繁重，尤其是当总体容量比较大时，抽签法并不是很方便，而且也往往难以保证做到等概率。因此，实际工作中常常使用随机数法。

2. 随机数法

随机数法就是利用随机数表、随机数骰子或计算机产生的随机数进行抽样。

随机数表是由 0 到 9 的 10 个阿拉伯数字进行随机排列组成的表。

所谓随机排列，即每个数字都是按等概率和重复独立抽取的方式排定的。在编制时，使用一种特制的电器或计算机，将 0 至 9 的 10 个数字随机地自动摇出，每个摇出的数字就是一个随机数字。为使用方便，可依其出现的次序，按行或按列分成几位一组进行排列。根据不同的需要，它们所含数字的多少以及分位和排列的方式尽可以不同。

目前，世界上已编有许多种随机数表。其中较大的有兰德公司编制，1955 年出版的 100 万数字随机数表，它按五位一组排列，共有 20 万组；肯德尔和史密斯编制，1938 年出版的 10 万数字随机数表，它也按五位一组排列，共有 25000 组。我国常用的是中国科学院数学研究所概率统计室编印的《常用数理统计表》中的随机数表。

随机数表的用途很多，不仅可以组织等概率样本，也可组织不等概率样本。

（三）简单随机抽样的方法评估

简单随机抽样对总体不加任何限制，等概率地从总体中直接抽取样本，是最简单、最单纯的抽样技术，它具有计算简便的优点，是研究其他复杂抽样技术的基础，也是比较各种抽样技术之间估计效率的标准，同时，从理论上讲简单随机抽样在各种抽样技术中是贯彻随机原则最好的一种，并且数学性质很简单，是等概率抽样的特殊类型。

另一方面，因为是等概率抽取样本，所以要求总体在所研究的主要标志上同质性或齐性（共性）较好，也即总体要比较均匀；要求样本容量要比较大，以保证样本对总体具有充分的代表性。但是，在社会经济现象中，这种均匀总体是很少见的。因此，实际工作中很少单纯使用简单随机抽样方法。

再者，因为直接从总体中抽取样本，未能充分利用关于总体的各种其他已知信息，以有效地提高样本的代表性，并进而提高抽样的估计效率。

此外，简单随机抽样要求在抽样前编制出抽样框，并对每一个总体抽样单元进行编号，而且当总体抽样单元的分布比较分散时，样本也可能会比较分散，这些都会给简单随机抽样方法的运用造成许多的不便，甚至在某些情况下干脆无法使用。因此，在此基础上研究其他抽样技术显得更加重要。

前面讨论的抽样误差的计算方法，就是从简单随机抽样组织方式出发的，因此，简单随机抽样的误差公式为：

在重复抽样条件下：$\mu_{\bar{x}} = \frac{\sigma}{\sqrt{n}} \qquad \mu_p = \sqrt{\frac{p(1-p)}{n}}$

在不重复抽样条件下：$\mu_{\bar{x}} = \sqrt{\frac{\sigma^2}{n}(1-\frac{n}{N})} \qquad \mu_p = \sqrt{\frac{p(1-p)}{n}(1-\frac{n}{N})}$

四、分层抽样

（一）分层抽样的概念

分层抽样也叫做类型抽样，它是实际工作中最常用的抽样技术之一。分层抽样是在抽样之前，先将总体按一定标志划分为若干个层（组），后在各层内分别独立地进行抽样。由此所抽得的样本称之为分层样本。各层所抽的样本也是互相独立的。

如果每层中的抽样都是简单随机的，这种抽样就叫做分层随机抽样。由此所得到的样本称做分层随机样本。

从以上概念可以看出，分层抽样的实质是在各层间作全面调查，而在各层内作抽样调查。因此，分层抽样的误差只与各层内的差异有关，而同各层间的差异无关。所以，为了能有效地降低抽样误差，提高抽样效果，在分层时应遵循“尽可能使层内差异小，而使层间差异大”的原则，同时要使分层的结果既无重复又无遗漏。

进行分层抽样时应注意：层内抽样设计的选择；分层变量的选择；各层样本量的分配；层数；层的分界。以前只重视各层样本量的分配，近年来，层数和层的分界引起了越来越多的关注。

（二）分层抽样的特点

同简单随机抽样相比，分层抽样具有以下特点：

1. 分层抽样能够充分地利用关于总体的各种已知信息进行分层，因此抽样的效果一般比简单随机抽样要好。但当对总体缺乏较多的了解时，则无法分层或不能保证分层的效果。

2. 在分层抽样中，总体的方差一般可以分解为层间方差和层内方差两部分。由于分层抽样的误差只与层内差异有关，而与层间差异无关，因此，分层抽样可以提高估计量的精度。

3. 由于分层抽样是在每层内独立地进行抽样，故使得分层样本能够比简单随机样本更加均匀地分布于总体之内，其代表性也更好些。

4. 分层抽样的随机性具体体现在层内各单元的抽取过程之中，即在各层内部的每一个单元都有相同的机会被抽中，而在层与层之间则是相互独立的。

5. 分层抽样适合于调查标志在各单元的数量分布差异较大的总体。因为对这样的总体进行合理的分层后，可将其差异较多地转化为层间差异，从而使层内差异大大减弱。

（三）抽样误差的计算

分层抽样的误差，取决于各组样本单位数的总和与各组组内方差的平均数。因此，当测定平均数指标时，计算抽样误差不是用方差 σ^2，而是用各组组内方差的加权算术平均数 $\overline{\sigma_i^{\ 2}}$，根据同样的道理，在测定成数指标时，计算抽样误差不是用 p 和 $(1-p)$ 的乘积，而是各组 p 和 $(1-p)$ 的乘积的平均数，即 $\overline{p(1-p)}$。

$$\bar{x} = \frac{\sum \bar{x}_i n_i}{n}$$

$$\overline{\sigma_i^{\ 2}} = \frac{\sum \sigma_i^2 n_i}{n}$$

分层抽样的抽样误差公式如下：

在重复抽样条件下：

$$\mu_{\bar{x}} = \sqrt{\frac{\overline{\sigma_i^2}}{n}}$$

$$\mu_p = \sqrt{\frac{\overline{p(1-p)}}{n}}$$

$$\overline{p(1-p)} = \frac{\sum p_i(1-p_i)n_i}{n}$$

在不重复抽样条件下：

$$\mu_{\bar{x}} = \sqrt{\frac{\overline{\sigma_i^2}}{n}(1-\frac{n}{N})}$$

$$\mu_p = \sqrt{\frac{\overline{p(1-p)}}{n}(1-\frac{n}{N})}$$

在实际工作中，因为不知道总体各类型组内方差，各类型组方差 $\overline{\sigma_i^{\ 2}}$ 用各类的样本标准差代替。各类型的成数 p_i 用各类样本成数代替。

例6.4　某乡某种农作物全部播种面积5000亩，按平原和山区面积等比例抽取630亩组成样本，各组单产和方差如表6－3所示，求抽样平均亩产，抽样平均误差，并以95%的概率估计该乡全部播种面积平均亩产的置信区间。类型抽样平均误差计算见表6－3。

表6－3　某乡某种农作物播种面积抽样计算表

类型	播种面积（亩）N_i	抽样面积（亩）n_i	抽样单产（斤）$\bar{x}_i$	单产方差 σ_i^2
平原	4,000	504	960	40,000
山区	1,000	126	750	160,000
合计	5,000	630	—	—

解：$\bar{x} = \dfrac{\sum \bar{x}_i n_i}{n} = \dfrac{960 \times 504 + 750 \times 126}{630} = 918$

$$\overline{\sigma_i^{\ 2}} = \frac{\sum \sigma_i^2 n_i}{n} = \frac{40000 \times 504 + 160000 \times 126}{630} = 64000$$

$$\mu_{\bar{x}} = \sqrt{\frac{\overline{\sigma_i^2}}{n}\left(1 - \frac{n}{N}\right)} = 9.4227$$

$$\Delta_{\bar{x}} = t\mu_{\bar{x}} = 1.96 \times 9.4227 = 18.47$$

$$\bar{x} \pm \Delta_{\bar{x}} = 918 \pm 18.47$$

$$899.53 \leqslant \bar{x} \leqslant 936.47$$

以95%的概率保证该乡5,000亩耕地中，该农作物平均亩产在899.53斤至936.47斤之间。

五、整群抽样

（一）整群抽样的概念

整群抽样是先将总体各单元划分成若干群（组），然后以群为单位，从中随机抽取一部分群，对中选群内的所有单元进行全面调查。确切地说，这种抽样组织形式应称为单级整群抽样。

如果总体中的单元可以分成多级，则可以对前几级单元采用多阶抽样，而在最后一阶中对该阶抽样单元所包含的全部个体（最基本单元）进行调查，这种抽样称作多级整群抽样。这里只讨论单级整群抽样。

（二）分群的原则

同分层抽样一样，整群抽样的前提是先对总体进行分群。那么群如何划分呢？有两个问题应予考虑：一是如何定义群，即当群并非是一个自然形成的单位时，确定每个群的组成；二是如何确定群的规模即群的大小。

分层抽样是在各层都进行随机抽样，“层是缩小了的总体”，抽样单元仍然是总体基本单元。这决定了分层的原则是：尽量缩小层内差异，而扩大层间差异。而整群抽样只是在各群之间抽取一部分群进行调查，并在抽中的群内作全面调查。因此，群间差异的大小直接影响到抽样误差的大小，而群内差异的大小则不影响抽样误差。在这里抽样单元是各个不同的群体，所以“群实际上是扩大了的总体单元”。这就决定了分群的原则应该是：尽量扩大群内差异，而缩小群间差异。按此原则分群，则能保证每个群对总体都具有足够好的代表性。作为极端情况，假定各群之间总体单元的分布完全相同，即群间不存在任何差异，那么只需抽取一个群进行调查就能充分满足抽样估计精确度的要求，整群抽样的效率就很高。这就是说，整群抽样特别适合于群内差异大而群间差异小的情况。

至于群的规模的选择，一是取决于精度与费用之间的平衡；二是从抽样实施的组织管理等因素来考虑。

（三）整群抽样的特点

同其他抽样组织形式相比较，整群抽样具有如下特点：

1. 在大规模抽样调查中，常常没有或很难编制出包括总体所有次级单元在内的抽样框，而整群抽样则不需要编制庞大的抽样框。

2. 在样本单元数相同的条件下，整群抽样与简单随机抽样相比，样本单元的分布相对较集中，虽然样本的代表性较差，但调查组织实施过程更加便利，同时还可以大大地节省调查费用。因此，实际工作中，在权衡费用和精度之后，有时宁可适当增加一些样本单元数，也采用整群抽样方法。

3. 整群抽样的随机性体现在群与群间不重叠，也无遗漏，群的抽选按概率确定。

4. 如果把每一群看做一个单位，则整群抽样可以被理解为是一种特殊的简单随机抽样。

综合前面的分析，比较整群抽样和分层抽样可以发现两者在分组（层或群）的条件、调查的方式、分组（层或群）的目的、分组（层或群）的原则、总体方差的分解等方面都存在着较为明显的差别。

（四）抽样误差的计算

整群抽样的抽样误差受三个因素影响：

1. 抽出群数多少

设所有的群数为 R，抽出群的数目为 r。显然抽出的 r 的数目越多，则抽样误差越小。

2. 群间方差

群间方差也称组间方差，它说明群和群之间的差异程度。在整群抽样时，群内方差（组内方差）无论多大都不影响抽样误差。因为对每一个群来讲，进行的是全面调查，不发生抽样误差问题。群间方差的计算方法如下：

（1）平均数的群间方差

$$\sigma_{\bar{x}}^2 = \frac{\sum (\overline{X_i} - \bar{X})^2}{R} \text{或者} \sigma_{\bar{x}}^2 = \frac{\sum (\bar{x}_i - \bar{x})^2}{r}$$

式中，$\overline{X_i}$ 表示全及各群的平均数；$\bar{X}$ 表示全及平均数；$\bar{x}_i$ 表示抽样各群的平均数；$\bar{x}$ 表示抽样各群的总平均数；$\sigma_{\bar{x}}^2$ 表示群间方差。

（2）成数的群间方差

$$\sigma_p^2 = \frac{\sum (P_i - P)^2}{r} \text{或者} \sigma_p^2 = \frac{\sum (p_i - p)^2}{r}$$

式中，P_i 表示全及各群的成数；P 表示全及成数；p_i 表示抽样各群的成数；p 表示抽样各群的总成数。

3. 抽样方法

整群抽样都采用不重复抽样。因此，在计算抽样误差时要使用修正系数 $\frac{R-r}{R-1}$。

经过上述对抽样误差影响分析，归纳出抽样误差的计算公式：

$$\mu_{\bar{x}} = \sqrt{\frac{\sigma_{\bar{x}}^2}{r}\left(\frac{R-r}{R-1}\right)}$$

$$\mu_p = \sqrt{\frac{\sigma_p^2}{r}\left(\frac{R-r}{R-1}\right)}$$

六、等距抽样

（一）等距抽样的概念

等距抽样也称系统抽样或机械抽样。它是将总体各抽样单元按一定的标志和顺序排列以后，每隔一定的距离（间隔）抽取一个单元组成样本进行调查。其具体方法如下：

设总体由 N 个单元组成，并按某种顺序编上 1 到 N 的号码，要在其中抽取容量为 n 的样本，先在前 K 个单元中随机抽选出一个单元，以后每隔 K 个单元抽取一个单元，由所有抽中的单元共同组成的样本称为等距样本。可见，抽出了第一个单元就等于决定了整个样本。这种抽样方法就是等距抽样。这里 K 称为抽样间隔。

等距抽样的随机性是有一定限制的。在排序后的第一间隔所含 K 个单元中，任意抽取一个单元时，每个单元具有同等被抽中的可能性，符合随机原则的要求；而在以后各间隔中，按与第一间隔的相同位次抽取样本单元，各间隔内所有单元不再具有同等被抽中的机会，看起来是丧失了某些随机性，因此有时也将等距抽样称为“伪随机”抽样。但这时的随机性可以这样理解：将所有各抽样间隔内处在同一位次的单元分别组合在一起，构成不同的等距样本，共可组成 K 个等距样本，每个等距样本作为一个集体（或群），都有同等于 $1/K$ 的机会被抽中，故称为可能等距样本。这样看来，等距抽样并未真正丧失掉随机原则。

（二）排序标志

等距抽样需要有作为排序依据的辅助标志。排序标志各式各样，可自由选择，但归纳起来，可分为两类，即无关标志和有关标志，它们对等距抽样的作用和相应的估计精度各有不同的影响。

1. 按无关标志排序

所谓无关标志排序，即用来对总体单元进行排序的标志，与所要调查研究的标志是不同性质的，两者没有任何必然的关系。如研究人口的收入状况时，按身份证号码、按门牌号码排序非常方便，一般说来，这些号码与调查项目没有关系，因此可以认为总体单元的次序排列是随机的，所以也有人直接称无关标志排序的等距抽样为无序等距抽样。

在无关标志排序的条件下，各单元的位次排定，并不等于各单元的调查标志值也按同一次序排定，虽然是等距抽样，它与随机数字表上抽样，在性质上并无不同，故无关标志排序的等距抽样，实质上与简单随机抽样相同，两者只是抽样形式不同而已，完全无损于随机原则，它们在估计精度上也是一致的。

2. 按有关标志排序

所谓有关标志排序，即用来对总体单元规定排列次序的辅助标志，与调查标志具有共同性质或密切关系。这种排序标志，在我国抽样调查实践中有广泛应用，如农产量调查，以本年平均亩产为调查变量，以往年已知平均亩产作为排序标志。利用这些辅助标志排序，有利于提高等距抽样的抽样效果。

利用有关标志排序，特别是利用与调查变量具有相同性质的辅助变量排序，进行等距抽样，无论在理论上和实用上都有重要意义。两种在性质上相同的变量，在前后时期的平均数指标上可能有不同或有较大的差异，但在样本方差上，只要样本容量不是太小，是不会有多大出入的；至于总体方差，就更接近了。因此在表明估计精度的抽样方差分析上无论用哪种变量，所得结论都是一致的。如果总体只有一个线性趋势，则等距抽样的方差同每层抽一个单元的分层随机抽样的方差都比简单随机抽样的方差小，因为当等距抽样中一个单元在所在层中太低或太高，就会在所有的层中太低或太高，而分层随机样本中这种偏差可相互抵消一些。

此外，在对某些总体进行排序时，也可以使用时间标志，即按时间先后顺序进行等距抽样。如对连续性生产（或作业）的产品每隔一定时间抽取一件或若干件样品作质量检验；每隔若干天进行市场物价抽查；按时间先后顺序排列的发票每隔多少张抽取一张进行审核等。时间标志等距抽样有时与调查标志无关，有时则可能有关，这要视具体情况而定。

（三）等距抽样的特点

同其他抽样方式相比，等距抽样具有如下特点：

1. 将总体各单元按一定的顺序排列后再抽样，使得样本单元的分布更加均匀，因而样本也就更具代表性，比简单随机抽样更精确，在某些场合下甚至可以不用抽样框。并且如果能够利用好样本的相应顺序在总体中均匀分布这一特点，则容易形成一个按比例样本。

2. 等距抽样简单明了，快速经济，操作灵活方便，使用面广，是单阶段抽样中变化最多的一种抽样技术。等距抽样最初用于森林和土地使用情况的调查，后来经过汉森、麦多、科克伦等学者的努力，使其成为当今家计调查、记录抽样、空间抽样、工业抽样和为普查取得附加信息及估计非抽样误差的一种常用方法。在我国，等距抽样已成了最主要、最基本的抽样方式，一些大规模的抽样调查，如农产量抽样调查、城乡住户调查、人口抽样调查、产品质量抽样检查中都普遍采用了等距抽样。

3. 当 $N = nK$ 时，等距抽样就等同于每层只抽一个单元的分层抽样或群的大小相等时只抽一个群的整群抽样。

4. 等距抽样的样本常被视为一个集体单元，一般不计算样本调查变量的方差，所以它只能抽象地进行理论分析，而不能对抽样方差进行估计。

5. 若总体中的单元呈周期性的变化，等距抽样的精度可能很高也可能很差。这时要慎重地选择 K 。

（四）抽样误差的计算

按无关标志排队法等距抽样近似于简单随机抽样。因此，一般认为可以按简单随机抽样方法计算抽样误差。

按有关标志排队法等距抽样实质上可以看做一种特殊的分类抽样，不同的是分类更细致，组数更多，而在每个组之内则只抽选一个样本单位。因此，一般认为可以用分层抽样的抽样误差公式来计算抽样误差。

例 6.5　年终有某储蓄所中按定期储蓄存款账号顺序进行每隔 5 户的机械抽样（即每 6 户中抽 1 户），得到的资料经整理如表 6－4。

表 6-4 某储蓄所储户定期存款抽样资料

定期储蓄存款金额（元）	户数（户）
100 以下	58
100~300	150
300~500	200
500~800	62
800 以上	14
合计	484

试以 0.9545 的概率保证程度估计平均每张存单的定期存款额。

$$\bar{x} = \frac{\sum xf}{\sum f} = 344.07$$

$$\sigma^2 = \frac{\sum (x - \bar{x})^2 f}{\sum f} = 40662.36$$

$$\mu_{\bar{x}} = \sqrt{\frac{\sigma^2}{n}\left(1 - \frac{n}{N}\right)} = \sqrt{\frac{40662.36}{484}\left(1 - \frac{484}{2420}\right)} = 8.2$$

$$\Delta_{\bar{x}} = t\mu_{\bar{x}} = 2 \times 8.2 = 16.4$$

$$\bar{X} = \bar{x} \pm 16.4 = 344 \pm 16.4$$

平均定期存款在 327.6~360.4 元，可靠程度为 95.45%。

七、多阶抽样概述

（一）多阶抽样的基本概念

前面介绍的几种抽样方式，均是从总体中通过一次抽样，就可产生一个完整的样本，这类抽样可称为单阶抽样。但抽样调查的实践中，常常面对的总体不但单元数很庞大，而且分布在广大区域内，很难通过一次抽样产生完整的样本。因此应是根据实际情况将整个抽样程序分成若干个阶段，一个阶段一个阶段地进行抽样，以完成整个抽样过程，这种抽样就叫多阶抽样。

具体描述如下：

如果在每个一阶单元中，都随机抽取部分二阶单元，由这些二阶单元中的总体基本单元组成样本，这在抽取样本的方式上，就相当于分层抽样；如果在全部一阶单元中，只抽了部分一阶单元，并对抽中的一阶单元中的所有基本单元都作全面调查，这就是整群抽样。实际中，如果一阶单元内总体基本单元数相当大，作全面调查比较困难，或者一阶单元内各二阶单元可以给出相近的结果，作全面调查又无必要。

这时，从费用和抽样估计效率考虑，便可以从总体中随机抽取一部分一阶单元，然后再从被抽中的一阶单元内，随机抽取部分二阶单元并对它们进行全面调查，我们把这种抽样技术称为两阶抽样。它是由印度统计学家马哈拉诺比斯首先提出来的。

如果从被抽中的二阶单元中，再抽取部分三阶单元组成样本，并对抽中的三阶单元进行全面调查，这就是三阶抽样。类似地，有四阶抽样或更高阶的抽样。通常，将两阶以上的抽样称为多阶抽样。

顺便指出，前面介绍的整群抽样实际是第二阶抽样比为100%时的一种特殊的两阶抽样，故也称做单级整群抽样。分层抽样实际是第一阶抽样比为100%时的一种特殊的两阶抽样。

多阶抽样中，各阶段可采用不同的抽样方法，也可采用同一种抽样方式，要视具体情况和要求而定。

两阶抽样与整群抽样的主要区别在于：整群抽样是对总体中抽取的每个样本群体所包含的基本单元进行全面调查；而两阶抽样则把总体中所有的群体视为一级单元，对每个被抽一级单元所包含的二级单元（亦即基本单位），不是进行全面调查，而是再进行一次抽样调查，也称抽子样本，即两阶抽样，产生两级样本，最后综合估算出总的一级样本指标。至于在综合估算的方式方法上，两种抽样也是极其相似的，只不过前者是对一级抽样单元的样本指标进行综合估算的，后者是对抽样群体单元的全体指标进行综合估算的，仅此不同而已。

两阶抽样中，总体各个一阶单元所包括的二级单元数，有相等和不相等的两种情况。前种情况无论样本的抽取和指标的估算都较简单，然而在抽样实践中很少有这种情况存在，但作为基本方法仍有其实际意义；后种情况在抽样和指标的估算方法上都较复杂，然而在实践中普遍存在这种情况。

（二）多阶抽样的特点

1. 便于组织抽样

当总体基本单元数目很大，分布很广时，若采用简单随机抽样，那么，编制全部总体单元的抽样框和现场实施随机抽样，都是相当困难的；若采用等距抽样，则为提高抽样估计效率，需将全部总体单元有序排列并等距抽取，也是很困难的；若采用分层抽样，则为提高抽样估计效率，需掌握全部总体单元的有关资料，按照分层的原则进行分层，然后到各层都去抽样，这一分层和在大范围抽样的工作，是很繁重的；若采用单级整群抽样，也需掌握总体单元的有关资料，按分群的原则分群，并在抽中的群内作全面调查，这一分群和在群内全面调查的工作也是很庞大的。如我国有 18000 多万农户，为作农村住户调查，若编制这样庞大的抽样框直接抽取农户，或按其特点分层，使层内方差较小，或进行分群，使群内方差较大等，其工作量之大都是难以想象的。

若采用多阶抽样，就可避免上述抽样技术中的麻烦。它可按现有的行政区划或地理区域划分各阶抽样单元，从而简化抽样框的编制，便于样本单元的抽取，使整个抽样调查的组织工作容易进行。如在农产量调查中，一般采用的是五阶抽样，即省抽县，县抽乡，乡抽村，村抽地块，地块抽样本点进行实割实测。因此，可以说多阶抽样既保持了单级整群抽样的优点，又克服了它的缺点。

2. 抽样方式灵活，有利于提高抽样的估计效率

多阶抽样中，各阶段可采用同一种抽样方法，也可以根据各阶单元的分布情况，采用不同的抽样方法。同时，还可以根据各阶单元分布情况的不同，安排不同的抽样比。如方差大的阶段，抽样比大一些；否则，可以小一些，以利提高抽样估计效率；再有，多阶抽样不仅具有单级整群抽样的优点，而且与之比较，多阶抽样的样本单位分布较广，样本代表性较强。

另一方面又避免了对较小单元进行过多调查的浪费，因而大大提高了效率。

3. 多阶段抽样对基本调查单元的抽选不是一步到位的

多阶抽样至少要经过两步抽样，这也是其区别于单阶抽样之处。因此，多阶段抽样的随机性体现在每一阶单元的抽选上。而在各阶段可充分利用辅助信息来增加效率。但由于在现实中，各阶单元大小相等的情形又几乎是不存在的，所以对于各阶单元大小不等的多阶段抽样，如何保证每个基本单元都有相等的可能性被抽中，是一个比较复杂的问题，有待进一步作深入探讨。

4. 多阶段抽样实质上是分层抽样与整群抽样的有机结合

以两阶段抽样为例，从总体所有一阶单元中抽取部分一阶单元，相当于从总体所有群中抽取部分群的整群抽样；而在所抽中的每个一阶单元中分别抽取部分二阶单元，就相当于分层抽样。因此，二阶抽样从技术上看是整群抽样与分层抽样的综合。

第五节　假设检验

一、假设检验的基本概念

（一）原假设和备择假设

在两个假设中，采用哪一个作为原假设，哪一个作为备择假设，要看具体的研究目的和要求。假如我们的目的是希望从子样观察值中对某一陈述取得强有力的支持，则把该陈述的否定作为原假设，该陈述本身作为备择假设。

（二）检验统计量

假设检验问题的一般提法是：在给定备择假设 H_1 下对原假设 H_0 做出判断，若拒绝原假设 H_0，那就意味着不拒绝备择假设 H_1，否则就不拒绝原假设 H_0。在拒绝原假设 H_0 或不拒绝备择假设 H_1 之间做出某种判断，必须要从子样（$x_1,x_2,\cdots,x_n$）出发，制定一个法则，一旦子样（$x_1,x_2,\cdots,x_n$）的观察值确定之后，利用我们制定的法则做出判断，拒绝原假设 H_0 还是不拒绝原假设 H_0。那么检验法则是什么呢？它应该是以定义在子样空间上的一个函数为依据所构造的一个准则，这个函数一般称为检验统计量。

（三）不拒绝域和拒绝域

假设检验中不拒绝或者拒绝原假设 H_0 的依据是假设检验的小概率原理。所谓小概率原理，是指发生概率很小的随机事件在一次实验中几乎是不可能发生的，根据这一原理就可以做出不拒绝或是拒绝原假设的决定。

不拒绝域和拒绝域是在给定的显著性水平 α 下，由检验法则所划分的样本空间的两个互不相交的区域。原假设 H_0 为真时的可以不拒绝的可能范围称为不拒绝域，另一区域是当原假设 H_0 为真时只有很小的概率发生，如果小概率事件确实发生，就要拒绝原假设，这一区域称为拒绝域（或否定域）。落入拒绝域是个小概率事件，一旦落入拒绝域，就要拒绝原假设而不拒绝备择假设。那么应该确定多大的概率算作小概率呢？这要根据不同的目的和要求而定，一般选择 0.05 或者 0.01，通常用 α 表示。它说明用多大的小概率来检验原假设。显然 α 愈小愈不容易推翻原假设，而一旦拒绝原假设，原假设为真的可能性就越小。所以在做假设检验时，通常要事先给定显著性水平 α（$1-\alpha$ 称为置信水平）。

（四）假设检验中的两类错误

前面已知，假设检验是在子样观察值确定之后，根据小概率原理进行推断的，由于样本的随机性，这种推断不可能有绝对的把握，不免要犯错误。所犯错误的类型有两类：一类错误是原假设 H_0 为真时却被拒绝了。这类错误称为弃真错误，犯这种错误的概率用 α 表示，所以也叫 α 错误或第一类错误。另一类错误是指原假设 H_0 为伪时，却被人们不拒绝而犯了错误。这是一种取伪的错误，这种错误发生的概率用 β 表示，故也称 β 错误或第二类错误。

自然，人们希望犯这两类错误的概率愈小愈好。但对于一定的子样容量 n，不可能同时做到犯这两类错误的概率都很小。通常的假设检验只规定第一类错误 α，即显著性水平，而不考虑第二类错误 β，并称这样的检验为显著性检验。

表 6－5　假设检验中各种可能结果的概率

项目	不拒绝 H_0	拒绝 H_0，不拒绝 H_1
H_0 为真	$1-\alpha$（正确决策）	α（弃真错误）
H_0 为伪	β（取伪错误）	$1-\beta$（正确决策）

（五）双侧检验和单侧检验

根据假设的形式，可以把检验分为双侧检验和单侧检验，单侧检验又进一步分为右侧检验和左侧检验。双侧检验示意图见图 6－2。

在备择假设 $H_1:\mu=\mu_0$ 中，μ 可能大于 μ_0，也可能小于 μ_0，称 H_1 为双侧

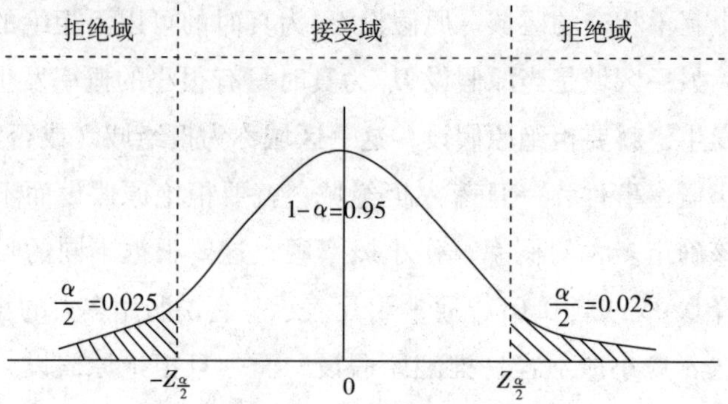

图 6－2　双侧检验示意图

备择假设，相应的检验称为双侧检验。

如果对假设 $H_0:\mu \leqslant \mu_0, H_1:\mu > \mu_0$ 进行检验，称为右侧检验。

如果对假设 $H_0:\mu \geqslant \mu_0, H_1:\mu < \mu_0$ 进行检验，称为左侧检验。

二、假设检验的一般步骤

一个完整的假设检验过程，一般包括五个主要步骤：

1. 提出原假设和备择假设；

2. 选择显著性水平，即允许犯第一类错误的概率（最常用取 0.05 或 0.01，一般的研究项目中显著性水平都是给定的）；

3. 选定合适的检验统计量，且能在原假设成立的条件下知其分布；

4. 根据显著性水平确定统计量的否定域或临界值，并注意是双侧检验还是单侧检验；

5. 根据样本数据计算统计量的数值并由此做出决策。如果统计量的值落在否定域内（包括临界值），就说明原假设与样本描述的情况有显著差异，应该否定原假设。反之，如果落在不拒绝域内，说明样本和原假设描述的情况的差异是不显著的，不拒绝原假设。

三、总体平均数的假设检验

总体为正态分布且方差已知的情况，我们举例说明这种类型的检验。

例 6.4　某机床厂加工一种零件，根据历史数据可知，该厂职工加工某零件所需的操作时间渐近服从正态分布，其总体均值为 16 分钟，标准差为 3.2

分钟。现采用新机床进行加工，随机抽取 10 名职工进行操作，结果平均所需时间为 13.5 分钟以上。问题 1：试问在 $\alpha=0.05$ 的前提下，采用新机床前后，职工的平均操作时间有无明显差异？问题 2：试问在 $\alpha=0.05$ 的前提下，采用新机床前后职工的平均操作时间是否有显著缩短？

解：由题意知，问题 1 是双侧检验问题，可建立假设如下：

$$H_0:\bar{X}=16$$

$$H_1:\bar{X}\neq 16$$

由样本均值 $\bar{x}=13.5$ 和总体标准差 $\sigma=3.2$，可计算得检验统计量 Z 值为：

$$Z=\frac{\bar{x}-\bar{X}}{\frac{\sigma}{\sqrt{n}}}=\frac{13.5-16}{\frac{3.2}{\sqrt{10}}}=-2.47$$

在显著性水平 $\alpha=0.05$ 下，$Z_{\frac{\alpha}{2}}=1.96$。由于 $|Z|>Z_{\frac{\alpha}{2}}$，落入拒绝域，因此要拒绝 $H_0:\bar{X}=16$ 而不拒绝 $H_1:\bar{X}\neq 16$。表明采用新机床后，职工的平均操作时间有了显著差异。

对于左单侧检验，针对给定的显著性水平 α，当 $Z<-Z_{\alpha}$ 时，要拒绝 H_0 而不拒绝 H_1；当 $Z\geqslant -Z_{\alpha}$，则要不拒绝 H_0。对于右单侧检验，则当 $Z>Z_{\alpha}$ 时，要拒绝 H_0 而不拒绝 H_1；当 $Z\leqslant Z_{\alpha}$ 时，则要不拒绝 H_0。

问题 2 是左单侧检验问题，可建立假设如下，$-Z_{\alpha}=-1.645$

$$H_0:\bar{X}=16$$

$$H_1:\bar{X}<16$$

检验统计量 Z 值仍为 -2.47。由于 $-Z_{\alpha}=-1.645$，$Z<-Z_{\alpha}$，落入了拒绝域，因此要拒绝 $H_0:\bar{X}=16$ 而不拒绝 $H_1:\bar{X}<16$，表明采用新机床加工后职工的平均操作时间有显著缩短。

例 6.5　在关于大学生消费行为的调查中，大学生平均每月的休闲消费支出 90 元，得知学生的休闲消费近似于正态分布，现随机抽取 50 名学生进行调查，学生的月休闲消费支出 91.2 元，标准差 4 元，在显著性水平 $\alpha=0.01$ 下，检验大学生月休闲消费支出不高于 90 元的结论是否正确。

解：由题意判断该检验属于右侧检验，建立假设，

$$H_0: \bar{X} \leqslant 90$$

$$H_1: \bar{X} > 90$$

拒绝区域为 $Z > Z_\alpha$，此时拒绝原假设，不拒绝备择假设。

$\alpha = 0.01$ 时，查正态分布表得：$Z_\alpha = 2.33$

$$Z = \frac{\bar{x} - \bar{X}}{\sigma/\sqrt{n}} = \frac{91.2 - 90}{4/\sqrt{50}} = 2.12$$

结论为 $2.12 < 2.33$，$Z < Z_\alpha$，不拒绝 H_0。因此，认为大学生月休闲消费支出不高于 90 元的结论是正确的。

本章小结

抽样推断基本思路是指按照随机原则从总体中抽取部分单位进行调查，利用这部分单位的实际资料推断总体指标值的一种统计方法。围绕这个概念，介绍了抽样推断的特点、作用、抽样误差的概念及计算。主要介绍了抽样估计的基本原理，抽样估计分为点估计和区间估计，抽样单位数的确定。

围绕基本抽样组织方式的应用问题，分别介绍了简单随机抽样、分层抽样、等距抽样、整群抽样和多阶段抽样等基本抽样组织方式的概念、总体参数的估计和样本容量的确定方法等。

本章练习题

1. 什么是抽样误差？抽样误差的大小受哪些因素的影响？

2. 假设来自某一总体的数据如下，试在 Excel 中用抽样函数随机抽取 5% 的样本。

20	21	24	26	25	30
18	20	24	25	28	32
32	33	35	38	40	48
35	36	35	39	44	46
48	49	52	60	70	75
80	85	90	98	120	128

续表

70	73	78	80	90	99
70	70	73	75	77	84
67	68	68	70	75	79
45	45	46	46	55	58
35	36	38	40	46	44
32	33	35	38	40	43

3. 某电扇厂对 1500 台电扇使用寿命进行抽样调查，抽取 30 台，平均寿命为 45 万小时，使用寿命的标准差为 240 小时，试以 95% 的置信水平计算本次抽查的极限误差。（在 Excel 中计算）

4. 对一批产品的质量进行调查，随机抽取 100 个产品，调查发现有 6 个产品不合格，若以 95% 的置信水平，可否能推断这批产品的不合格率不会超过 10%？计算其置信区间。（在 Excel 中计算）

5. 某厂对 10000 个电子元件的耐用时间进行检查，根据以往资料可知该型号电子元件耐用时间的标准差为 800 小时，要求置信概率为 95.45%，抽样误差范围不超过 200 小时，问：需要抽取多少个电子元件检查？（在 Excel 中计算）

第七章

相关与回归分析

【本章学习目的和要求】

本章介绍统计分析中使用的两种方法：相关分析与回归分析。要求学生了解相关分析的概念、内容和多元线性回归分析的基本思想；掌握相关关系测定和一元线性回归分析的计算方法。能够测定客观现象间是否具有相关关系；可以熟练地进行一元线性回归计算和分析。

第一节 相关分析的概念与内容

一、相关关系的概念

（一）函数关系

函数关系是指现象之间存在的严格的确定性的依存关系。在这种关系中，对于某一变量的每一个数值，都有另一个变量的确定值与之相对应，并且这种关系可以用一个数学表达式反映出来。如圆的面积与半径之间的关系，即$S=\pi R^2$。

（二）相关关系

相关关系是指现象之间存在的非严格的非确定性的依存关系。理解相关关系要把握两点：第一，相关关系是指现象之间确实存在数量上的相互依存关系；第二，现象之间数量依存关系的具体关系值不是固定的。

（三）相关关系与函数关系的联系

由于有观察或测量误差等原因，函数关系在实际中往往通过相关关系表现出来。在研究相关关系时，又常常要使用函数关系的形式来表现，以便找到相关关系的一般数量表现形式。两者之间，既有区别又有联系。

二、相关关系的种类

现象之间的相关关系可以从不同的角度进行分类，不同种类的相关关系需要用不同的方法进行研究。

(一) 按相关的因素多少分为单相关和复相关

现象之间的相关因素，只涉及一个自变量和一个因变量之间的依存关系，就称为单相关。如果涉及三个或三个以上变量之间的关系时，即一个因变量与其中两个或多个自变量的复杂依存关系，就称为复相关，或多元相关。

(二) 按相关的形式不同分为直线相关和曲线相关

直线相关又称线性相关，指两个变量的对应取值在坐标轴上大致呈一条直线，即：有 x 和 y 两变量，当 x 变动时，y 随之发生大致均等的变动为直线。曲线相关指两个变量的对应取值在坐标轴上大致呈一条曲线。即：当 x 变动时，y 的变动不均等为曲线。

(三) 按相关变量变化的方向不同分为正相关和负相关

当一个现象的变量数值增加或减少，另一个现象的变量数值也增加或减少，即两个变量同方向变动时，称为正相关。

当一个现象的变量数值增加或减少时，另一个现象的变量数值相应地减少或增加，即两个变量反方向变动时，称为负相关。

(四) 按相关的程度分为完全相关、不完全相关和不相关

两个变量之间，当自变量为一定量时，因变量的改变量也随之完全确定，这两个变量之间的关系，称之为完全相关。

两个现象之间的关系，于完全相关与不相关之间，称为不完全相关。

各类相关关系的表现形态如下图 7－1 所示：

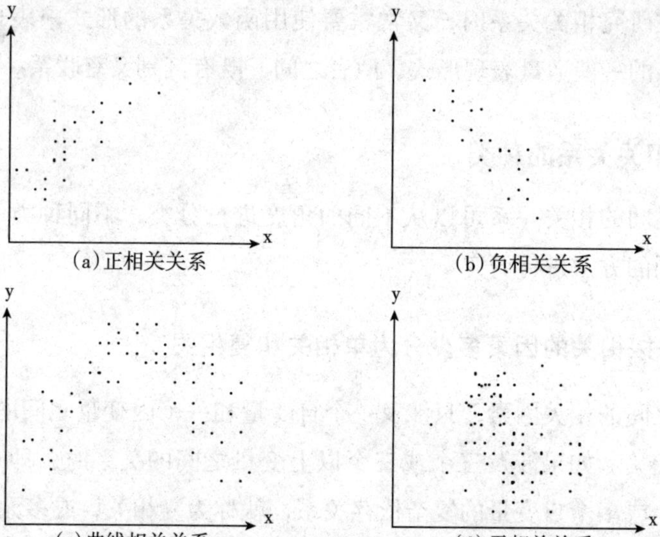

(a)正相关关系　(b)负相关关系　(c)曲线相关关系　(d)无相关关系

图 7－1　各类相关关系的表现形态

三、相关分析的主要内容

1. 确定现象之间有无相关关系，以及相关关系的表现形式；
2. 确定相关关系的密切程度；
3. 选择合适的数学模型；
4. 测定变量估计值的可靠程度；
5. 对计算出的相关系数，进行显著检验。

四、相关关系的判断

判断现象之间是否存在相关关系，一般是通过对现象进行定性分析、编制相关表和绘制相关图等进行。

（一）定性分析

对现象进行定性分析，就是根据现象质的规定性，运用理论知识、专业知识、实际经验来进行判断和分析。如根据常识我们知道，人的身高和体重之间存在着高度的正相关关系。

（二）定量分析

对现象进行定量分析，就是利用相关图或相关表，进一步判断经过定性分析确认具有相关关系的现象之间相关的方向、形式和密切程度。

1. 相关表

相关表是一种反映变量之间相关关系的统计表。将某一变量按其取值的大小排列，然后再将与其相关的另一变量的对应值平行排列，便可得到简单的相关表。

例 7－1 某地区某企业近 8 年产品产量与生产费用的相关情况如表 7－1 所示。

表 7－1 产品产量与生产费用相关表

年份	产品产量（千吨）x	生产费用（万元）y
2002	1.2	62
2003	2.0	86
2004	3.1	80
2005	3.8	110
2006	5.0	115
2007	6.1	132
2008	7.2	135
2009	8.0	160

从表 7－1 可以看出，产品产量与生产费用之间存在一定的正相关关系。

2. 相关图

相关图又称散点图，它是将相关表中的观测值在平面直角坐标系中用坐标点描绘出来，以表明相关点的分布状况。通过相关图，可以大致看出两个变量之间有无相关关系以及相关的形态、方向和密切程度。

例 7.2 以表 7－1 为例，绘制相关图，如图 7－2。

五、相关关系的测定

测定现象之间的相关关系有相关系数、相关指数等统计分析指标，下面介绍相关系数及其计算方法。

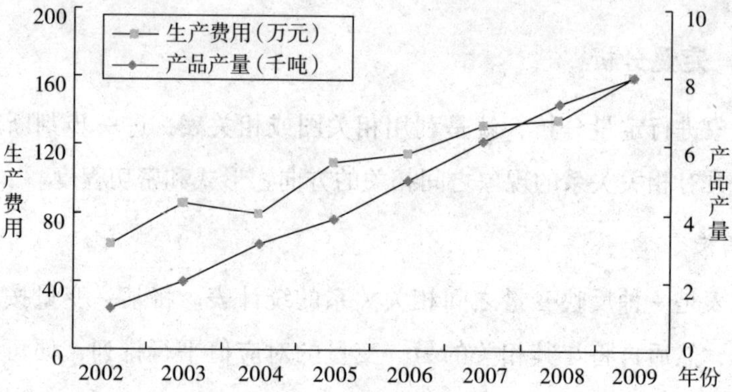

图7-2 相关图

（一）相关系数的概念及特点

1. 相关系数的概念

相关系数是指在直线相关的条件下，说明两个现象之间相关关系紧密程度的统计分析指标，用 r 表示。相关系数的取值范围和意义可概括为以下几点：

（1）r 的取值范围为：$-1 \leqslant r \leqslant 1$。

（2）r 的绝对值越接近于1，表明相关关系越强；越接近于0，表明相关关系越弱。

（3）$r=+1$ 或 $r=-1$，表明两现象完全相关。

（4）$r=0$，表明两变量无直线相关关系。

（5）$r>0$，现象呈正相关；$r<0$，现象呈负相关。实践中，一般将现象的相关关系分为四个等级，$|r|<0.3$ 表示不相关；$0.3 \leqslant |r|<0.5$ 表示低度相关；$0.5 \leqslant |r|<0.8$ 表示中度相关；$0.8 \leqslant |r|<1$ 表示高度相关。

2. 相关系数的特点

（1）两变量为对等关系，可以不区分自变量和因变量，其相关系数只有一个值。

（2）相关系数有正负号，反映正相关或负相关关系。

（3）若以抽样调查取得资料，则两变量均应有相同的随机性，这也是对等关系的要求。对全面统计资料而言，不存在随机性的问题，均为确定性资料。

(二) 简单相关系数的计算

1. 积差法公式

$$r=\frac{\sum(x-\bar{x})\ (y-\bar{y})}{\sqrt{\sum(x-\bar{x})^2}\cdot\sqrt{\sum(y-\bar{y})^2}}$$

式中：r 表示简单相关系数；x 表示自变量；y 表示因变量。该公式也可写成：

$$r=\frac{\sigma_{xy}^2}{\sigma_x\sigma_y}=\frac{\sum(x-\bar{x})\ (y-\bar{y})}{n\cdot\sigma_x\cdot\sigma_y}$$

式中：r 表示简单相关系数；$\sigma_x=\sqrt{\frac{1}{n}\sum(x-\bar{x})^2}$ 代表自变量的标准差；$\sigma_y=\sqrt{\frac{1}{n}\sum(y-\bar{y})^2}$ 代表因变量的标准差；

$\sigma_{xy}^2=\frac{1}{n}\sum(x-\bar{x})(y-\bar{y})$ 代表自变量 x 与因变量 y 的协方差。

由此可知，相关系数是两个变量协方差与两个变量标准差乘积的比。

相关系数公式的含义理解：①两个变量之间的相关程度和方向，取决于两个变量离差乘积之和 $\sum(x-\bar{x})(y-\bar{y})$，当它为0时，$r$ 为0；当它为正时，r 为正；当它为负时，r 为负；②相关程度的大小与计量单位无关。为了消除积差中两个变量原有计量单位的影响，将各变量的离差除以该变量数列的标准差，使之成为相对积差，即 $\frac{(x-\bar{x})}{\sigma_x}$ 和 $\frac{(y-\bar{y})}{\sigma_y}$，所以相关系数是无量纲的数量。

2. 简捷法

根据积差法计算简单相关系数比较麻烦，计算项目较多，会导致相关系数的数值出现一定程度的误差。将积差法公式整理变形，得出相关系数的简捷计算公式：

$$r=\frac{n\sum xy-\sum x\sum y}{\sqrt{n\sum x^2-(\sum x)^2}\cdot\sqrt{n\sum y^2-(\sum y)^2}}$$

$$r=\frac{L_{xy}}{\sqrt{L_{xx}\cdot L_{yy}}}$$

$$L_{xy}=\sum(x-\bar{x})(y-\bar{y})=\sum xy-\frac{1}{n}\sum x\cdot\sum y$$

$$L_{xx}=\sum(x-\bar{x})^2=\sum x^2-\frac{1}{n}(\sum x)^2$$

$$L_{yy}=\sum(y-\bar{y})^2=\sum y^2-\frac{1}{n}(\sum y)^2$$

利用简捷算法计算的结果与积差法计算的结果基本相同，但简捷算法少计算了一部分数值，提高了计算效率，也就相应提高了相关系数的准确性。这种方法在实际中应用最多。

3. 其他变形公式

利用相关系数积差法公式可推导出相关系数的其他计算公式：

$$r=\frac{\sum xy-n\ \bar{x}\cdot\bar{y}}{\sqrt{\sum x^2-n\bar{x}^2}\cdot\sqrt{\sum y^2-n\bar{y}^2}}$$

$$r=\frac{\overline{xy}-\ \bar{x}\cdot\bar{y}}{\sqrt{\frac{1}{n}\sum\ (x-\bar{x})^2}\cdot\sqrt{\frac{1}{n}\sum\ (y-\bar{y})^2}}$$

例 7.3　以表 7－2 为例，计算相关系数，见表 7－2。

表 7－2　相关系数计算表

年份	产量（千吨）x	生产费用（千元）y	x^2	y^2	xy
2002	1.2	620	1.44	384,400	744
2003	2.0	860	4	739,600	1,720
2004	3.1	800	9.61	640,000	2,480
2005	3.8	1,100	14.44	1,210,000	4,180
2006	5	1,150	25	1,322,500	5,750
2007	6.1	1,320	37.21	1,742,400	8,052
2008	7.2	1,350	51.84	1,822,500	9,720
2009	8.0	1,600	64	2,560,000	12,800
合计	36.4	8,800	207.54	10,421,400	45,446

$$r=\frac{8\times45446-36.4\times8800}{\sqrt{8\times207.54-36.4^2}\ \sqrt{8\times10421400-8800^2}}=0.9697$$

或者用简捷法：

$$L_{xy}=\sum xy-\frac{1}{n}\sum x\cdot\sum y=45446-\frac{1}{8}\times36.4\times8800=5406$$

$$L_{xx}=\sum x^2-\frac{1}{n}\left(\sum x\right)^2=207.54-\frac{1}{8}(36.4)^2=41.92$$

$$L_{yy}=\sum y^2-\frac{1}{n}\left(\sum y\right)^2=10421400-\frac{1}{8}(8800)^2=741400$$

$$r=\frac{L_{xy}}{\sqrt{L_{xx}\cdot L_{yy}}}=\frac{5406}{\sqrt{41.92\times 741400}}=0.9697$$

计算结果表明：产量与生产费用之间呈高度正相关关系。

第二节　一元线性回归分析

一、回归分析的概念和特点

（一）回归分析的概念

回归分析就是对具有相关关系的变量之间数量变化的一般关系进行测定，确定一个相关的数学表达式，以便进行估计或预测的统计方法。

（二）回归分析的特点

1. 在变量之间，必须根据研究目的具体情况，确定哪些是自变量，哪个是因变量。

2. 回归方程的作用在于，在给定自变量的数值情况下来估计因变量的可能值。一个回归方程只能做一种推算。推算的结果表明变量之间具体的变动关系。

3. 直线回归方程中，自变量的系数为回归系数。回归系数的符号为正时，表示正相关；回归系数的符号为负时，表示负相关。

4. 确定回归方程时，只要求因变量是随机的，而自变量是给定的数值。

（三）回归分析的类型

1. 按回归变量的个数不同可以分为一元回归分析和多元回归分析。

2. 按回归的形式不同可以分为线性回归分析和非线性回归分析。

二、一元线性回归分析

（一）一元线性回归模型的确定

设有两个变量 x 和 y，变量 y 的取值随变量 x 取值的变化而变化，我们称 y 为因变量，x 为自变量；反之亦然。一般来说，对于具有线性相关关系的两个变量，可以用一条直线方程来表示它们之间的关系，即：

$$y \text{ 倚 } x \text{ 回归方程}, \hat{y} = a + bx$$

$$x \text{ 倚 } y \text{ 回归方程}, \hat{x} = c + dy$$

上述模型中，$\hat{y}$ 和 $\hat{x}$ 为回归估计值；a 和 c 是两条直线的截距，b 和 d 是两条直线的回归系数。a，b，c，d 都是待定参数，通常采用最小平方法计算。

（二）参数 a，b 的最小二乘估计

就 y 倚 x 回归方程来讲，参数 a，b 的最小二乘估计的基本原理是：要使配合的方程 $\hat{y} = a + bx$ 最能概括反映观察值的变化规律。所配合直线模型使得离差的平方和为最小，即 $\sum (y - \hat{y})^2$ 等于最小值的 a，b 值。

令 $Q(a,b) = \sum (y - \hat{y})^2 = \sum (y - a - bx)^2$

要使函数 $Q(a,b)$ 有极小值，则必须满足函数对参数 a，b 的一阶偏导等于0，

$$\begin{cases} \dfrac{\partial Q}{\partial a} = 0 \\ \dfrac{\partial Q}{\partial b} = 0 \end{cases}$$

即：

$$\begin{cases} \sum 2(y - a - bx)(-1) = 0 \\ \sum 2(y - a - bx)(-x) = 0 \end{cases}$$

整理得标准方程组：

$$\begin{cases} \sum y = an + b\sum x \\ \sum xy = a\sum x + b\sum x^2 \end{cases}$$

解该方程组得：

$$\begin{cases} b = \dfrac{n\sum xy - \sum x \sum y}{n\sum x^2 - (\sum x)^2} = \dfrac{\overline{xy} - \bar{x} \cdot \bar{y}}{\sigma^2} \\ a = \dfrac{\sum y}{n} - b\dfrac{\sum x}{n} = \bar{y} - b\bar{x} \end{cases}$$

例 7.4　仍以表 7－1 的资料，建立一元线性回归模型。

解：根据表 7－2 的计算数据代入参数 a，b 的最小二乘估计方程，

$$b = \frac{8 \times 45446 - 36.4 \times 8800}{8 \times 207.54 - 36.4^2} = 128.9599$$

$$a = \frac{8800}{8} - 128.9599 \times \frac{36.4}{8} = 513.2325$$

或者：

$$b = \frac{L_{xy}}{L_{xx}} = \frac{5406}{41.92} = 128.9599$$

$$a = \frac{\sum y}{n} - b\frac{\sum x}{n} = \frac{8800}{8} - 128.9599 \times \frac{36.4}{8} = 513.2325$$

一元线性回归模型为：$\hat{y} = 513.23 + 128.96x$

以上模型结果表明，产品产量每增加 1,000 吨，生产费用平均增加 128,960元。

（三）相关系数 r 与回归系数 b 的关系

从前面求解相关系数 r 的公式中知道，$r = \dfrac{L_{xy}}{\sqrt{L_{xx} \cdot L_{yy}}}$，则由此可导出以下关系式：

$$r = \frac{L_{xy}}{\sqrt{L_{xx} \cdot L_{yy}}} = \frac{L_{xy} \cdot \sqrt{L_{xx}}}{L_{xx} \cdot \sqrt{L_{yy}}} = \frac{L_{xy} \cdot \sqrt{\dfrac{L_{xx}}{n}}}{L_{xx} \cdot \sqrt{\dfrac{L_{yy}}{n}}} = b \cdot \frac{\sigma_x}{\sigma_y}$$

所以，两者的关系为：$r = b \cdot \dfrac{\sigma_x}{\sigma_y}$；或：$b = r \cdot \dfrac{\sigma_y}{\sigma_x}$。

利用这一关系，一方面可由相关系数求回归系数，也可由回归系数求相关系数；另一方面还可看出相关系数与回归系数的符号总是一致的。

三、估计标准误差

（一）估计标准误差的概念

直线回归是在直线相关条件下，反映变量之间一般数量关系的平均线。根据直线回归方程，知道了自变量的数值，就可以通过线性回归方程 $\hat{y} = a + bx$ 推算出因变量的数值。但是，推算出来的因变量的数值 $\hat{y}$ 并不是精确的数值，它是一个估计值，与实际值 y 之间存在着差异（即 y 与 $\hat{y}$ 之间存在或正或负的误差）。两者之间误差的大小，可以用回归估计标准差这个综合指标来反映。

估计标准误差就是用来说明回归方程推算结果的准确程度的统计分析指标，或者说是反映回归直线代表性大小的统计分析指标。

（二）估计标准误差的测定

1. 定义公式

根据估计标准误差的定义，用因变量实际值和估计值的离差来计算。

计算公式如下：$S_y = \sqrt{\dfrac{\sum (y - \hat{y})^2}{n - 2}}$

S_y 表示估计标准误差；y 表示因变量数列的实际值；$\hat{y}$ 表示因变量数列的估计值；$n-2$ 表示自由度。

公式中的分母除以（$n-2$），而不是除以 n，是因为根据样本资料，采用最小平方法求参数 a 和 b 时，受方程组中两个参数的约束，失去了两个自由度。在大样本条件下，也可用简化公式：

$$S_y = \sqrt{\frac{\sum (y - \hat{y})^2}{n}}$$

回归估计标准差的计量单位与因变量的计量单位相同。计算原理与前面介绍的标准差是一致的，它们都是反映平均差异程度和表明代表性的指标。前述的一般标准差反映的是各变量值与其平均数的平均变异程度，表明其平均数对各变量值的代表性强弱；回归估计标准差反映的是因变量各实际值与其估计值之间的平均差异程度，表明其估计值对各实际值的代表性强弱，其值越小，估计值 $\hat{y}$（或回归方程）的代表性越强，用回归方程估计或预测的结果越准确。正因如此，估计标准误差，也叫做估计标准差或回归标准差。

2. 实际计算公式和举例

上述计算估计标准误差的方法是用平均误差来表现的，但是计算比较麻烦，须计算出所有观察点的估计值。如果在已经求出回归方程，即参数 a 和 b 已知的前提条件下，则有一个比较简便的计算方法。

简捷计算公式：$S_y = \sqrt{\dfrac{\sum y^2 - a\sum y - b\sum xy}{n-2}}$

大样本条件下公式为：$S_y = \sqrt{\dfrac{\sum y^2 - a\sum y - b\sum xy}{n}}$

例 7.5　某轻工公司所属 8 个厂的材料如表 7-3，试计算估计标准误差。

表 7-3　某轻工公司所属 8 个厂的材料

工厂（序号）	新增生产性固定资产 x（万元）	生产的增加值 y（万元）	x^2	y^2	xy	$\hat{y}$	$y-\hat{y}$	$(y-\hat{y})^2$
1	18	54	324	2,916	972	46.83	7.16	51.27
2	22	62	484	3,844	1,364	65.39	-3.39	11.49
3	25	70	625	4,900	1,750	79.31	-9.31	86.67
4	30	104	900	10,816	3,120	102.51	1.49	2.22
5	36	130	1,296	16,900	4,680	130.35	-0.35	0.123
6	40	160	1,600	25,600	6,400	148.91	11.09	122.99
7	47	170	2,209	28,900	7,990	181.39	-11.39	129.73
8	50	200	2,500	40,000	10,000	195.31	4.69	21.99
合计	268	950	9,938	133,876	36,276	950	0	426.83

解：首先，根据公式要求，需先求出回归直线 $\hat{y} = a + bx$

$$b = \frac{n\sum xy - \sum x\sum y}{n\sum x^2 - (\sum x)^2} = \frac{8\times 36276 - 268\times 950}{8\times 9938 - 268^2} = 4.64$$

$$a = \bar{y} - b\bar{x} = \frac{950}{8} - 4.64\times\frac{268}{8} = -36.69$$

从而得出回归直线：$\hat{y} = a + bx = -36.69 + 4.64x$

从表中可知：$\sum x = 268$；$\sum y = 950$；$\sum xy = 36276$；$\sum y^2 = 133876$

$$S_y = \sqrt{\frac{\sum (y-\hat{y})^2}{n-2}} = \sqrt{\frac{426.83}{8-2}} = 8.43$$

该直线的估计标准误差为 8.43 万元。

根据例 7.5，数据用简捷公式计算如下：

$$S_y = \sqrt{\frac{\sum y^2 - a\sum y - b\sum xy}{n-2}} = \sqrt{\frac{133876 + 36.69 \times 950 - 4.64 \times 36276}{8-2}} = 8.43$$

直线的估计标准误差为 8.43 万元。

（三）回归估计标准差和相关系数的关系

在进行回归分析时，所给出的各样本观察值表明的是变量之间的具体对应数值。在自变量给定的条件下，因变量 y 的实际值有大有小，上下波动。对每一个观察值来说，波动的大小可用离差（$y-\bar{y}$）来表示，如图 7－3。离差产生的原因有两个方面：一是受自变量 x 变动的影响；二是受其他因素的影响（包括观察或实验中产生的误差的影响）。

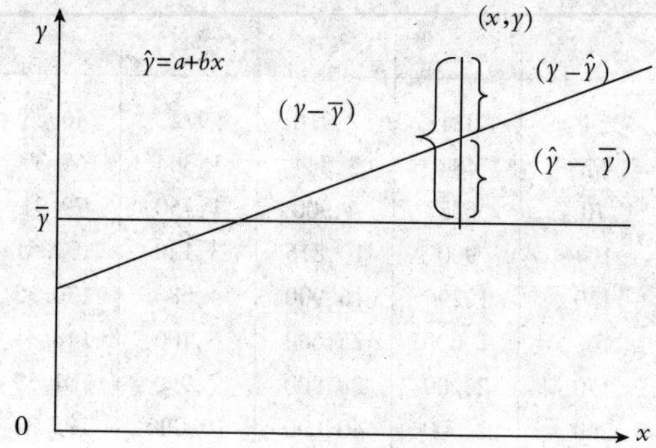

图 7－3　离差分解图

从图 7－3 中可以看出：每个观察点的离差可以分解为两部分，即：

$$y-\bar{y} = (y-\hat{y}) + (\hat{y}-\bar{y})$$

式中，$(y-\hat{y})$ 称为剩余离差；$(\hat{y}-\bar{y})$ 称为回归离差。

将 n 个观察值总的波动大小用总离差平方和 $\sum (y-\bar{y})^2$ 来表示。也就是将上边公式两边平方，然后对所有的（n 个）点求和，则有：

$$\sum (y-\bar{y})^2 = \sum [(y-\hat{y}) + (\hat{y}-\bar{y})]^2 = \sum (y-\hat{y})^2 + 2\sum (y-\hat{y})(\hat{y}-\bar{y}) + \sum (\hat{y}-\bar{y})^2$$

式中，交错的乘积项 $\sum(y-\hat{y})\cdot(\hat{y}-\bar{y})$ 等于零，因而总离差平方和为：

$$\sum(y-\bar{y})^2 = \sum(y-\hat{y})^2 + \sum(\hat{y}-\bar{y})^2$$

即：总离差平方和 = 剩余平方和 + 回归平方和

剩余平方和又称残差平方和，它反映了自变量 x 对因变量 y 的线性影响之外的一切因素（包括 x 对 y 的非线性影响和测量误差等）对因变量 y 的作用。

回归平方和则表示在总离差平方和中，由于 x 与 y 的线性关系而引起的因变量 y 变化的部分。

回归效果的好坏取决于回归平方和在总离差平方和中的比重。该比重越大，剩余平方和在总离差平方和中所占的比重则越小，此时所有观察点距离回归直线就越近，即 x 与 y 的线性相关程度越高，线性回归分析的效果越好；反之，在总离差平方和中若回归平方和所占比重小，剩余平方和所占比重就大，此时所有观察点离回归直线就越远，x 与 y 的线性相关程度也就越低。因此，回归平方和在总离差平方和中的比重大小可以作为衡量两个变量之间相关关系大小和说明回归拟合的优劣程度。这个比重称为判定系数，记为 r^2。

$$r^2 = \frac{\sum(\hat{y}-\bar{y})^2}{\sum(y-\bar{y})^2} = \frac{\sum(y-\bar{y})^2 - \sum(y-\hat{y})^2}{\sum(y-\bar{y})^2} = 1 - \frac{\sum(y-\hat{y})^2}{\sum(y-\bar{y})^2}$$

判定系数 r^2 还可以用简化式计算：

$$r^2 = \frac{a\sum y + b\sum xy - n\bar{y}^2}{\sum y^2 - n\bar{y}^2} \qquad 0 \leqslant r^2 \leqslant 1$$

r^2 表示全部偏差中有百分之几的偏差可由 x 与 y 的回归关系来解释，用于判定回归方程的拟合优度，其值介于 0 与 1 之间。r^2 越接近 1，表示回归直线与样本点 (x_i, y_i) 拟合得越好，反之越差。$r^2=1$，说明全部样本观察值都在估计回归直线上，样本观察值 y 与回归值 $\hat{y}$ 完全拟合，即 y 的变动全部都可以由 x 来解释。

例 7.6　根据表 7－3 的资料，再借用回归分析中已确定的 a、b 值，即：

$$\sum y = 950；\sum xy = 36276；\sum y^2 = 133876；n = 8；$$

$$a = -36.69；b = 4.64；\bar{y} = 118.75$$

代入公式得：

$$r^2 = \frac{a\sum y + b\sum xy - n\bar{y}^2}{\sum y^2 - n\bar{y}^2}$$

$$r^2 = \frac{-36.69 \times 950 + 4.64 \times 36276 - 8 \times 118.75^2}{133876 - 8 \times 118.75^2} = 0.98$$

即：$r = 0.989$

判定系数 r^2 为0.98，表明在生产的增加值 y 的变化中，有98%可以由新增生产性固定资产的大小来解释。

为了表明结果的准确性和一致性，可根据前面计算相关系数的简捷公式进行验证计算，

$$r = \frac{L_{xy}}{\sqrt{L_{xx}L_{yy}}}$$

根据表7－3可计算出，$L_{xy} = 4451$；$L_{yy} = 21063.5$；$L_{xx} = 960$

则 $r = \frac{L_{xy}}{\sqrt{L_{xx}L_{yy}}} = \frac{4451}{\sqrt{960 \times 21063.5}} = 0.989$，由此得知数值结果一致。

将该公式开方即可得到相关系数，即相关系数又可以表示为：

$$r = \sqrt{1 - \frac{\sum (y - \hat{y})^2}{\sum (y - \bar{y})^2}}$$

在大样本条件下，有：

$$\sum (y - \bar{y})^2 = n\sigma_y^2 \quad \sum (y - \hat{y})^2 = nS_y^2$$

因此，回归估计标准差和相关系数这两个指标之间有如下数量关系：

$$r = \sqrt{\frac{\sigma_y^2 - S_y^2}{\sigma_y^2}} = \sqrt{1 - \frac{S_y^2}{\sigma_y^2}}$$

这也是相关系数的一种计算方法，但是这种计算方法一般并不使用，因为它要求先配合回归直线，解出直线回归方程，计算出估计标准误差，然后才能进行这种推算。而从认识的一般程序来讲，首先要知道现象间关系是否密切，如果关系不密切，配合回归直线的价值不大，则不必进行下一步的计算。只有证明了相关关系比较密切，回归直线有实用价值，才配合回归直线，并用它来进行估计或预测，而且只有这样计算出来的 r，才能判断现象之间是正相关还是负相关。

所以实际工作中常常采用另一种推算方法，即根据相关系数 r 去推算估计标准误差 S_y，推算公式可以从上述关系公式推演出来。

由于 $r=\sqrt{1-\frac{S_y^{\ 2}}{\sigma_y^{\ 2}}}$，$r^2=1-\frac{S_y^{\ 2}}{\sigma_y^{\ 2}}$，则 $S_y^{\ 2}=\sigma_y^{\ 2}(1-r^2)$

因此：$S_y=\sigma_y\sqrt{1-r^2}$

该公式反映出相关系数和估计标准误差之间的相互关系。在数值的大小上两者表现为相反的关系，即：

1. r 值越大，S_y 值越小。

r 值越大，说明相关程度越密切，这时 S_y 值越小，也就是相关点距离回归直线比较近。当 r 值大到 $r=\pm1$ 时，即完全相关的时候，则 $S_y=\sigma_y\sqrt{1-r^2}=0$，即估计标准误差等于0。从相关图上看，就是说所有的相关点全在回归直线上，也就是完全相关。

2. r 值越小，S_y 值越大。

r 值越小，说明相关程度越不密切，这时 S_y 值越大，也就是相关点距离回归直线比较远。当 r 值小到 $r=0$ 时，即完全不相关的时候，则 $S_y=\sigma_y\sqrt{1-r^2}=\sigma_y$，即估计标准误差等于 y 数列的标准差。这说明相关点与回归直线的距离和相关点与 y 数列的平均线的距离一样，也就是说，回归直线和 y 数列的平均线是同一条线。在这种情况下，相关点的 x 值不管怎样变化，$\hat{y}$ 的值始终不变，永远等于 y 数列的平均值，这当然就是不相关了。

总之，相关系数和估计标准误差都可以从不同的角度来说明相关关系密切与否。相关系数是说明现象间相关关系紧密程度的指标，同时也从另一方面间接反映了回归估计标准差的大小，反映了回归估计的精确度；回归估计标准差这个指标，直接说明了回归估计误差的大小，即回归估计的精确度，同时又从另一方面间接反映了现象间相关关系的紧密程度。

第三节　多元线性回归分析与曲线回归

多元线性回归分析是利用回归分析的原理，寻找因变量与多个自变量之间的变化规律，以建立回归模型，并利用所建立的回归模型进行预测。多元回归分析可分为线性和非线性两种，这里仅以二元线性回归为例来说明多元线性回归分析的原理与方法。

一、二元线性回归分析

一个因变量 y 与两个自变量 x_1, x_2 呈线性相关，则可建立二元线性回归模型：

$$\hat{y} = a + b_1 x_1 + b_2 x_2$$

式中：$\hat{y}$ 为因变量的估计值，a 为回归常数，b_1, b_2 为回归系数，x_1, x_2 为自变量。在一元线性回归分析中，我们利用最小二乘法推导出待定参数 a, b 的计算公式。同样，也可根据最小二乘法推导出二元线性回归方程的参数 a, b_1, b_2 的值。依据最小二乘法，要使实际值与对应估计值之间的残差平方和 $Q = \sum e_i^2$ 最小，参数 a, b_1, b_2 应满足的条件是：

$$\begin{cases} \dfrac{\partial Q}{\partial a} = 2\sum(y - a - b_1 x_1 - b_2 x_2) = 0 \\ \dfrac{\partial Q}{\partial b_1} = 2\sum(y - a - b_1 x_1 - b_2 x_2)(-x_1) = 0 \\ \dfrac{\partial Q}{\partial b_2} = 2\sum(y - a - b_1 x_1 - b_2 x_2)(-x_2) = 0 \end{cases}$$

上式整理，可得到关于 a, b_1, b_2 的正规方程组：

$$\begin{cases} \sum y = na + b_1 \sum x_1 + b_2 \sum x_2 \\ \sum x_1 y = a \sum x_1 + b_1 \sum x_1^2 + b_2 \sum x_1 x_2 \\ \sum x_2 y = a \sum x_2 + b_1 \sum x_1 x_2 + b_2 \sum x_2^2 \end{cases}$$

由于公式的计算量比较大，可以借助统计软件进行计算。

例7.7　某连锁经营公司主要通过电视与报纸渠道进行广告宣传，其不同地区的十家连锁店销售额与电视广告支出、报纸广告支出的有关资料如表7－4所示。试分析上述三个变量之间的关系，并建立销售额对电视广告支出与报纸广告支出的二元线性回归方程。

表 7-4 十家连锁店销售额与电视、报纸广告支出情况表 万元

序号	销售额	电视广告支出	报纸广告支出
1	560	5	5
2	620	6	6.5
3	670	8	7
4	675	7	8
5	728	8	9
6	752	9	9
7	776	9	10
8	810	10	10
9	865	10	12
10	980	12	15

解：借助统计软件，经计算机运算，得：

$$a = 307.418$$

$$b_1 = 22.109$$

$$b_2 = 27.373$$

所以，连锁店销售额对电视广告支出和报纸广告支出的回归方程为：

$$\hat{y} = 307.418 + 22.109x_1 + 27.373x_2$$

该回归方程说明，若报纸广告费不变，电视广告支出每增加 1 万元，销售额平均增加 22.109 万元；若电视广告费不变，报纸广告支出每增加 1 万元，销售额平均增加 27.373 万元。基于以上估计，报纸广告效果优于电视广告效果。

二、非线性回归分析

在对社会经济现象的研究中，所研究现象之间的关系是多种多样且十分复杂的，常常不能够用直线方程加以表现。如果通过图形来观察，其散点的分布近似地表现为各种不同的非直线形式，如双曲线、指数曲线、对数曲线、幂函数曲线、S 型曲线等。这种相关关系称为非线性相关，也称曲线相关。在这种情况下，就需要根据相关关系的不同情况用不同的曲线方程来加以表现和分析。非线性回归按自变量的个数也可分为一元非线性回归和多元非线性回归。其中，较常见的是一元非线性回归。

在许多情况下，非线性回归问题可以通过变量的变换，使其转化成线性回归问题，然后应用前面介绍过的线性回归分析法来解决非线性回归问题。

（一）非线性回归分析的步骤

1. 确定自变量 x 与因变量 y 之间基本函数关系的类型。除了从理论上判断或根据实际经验来确定两个变量之间的函数关系外，可以在平面直角坐标系上刻画出双变量数据数列每对数据的坐标位置，对其散点图构成的分布形状及其趋势特征做出分析，选择最适合的回归曲线来加以拟合。

2. 估计待拟合回归方程式中的未知参数。对于通过变量变换能化曲线为直线的回归方程，用最小二乘法估计其函数关系变换后的参数，建立模型。

3. 将曲线关系变换为一元线性回归模型后，按线性回归模型的方法进行配置，以寻求最优模型。

4. 根据建立的回归模型进行预测。

（二）几种常见的非直线形式的转换

下面，将社会经济现象中一些常用的曲线类型及相应的线性变换公式列举如下：

1. 双曲线

$\frac{1}{y} = a + b\frac{1}{x}$，令：$y' = \frac{1}{y}$，$x' = \frac{1}{x}$；则有：$y' = a' + b'x$

2. 幂函数曲线

$y = a \cdot x^b$，令：$y' = \lg y$，$x' = \lg x$，$a' = \lg a$；则有：$y' = a' + bx'$

3. 对数曲线

$y = a + b\lg x$，令：$x' = \lg x$；则有：$y = a + bx'$

4. 罗辑斯蒂曲线（也叫 S 型曲线）

$y = \frac{1}{a + b \cdot e^{-x}}$，令：$y' = \frac{1}{y}$，$x' = e^{-x}$；则有：$y' = a' + b'x$

由此可以看出，许多的非线性曲线通过不同的设置假定，最后能够变换成线性的基本形式，从而用最小二乘法求解参数来达到目的，并运用直线回归的一系列检测方法来进行最优模型的拟合。

三、运用回归分析应注意的问题

相关与回归分析是重要的统计分析方法，在统计学知识体系中占有重要的地位。它对于我们加深现象间相互依存关系的认识，促使这种认识由定性阶段进入定量阶段都具有重要意义。但是，在运用回归分析的过程中还应注意以下几点：

（一）注意现象的复杂性

在选择对因变量的影响因素时要选择影响因变量的主要因素。一种现象产生的结果往往受多种因素的影响，在进行回归分析时，自变量越多，计算工作量越大，分析也越复杂，从而影响工作的效率。因此，应选择主要自变量来进行分析研究。

（二）正确理解回归系数

回归系数值的大小不表示变量之间相关关系的密切程度，只是表示自变量与因变量变动的比率关系。

（三）注意相关系数与回归方程有效性的检验

在进行相关与回归分析中所得出的相关系数、回归直线模型、估计标准误差等都是根据样本数据计算出来的，但所作的结论却是针对总体的。因而，在进行回归分析时，应检验回归模型的有效性。

（四）充分发挥计算机的作用

当变量较多，数据较大时，用手工方法进行定量分析，往往难度很大。计算机的应用与发展为进行回归分析提供了便利。可以使用专门开发的统计回归分析软件来建立回归模型、求解参数、测定相关系数、计算估计标准误差等。

本章小结

相关分析和回归分析是研究变量之间相关关系的两种基本方法。所谓相关分析，就是用一个指标（相关系数）来反映变量之间相关关系的方向和密切程度。相关系数是刻画两变量间线性相关关系的方向和程度的一个统计测量指标。当相关系数 $0<r\leqslant1$ 时为正相关，$-1\leqslant r<0$ 时为负相关，当 $r=0$ 时为不相关。相关系数的值总是介于 -1 和 $+1$ 之间。

回归分析则是研究变量之间相互关系的具体形式，它对具有相关关系的变量之间的数量关系进行测定，确定一个相关的数学表达式。简单线性回归模型 $\hat{y}=a+bx$ 的配置原理是采用最小二乘法。通过参数 a 和 b 的求解，从而把变量之间的具体关系式表现出来，形象地反映出自变量和因变量之间数量上的相关关系。

本章练习题

1. 相关分析与回归分析有何差异？

2. 某地区数据如下：

年份	农村居民人均纯收入（元）	农村居民人均消费（元）	年份	农村居民人均纯收入（元）	农村居民人均消费（元）
1985	397.6	349	1997	2090.1	1722
1986	423.8	378	1998	2162	1730
1987	462.6	421	1999	2210.3	1766
1988	544.9	509	2000	2253.4	1860
1989	601.5	549	2001	2366.4	1969
1990	686.3	560	2002	2475.6	2062
1991	708.6	602	2003	2622.2	2103
1992	784	688	2004	2936.4	2301
1993	921.6	805	2005	3254.9	2360
1994	1221	1038	2006	3587	2847
1995	1577.7	1313	2007	4140.4	3265
1996	1926.1	1626	2008	4760.6	3730

要求应用上述数据，

（1）在 Excel 中通过列表计算，给出消费函数模型；

（2）在 Excel 中通过回归函数，给出消费函数模型；

（3）在 Excel 中通过回归趋势线，给出消费函数模型；

（4）在 Excel 中通过回归分析工具，给出消费函数模型；

（5）说明所建立的消费函数中参数的实际意义；

（6）进行假设检验。

第八章

国民经济核算简介

【本章学习目的和要求】

国民经济核算是对一个国家（或地区）国民经济运行过程的系统描述，掌握《国民经济核算》知识对从事宏观经济调控与管理、经济分析与规划、行业与市场分析、投融资研究与风险分析等均有重要的作用。本章阐述了国民经济核算的基本问题、国民账户体系和方法、我国国民账户体系的基本框架。通过本章学习，要求学生了解国民经济核算的意义，掌握有关国民经济核算基本概念及基本结构、国民账户体系的内容和方法，了解我国国民账户体系的基本框架。

第一节　国民经济核算的基本问题

一、国民经济核算的意义

国民经济是由各行各业构成的，是各个部门的总和，它的基本细胞是各个企业、事业和行政单位及居民户。国民经济运行，从宏观角度看就是社会再生产过程，即从生产、分配、交换直至最终使用（消费）的周而复始的经济循环。所以，国民经济是由各活动部门的横向关系和社会再生产各环节的纵向关系相互交叉构成的网络体，其复杂运行过程需要国家进行有效的控制和调节。宏观经济调控就是国家通过制定经济政策，运用经济杠杆和其他手段对国民经济运行进行控制和调节，以达到社会总供给和社会总需求的平衡（包括构成上的平衡），保证国民经济快速、协调和健康地发展。从事国民经济管理，一方面要对国民经济活动作定性分析，把握经济运行的总情况和总趋势；另一方面还要对国民经济活动作定量分析，从数量表现和数量关系上把握国民经济整体及其组成部分的运行状况。这就是国民经济核算产生和发展的依据和条件。

国民经济核算是以一个国家（或地区）经济和社会再生产过程为对象的宏观核算。它以一定的经济理论为指导，综合应用统计、会计和数学等方法，对一个国家（或地区）在一定时期内的经济活动及其结果进行的全面、系统的计算、测定及描述，从数量上反映国民经济运行状况及社会再生产过程中生产、分配、交换、使用（消费）各环节间以及国民经济各部门之间的内在联系，为国家宏观经济管理提供依据。

国民经济核算简称国民核算，它有广义和狭义两种不同的理解。广义的国民经济核算是指现有国家统计系统对全国、全社会所进行的全部核算内容；狭义的国民经济核算是指适应国民经济宏观管理需要所进行的以国民经济为整体的核算，或以社会再生产为整体的核算。与狭义的国民经济核算相对应的是部门经济核算或专业经济核算。因此，广义的国民经济核算包括了上至国家统计局，下至各个企事业单位的核算，逐级汇总，进行分析，发表统计公报，提供全国性统计资料在内的全部工作。狭义的国民经济核算只是指国民经济最高层次上的综合核算，主要包括国内生产总值核算、投入产出核算、资金流量核算、国际收支核算和资产负债核算五大内容。狭义的国民经济核算建立在广义的国民经济核算的基础上，而广义的国民经济核算必须纳入狭义的国民经济核算的范围和要求，才能做到相互结合，相得益彰。广义的国民经济核算和狭义的国民经济核算密切联系，不能截然分开。

国民经济核算包括统计核算、会计核算和业务技术核算在内，三者都是国民经济核算的重要组成部分，但它们在不同层次上有着很大的区别。在基层企事业单位的微观核算中，会计提供大量重要的信息资料，占据中心的地位。然而，在宏观层次上的核算，则以统计核算为主。所以，狭义的国民经济核算又可称为国民经济统计，在全国、各省（自治区）市，都由国家统计局和省（自治区）市统计局的有关司处承担这项核算的组织工作和具体核算任务。

概括起来，国民经济核算具有以下作用：

（一）它是反映国民经济运行状况的有效工具

国民经济核算通过一系列科学的核算原则和方法，把描述国民经济各个方面的基本指标有机地联系起来，它所提供的信息既涉及不同类型的经济活动，又涉及经济中的不同部门，它可以监测许多主要的经济流量（生产、消费、资本形成、进出口等）的动态情况，为复杂的国民经济运行过程勾画出一幅简明的图像，大大提高了人们了解和把握国民经济运行的能力。

（二）它是进行宏观经济管理、制定经济政策的重要依据

国民经济核算提供的有关生产、收入分配、投资、对外经济往来等整个国民经济运行状况系统而详细的数据，是制定中长期规划和年度计划，制定财政政策、货币政策、产业政策、收入分配政策、对外经济政策的重要基础和依据。

（三）它可以进行国际比较

国民经济核算是以一种标准的国际通用的概念、定义和分类形式向国际组织报告核算数据的体系。由此产生的数据可以进行广泛的国际比较，如GDP、人均 GDP 等，还可用于统计数据结构比较。

（四）它是微观决策的重要依据

在现实经济生活中，国民经济核算也是企业和住户进行生产、消费和投资的重要决策依据之一，国民经济核算部门能否提供准确和丰富的国民经济核算信息，直接影响到它们的决策和决策的科学性。

二、国民经济核算发展过程简述

国民经济核算是近代经济发展的产物。在国民经济核算的发展史上，英国经济学家 R. 斯通和美国经济学家 S. 库兹涅茨做出了重要贡献，前者主要领导了联合国国民经济核算的研究和统计制度制定工作；后者以美国全国经济研究所（NBER）为基础，创立和发展了美国国民经济核算理论方法和实际统计工作。两位经济学家因为在国民经济核算方面的杰出贡献，获得了诺贝尔经济学奖。联合国的国民经济核算指导工作，对世界各国的国民经济核算理论与实践的发展发挥了根本性的作用。

在国民经济核算的发展过程中曾经出现过两个并行的核算体系，一个是国民账户体系（System of National Accounts，英文缩写 SNA）；另一个是物质产品平衡表体系（Material Product System，英文缩写 MPS）。

（一）国民账户体系（SNA）及其演变

1. 旧国民账户体系（简称旧 SNA）阶段

联合国在 1947 年公布的《国民收入的计量和社会核算表的编制》和在 1953 年公布的《国民核算表及补充表体系》（称旧 SNA），其核算内容是以国民收入的生产、分配和使用为基础来描述国民经济运行的一种国民账户体系。1957—1969 年，采用联合国国民账户体系的国家和地区从 70 个发展到 120 个。采用国民账户体系对这些国家的经济分析、政策研究、经济发展规划制定，以及宏观调控和管理发挥了重要作用。

2. 新国民账户体系（简称新 SNA）阶段

联合国在 1968 年公布了《国民账户体系》，简称新 SNA。新国民账户体系（即新 SNA），是在国民收入生产、分配和使用核算基础上，又引入了投入产出核算、资金流量核算、国际收支核算和资产负债核算及国民财富的核算，从而在内容上更适应市场经济过程的描述和国民经济管理的要求。

新 SNA 于 1970 年在世界各国推行实施后，有将近 170 多个国家采用推行。1993 年联合国第二十七届统计委员会会议又通过了关于 SNA 的修改方案，进一步改进和完善了国民账户体系。

（二）国民经济平衡表体系（MPS）及其演变

在国民账户体系发展过程中，曾出现与之平行存在的国民经济平衡表体系或称物质产品平衡表体系（The System of Material Product Balances，英文缩写 MPS），这是由前苏联创立的。

国民经济平衡表体系是以高度集中的计划经济管理体制下的计划经济过程和统一计划管理要求设计和产生的，世界上曾有十几个国家（包括我国）实行过。

国民账户体系（SNA）与物质产品平衡表体系（MPS）的主要区别：

1. 社会生产核算范围不同

MPS 仅限于物质产品生产，把非物质生产部门的服务活动排除在生产领域之外；SNA 生产范围覆盖整个国民经济（既包括物质生产部门，也包括非物质生产部门)，可完整反映全社会的经济活动。

2. 核算内容不同

MPS 主要反映物质产品的生产、交换和使用的实物运动；SNA 除了核算货物和服务的实物流量外，还注重核算收入分配、金融交易等资金流量和资产负债存量，能更好地反映社会再生产中实物运动与价值运动交织在一起的复杂运动过程。

3. 核算方法不同

MPS 主要采用平衡法，侧重每张表内部的平衡，表与表之间的衔接不够严密；SNA 采用复式记账法，通过账户体系把社会再生产各环节、国民经济各部门紧密衔接起来。

20 世纪 80 年代后期以来，社会主义国家纷纷转向市场经济和改革开放，因此国民账户体系的国际一体化逐渐形成，目前国际上基本上全部实行 SNA 基础上的国民账户体系。

三、有关国民经济核算的基本概念

（一）国民经济核算的单位和部门

要研究国民经济核算的对象首先要了解国民经济活动的单位和部门。国民经济的活动单位可分为两类：机构单位和产业活动单位。它们是国民经济核算的微观基础。国民经济的活动的部门也可分为两类：机构部门和产业部门。将所有机构部门或产业部门的经济活动综合起来就构成一个国家国民经济总体的核算。

1. 机构单位和机构部门

（1）机构单位及其分类。机构单位是指有权拥有资产和承担负债，能独立从事各种经济活动并与其他实体进行交易的经济实体。在我国现实生活中有两种机构单位：一种是法人单位（即由法律或社会实体组成的机构单位），它包括企业、公司、政府、集团等；另一种是住户（居民）。机构单位具有以下特点：第一，有权独立拥有货物和资产、发生负债，能够与其他机构单位交换货物或资产的所有权；第二，能够做出负有直接法律责任的经济决定和从事相应的经济活动；第三，能以自己的名义承担负债、其他义务或未来承诺，并能签订契约；第四，能够编制出一套完整的包括资产负债表在内的在经济和法律上有意义的账户。

机构单位按经济活动的市场特征，可以分为营利性机构单位和非营利性机构单位。两者的主要区别在于是否以营利为目的，一般企业、公司多为营利性机构单位；非营利性机构单位主要是政府单位和以慈善为目的的组织，以及消费者协会、工会、宗教、学术团体等。从一国国民经济核算出发，机构单位又可以分为常住机构单位和非常住机构单位。

常住机构单位（即常住单位）是指在一国（或地区）经济领土上具有经济利益中心的经济单位。经济领土是指该国政府控制的领土、领海、领空和具有捕捞与海底开采管辖权的大陆架，还包括在国外的领土飞地（即驻外使馆和领馆用地等），但不包括国外驻该国的使馆和领馆用地。经济利益中心是指一经济单位或个人（常住单位）在一国经济领土范围内拥有一定的场所（如厂房或住宅），从事一定规模的生产和消费活动，并持续经营或居住一年以上的经济活动和交易。

非常住机构单位（即非常住单位）是作为国外经济单位来处理的。常住机构单位与非常住机构单位是划分国内经济活动与国外经济活动核算的基本依据。

（2）机构部门。机构部门是由具有同质（主要职能、从事的主要活动及其目的基本相同）的机构单位的集合。它包括：非金融企业部门、金融机构部门、政府部门、居民（住户）部门、为居民服务的非营利机构部门和国外部门。

①非金融企业部门。它主要是指从事生产市场上的产品和非金融服务的机构单位（即它是由不从事金融活动的所有常住法人企业组成，包括具有法人资格的各种经济类型的企业，如工商企业、建筑企业等）。

②金融机构部门。指从事金融中介活动或辅助金融活动的机构单位（即它是由从事金融媒介活动的所有常住法人单位组成，包括银行和非银行金融机构）。

③政府部门。它除负有政治责任和进行经济调节作用外，主要生产用于公共消费的非市场服务以及对收入和财富进行再分配。在我国，目前政府部

门包括财政和行政事业单位两部分。

④居民（住户）部门。它包括居民家庭和非法人企业的企业主。该部门的主要职能是提供劳动力，进行最终消费和企业主（个体）的生产活动（即由所有常住居民户组成，其中包括含住户的所有个体经济单位）。

⑤为居民服务的非营利机构部门。它是法律实体，不以追求利润为目的，主要从事为居民家庭生产非市场性服务（如消费者协会、社会福利院、学术团体等，其活动经费主要是由各种捐赠的资金来源负担）。

⑥国外部门。指与该国从事经济活动的全部非常住机构单位（即所有非常住机构单位放在一起，组成国外部门）。注意：就一国国民经济核算而言，并非要核算国外部门的所有活动，只是为反映国外部门与该国常住机构单位之间的相互交易关系并使国民经济核算系统化。

2. *产业活动单位和产业部门*

（1）产业活动单位。产业活动单位是指位于一个地点，从事一种或主要从事一种类型生产活动并具有收入和支出会计核算资料的生产单位。注意：产业活动单位是以生产活动和生产某种产品的相对独立性为原则的。产业活动单位是在国民账户体系中为进行生产核算和投入产出分析所确定的基层核算单位。产业活动单位的条件：第一，地点的唯一性（具有一定的生产场所）；第二，生产活动的单一性；第三，具有收入和支出会计核算资料。

产业活动单位与机构单位的关系。两者是一种隶属关系。即：一个机构单位可以包含一个或多个完整的产业活动单位，而一个产业活动单位只能从属于一个机构单位。注意：在实际工作中，产业活动单位的生产活动是企业的主要生产活动，如果一个企业只生产一种产品，那么它就构成一个产业活动单位；如果企业生产多种产品，那么该企业依据不同产品可划分为多个产业活动单位。一般说来，一个产品的生产组织就确定为一个产业活动单位。

（2）产业部门及其分类。产业部门是由产业活动单位根据生产产品或服务的同质性形成的。产业部门分类是按照产品同质性原则对产业活动单位进行的部门分类。产业部门在联合国被称为国民经济活动的标准分类，我国习惯称之为国民经济行业部门。国民经济产业部门分类中最综合的是三次产业分类。产业部门按照产业发生时序及其劳动对象上的特点，可划分为三次产业，即：第一（次）产业；第二（次）产业；第三（次）产业。

行业分类标准共分20个门类、95个大类、396个中类、913个小类。国民经济行业分类的20个门类类别是：A农、林、牧、渔业；B采矿业；C制造业；D电力、热力、燃气及水生产和供应业；E建筑业；F批发和零售业；G交通运输、仓储和邮政业；H住宿和餐饮业；I信息传输、软件和信息技术服务业；J金融业；K房地产业；L租赁和商务服务业；M科学研究和技术服务业；N水利、环境和公共设施管理业；O居民服务、修理和其他服务业；P教育；Q卫生和社会工作；R文化、体育和娱乐业；S公共管理、社会保障和社会组织；T国际组织。

如将上述采矿业、制造业与电力、热力、燃气及水生产和供应业三个门类合并，就是我国习惯上所称的工业。

（二）国民经济核算中的交易

1. 交易及其分类

国民经济运行过程是由国民经济机构单位之间的交易形成的，交易是市场经济活动的内容，是机构单位根据市场经济原则相互协议而进行的经济活动，包括经济权益的创造、转移、具体性质的改变和消失。核算中交易的概念还包括从一个机构单位向另一个机构单位进行的自愿、无偿的或者是强制性的经济转移。其中：自愿、无偿的经济转移主要是指各种捐赠以及政府对居民的社会救济等；强制性的经济转移主要是指政府收缴的各类收入税和财产税、资本转移税以及各种罚款等。

国民经济活动中的交易主要包括以下几类：①货物和服务交易，货物和服务统称为产品，又称产品交易，产品交易说明产品的来源和使用；②分配交易，它是指由生产创造的增加值形成的收入初次分配、再分配交易，以及收入和财富再分配；③资本交易，它是指储蓄、资本转移和资本形成等的交易；④金融交易，它是指各类金融资产的净获得（净购买）或负债的净发生过程中债权与债务资金上的交易；⑤内部交易，内部交易一般是指对于企业或基层单位生产者自行生产自己使用的产品或服务作为企业或基层单位的内部交易；⑥其他积累交易，主要是指非生产资产（如地下资源、非人工培育生物资源）的发现或耗减，非经济现象（如自然灾害、战争等）引起的持有资产损益，以及由于价格变化而产生的持有资产损益。

2. 交易的方式

交易的方式有货币交易和易货交易两种。货币交易：即以货币进行的交易，一般是直接以发生额进行核算。易货交易（非货币交易）：即以易货的形式或以实物形态的转移方式进行的交易。易货交易的核算一般是采用类似的市场交易的产品或服务的价值间接推算的价值核算。

（三）国民经济核算中的生产范围

1. 生产活动

生产活动是指在有经济收支决策权的机构单位控制和负责下，利用劳动、资本、货物和服务的投入，创造货物和服务产出的活动。

2. 生产范围

国民经济核算（SNA）采用的是综合性的全面生产观念。根据综合性生产观念，既包括物质生产，也包括非物质生产；既包括货物的生产，也包括服务的生产。国民经济核算的生产范围具体包括三个部分：第一，生产者提供或准备提供给其他单位的货物或服务的生产；第二，生产者用于自身最终消费或固定资本形成的所有货物的自给性生产；第三，自有住房提供的住房服务和雇佣付酬家务人员进行的家庭和个人服务的自给性生产。

注意货物和服务的区别。货物指的是物质产品，它是满足购买者某种需求且能确定其所有权的有形实体。货物有以下经济特征：①满足一定需求的有形实体；②通过市场交易，可在两个机构单位之间转移所有权；③生产和交换是两个独立活动；④生产过程结束后，可以被贮存；⑤生产过程和消费过程是分离的。

服务不是独立存在的实体，是按具体需求生产的异质产出。服务具有以下经济特征：①它是指无形的商品；②生产过程和消费过程是同时发生的；③它不能被储存。

3. 生产核算中的实际交易与虚拟交易

生产货物和服务的目的就是用来交易，即在机构单位之间以货币为媒介，交换货物和服务的所有权。在国民经济生产核算中的交易有以下两种：实际交易（市场交易）和虚拟交易。

（1）实际交易，即市场交易。它是指市场销售和易货。

（2）虚拟交易。它是指货物或服务的价值不是通过市场交易来实现，而是通过估价形式来计算其价值。例如，农民自产自用的粮食并没有通过市场交易，但由于其数量很大，对国民经济活动的影响也很大，因此在计算这些货物的总量时就需要虚拟其价值。

需要虚拟的经济活动主要有两类：即自给性生产和非市场产出。

自给性生产：即生产者同时也是消费者，它包括生产者为自身的最终消费或资本形成所进行的自给性生产；自有住房者对自有住房的大型维修活动或自己修建的房屋。

非市场产出由不以获利为目的的产出组成，其生产不是通过市场来组织，生产和消费的数量也不是通过价格机制而是由市场供求的作用力来决定的。它包括两类：一是政府单位及非营利机构单位对社会提供的公共服务（行政、国防、安全、宗教）；二是政府单位及非营利机构单位对个别住户提供的免费或几乎免费的服务，包括特殊的教育基金及公共保健基金的服务、慈善活动。

虚拟交易的方法有两种：一是用在市场上交易的该类产品的价格来虚拟没有在市场交易的该类产品的价值；二是用该类生产活动的费用、成本来虚拟其产品的价值。

（四）国民经济核算中的消费范围

生产范围决定消费范围，用于最终消费的货物和服务只能是生产范围所包括的货物和服务。我国国民经济核算中的生产范围包括所有货物的生产和除住户成员为本住户提供的家庭或个人服务之外的所有服务的生产，从而消费范围也限于上述生产范围内的货物和服务。

（五）国民经济核算中市场价格

市场价格是市场上买卖（即交易）双方认定的成交价格。市场价格有要素价格、基本价格、生产者价格、购买者价格等。

1. 要素价格

要素价格也称要素收入价格，是指根据劳动报酬、固定资本消耗和营业盈余确定的价格形式。即：要素价格 = 劳动报酬 + 固定资本消耗 + 营业盈余 + 原材料、燃料等转移价值。

2. 基本价格

基本价格是指根据要素价格和产品税以外的生产税的构成因素确定的价格形式。即：

单位产出的基本价格 = 单位产出的要素价格 + 单位产出所征的产品税以外的生产税净额（不包括产品税）；

生产税净额 = 生产税 − 生产补贴

产品税以外的生产税，指对生产过程中使用的某些生产要素或对某些活动或交易所征的税。它包括工薪和劳力税、土地房屋建筑定期税、营业和职业执照税、印花税、污染税、国际交易税等。

3. 生产者价格

生产者价格是指生产者生产单位产品和服务的市场价格，包括要素价格和单位产出的生产税净额。从基本价格来看，生产者价格把产品税包括进来。即：

单位产出的生产价格 = 单位产出的要素价格 + 单位产出的生产税净额（包括产品税）

产品税，是生产税的主要部分，包括国内产品税和进口税两种。其中国内产品税主要包括销售税、流转税、增值税、出口税、货物税、服务从价税等。注意增值税比较特殊，它表现为市场销售价格之外计税的方式，简称价外税。所以，增值税可以包括在生产价格之内，也可以不包括在生产价格之内。

4. 购买者价格

它是指购买者购买单位产品和服务最终得到的市场价格。即：

单位产出的购买者价格 = 单位产出的生产价格 + 商业流通费 + 运费

（六）国民经济核算的原则

进行国民经济核算要遵循以下原则，即市场原则、所有权原则、三等价原则、记录与估价原则。

1. 市场原则

所谓市场原则，是指确定国民经济核算范围、分类、账户划分等内容时，必须从市场出发，考虑市场、市场活动和市场发展变化，国民经济主要总量的核算对象，要以是否进入市场为界限。

2. 所有权原则

所有权原则是用来确定核算中资产和负债的范围的。其内容是，将资产界定为机构单位和部门能够行使所有权的统计范围，并要求负债与资产相对应。国民经济核算中的资产是根据所有权原则界定的经济资产，它必须为某个或某些单位所拥有，其所有者因持有或使用它们而获得经济利益。

从内容上看，拥有所有权的资产主要是金融资产和生产过程创造出来的固定资产、流动资产、无形资产以及具有所有权的非生产资产的自然资源（如土地、矿藏、森林、水资源等）。

注意：大气或公海因无法行使所有权，故不在资产统计范围内，教育形成人力资本，但由于缺乏机构单位的所有权特征，也无法统计为资产。

3. 三等价原则（即三面等价原则）

三等价原则是指国民经济运行过程中国民生产、国民收入和国民支出，实际上都是同一总量在经济循环不同阶段的等价表现。国民经济活动是不断循环的过程，国民经济核算在描述这个循环过程中要遵循三等价原则。具体讲：一国常住机构单位所生产的全部增加值总量，与经过初次分配、再分配后的国民原始收入或国民可支配收入总量相当；它们与最终使用在消费和积累上的国民最终支出总量也是相等的。概括讲，国民生产总量转入收入初次分配、再分配后形成最终支出，最终支出是对生产总量的市场实现。

三等价原则描述了国民经济运行过程中主要组成的平衡关系，是确定国民经济生产、收入分配、消费和积累核算一致性的重要原则。实际上，生产核算范围和原则决定收入分配、消费和积累的核算。例如，生产范围不包括个人或家庭成员为自己所作的修理、维护车辆，清扫住房或照顾、培训儿童的活动，所以消费原则上也不包括这些活动所产生的效用。但是，为了保证消费与生产的一致性，将这些活动所使用的货物、清洁材料等支出，列入消费支出核算之内。

4. 记录与估价原则

国民经济核算的记录原则是指机构单位之间的交易按权责发生制的要求

进行记录，按四式记账方法进行统计。其中：权责发生制是指对经济活动中机构单位之间的交易按照债权债务发生时，或生产活动中价值转移或新价值形成或取消时进行统计的原则；而四式记账是指在国民经济核算中，往往一笔交易或生产活动将涉及实物流量与金融流量的同时发生，并且涉及两个交易的机构单位，共四笔账目的统计处理问题。

国民经济核算的估价原则是指在核算中，要按照现行价格即按核算时期（或时点）的当时市场价格，对生产、收入分配、消费、积累和资产、负债等内容进行记账、核算。在SNA中，市场价格是估价的基础，在没有市场交易时，估价按照发生的费用，或者依据类似货物或服务的市场价格来进行。资产和负债按照编制资产负债时的当期价格来估价。对产出的估价可以用基本价格或生产者价格，对货物和服务使用的估价则采用购买者价格。

（七）经济流量与经济存量

1. 经济流量

经济流量是反映一定时期内所有经济活动变化的价值量。它包括：生产、分配和再分配（转移）、交换、流通、使用以及资产和负债、物量和物价的变化的价值量。经济流量的特点：按货币单位计量，即表现为价值量；是时期的变化量（即流量值与时期长短有关）。经济流量分为：①经济交易流量；②非经济交易流量。

2. 经济存量

经济存量反映某一时点的资产和负债状况，核算中的经济存量主要是期初和期末的资产、负债和净值的持有量。资产包括金融资产和非金融资产。金融资产是指机构单位或部门拥有的金融债权；非金融资产是指机构单位或部门拥有的固定资产、流动资产、土地和无形资产等。负债是指机构单位或部门持有的金融债务。净值在会计核算上称所有者权益，是资产减去负债的平衡项。

注意：经济流量与经济存量的关系。经济存量是以前经济交易和其他流量的积累，它们随着核算的交易和其他流量而变化。

四、国民经济核算的基本结构

（一）国民经济运行过程

国民经济运行过程是市场经济活动的集合，表现为生产、收入初次分配和再分配、消费以及积累的不断循环过程，表现为国民财产和财富不断增加的过程。

国民经济运行过程中的“市场”可以归纳为产品和服务市场、生产要素市场和金融市场三大类。上述三类市场既相对独立，彼此间又有重要联系，从而构成宏观经济运行的基础。

1. 产品和服务市场

产品和服务市场是生产成果的交易场所，它不仅包括生产所需的原材料等中间投入的交易，而且还包括生产成果实现于消费和积累的交易，它是国民经济生产运行的重要组成部分。

2. 生产要素市场

生产要素市场包括劳动、资本和技术的交易内容。其中，劳动是居民与企业等生产者之间的交换（居民提供劳动能力，收取劳动报酬，企业支付劳动报酬，获得劳动投入使用）。资本和技术是生产者之间的交换，一方让渡资本品和技术的所有权和使用权，另一方支付资本品和技术的价值或支付其使用的利润或利息。生产要素市场既实现了生产要素的投入，也进行了生产要素之间的收入分配。

3. 金融市场

金融市场包括货币交易、证券交易等内容，如国民经济生产或投资的资金筹集，经常转移收支或资本转移，以及政府组织再分配活动等，因此，它是资金流动的场所，也是实现储蓄用于投资和财产再分配等的途径。

（二）国民经济核算总量描述

国民经济生产、分配、流通、消费和积累的不断循环过程是国民经济核算总量描述的基本依据，国民经济核算通过一系列总量指标来描述国民经济运行和再生产循环各阶段的经济关系和数量联系。

1. 生产阶段的总量描述

生产阶段是用国内生产总值（GDP）来反映国民经济生产的最终结果。从价值上看，它是常住单位生产的增加值总和；从实物上看，它是供给市场的最终产品之和。国内生产使用过程与国外进出口有经济联系。

2. 收入分配阶段的总量描述

收入分配阶段主要用国民原始收入（国民总收入）和国民可支配收入总量指标，来反映国民收入初次分配和再分配结果的总量特征。

国民原始收入（GNP）是生产增加值的初次分配结果，包括劳动报酬、生产税净额、营业盈余、财产收入净额。其中包含了来自国外劳动要素收入（劳动报酬收入）和资本要素收入（财产收入），并扣减掉国内常住单位支付给国外的劳动要素收入和资本要素收入。即：

国民原始收入 = 国内生产总值 + 来自国外原始收入 - 付给国外原始收入

国民可支配收入是在国民原始收入上再分配的结果，包括各种收入税（所得税、财产税等）和赠予、罚款等其他经常转移收入和支出净额，其中包含了来自国外的经常转移收入和支出净额，国民可支配收入直接用于最终消费支出和储蓄，从而构成与最终使用阶段的联系。即：

国民可支配收入 = 国民原始收入 + 来自国外的经常转移收入 -
向国外的经常转移支出

3. 最终使用阶段的总量描述

最终使用阶段通过最终消费支出和储蓄的分类总量指标来反映由消费需求、投资需求和出口（国外需求）构成的总需求。

最终消费支出按机构部门支出看，分为居民个人最终消费支出、为居民服务的非营利机构部门最终消费支出、政府部门最终消费支出；按消费性质分为居民消费、公共消费和实物社会转移消费。这些消费构成了消费需求的全部。

储蓄构成主要资金来源，其中部分储蓄可直接进入资本形成，部分储蓄进入金融市场，在各机构部门之间通过金融负债和投资实现资金的融通。此外，在资本形成与资金筹集中，还有各机构部门之间的资本转移和来自国外的资本转移。资本形成包括固定资本形成、库存投资、其他非金融资产购买净额。这些构成投资需求全部。

消费需求、投资需求和出口（国外需求）构成总需求。它与生产总供给的最终产品实现于市场中（即生产成果的全部实现），从而保证由生产开始的下一个经济循环。

国民经济财富积累过程，从期初资产负债到期末资产负债，包括非金融资产、金融资产、金融负债和净值，而期初资产负债到期末资产负债的变化主要来自积累中的资本形成和金融负债与金融资产购买，此外还有非生产的自然因素或政治等意外因素的影响，市场价格变化影响持有资产和负债的损益变化。国民经济核算总量描述过程见图 8－1。

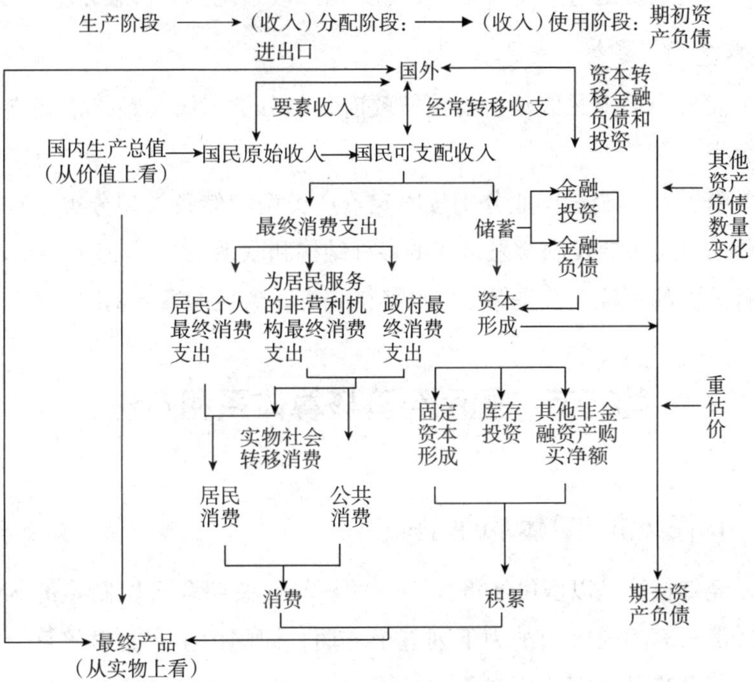

图 8－1　国民核算总量关系示意图

（三）国民经济核算结构描述

国民经济核算结构描述的系统分类是建立在经济主体分类和交易分类基础上的，国民经济产业部门分类和机构部门分类是国民经济主体分类，交易分类是对国民经济活动内容的各种分类。

1. 生产领域

在生产领域对生产成果分别进行国民经济产业部门分类、机构部门分类和产品分类，以反映产业结构、总供给结构，进行生产率计算和经济结构分析。

2. 收入初次分配和再分配领域

①初次分配收入和再分配结果的可支配收入按国民经济机构部门分类，以便为分析收入结构服务；②初次分配和再分配收入按收入形式分类，其中来自国外的按对外经常项目分类，对外经常项目分类与收入形式分类基本一致。这些分类主要是为财政收支、分配渠道和政策调控分析服务。

3. 最终使用领域

（1）消费。政府最终消费支出按政府目的分类；居民最终消费支出按消费目的分类。

（2）积累。非金融产业分别按固定资产类型和储备类型分类；对金融资产和负债的分类主要反映金融市场的各种结构和联系。

各种分类的系统一致是保证国民经济核算一致性的重要基础。

第二节　国民经济核算体系和方法

一、国民经济核算体系的内容

国民经济核算是以国民经济为整体的核算，按照联合国制定的SNA，可把国民经济核算的内容归纳为下列五个方面，即国内生产总值核算、投入产出核算、资金流量核算、资产负债核算和国际收支核算。这五大核算结合起来，就构成完整的国民账户体系。所以，我们既可以称社会再生产过程，指生产、分配、流通、使用的核算构成国民经济核算体系，也可以把国内生产总值、投入产出、资金流量、资产负债、国际收支等的核算称为国民经济核算体系。

（一）国内生产总值核算（即增加值核算或社会最终产品核算）

生产的目的是为了满足需要：包括居民消费的需要、社会消费的需要，以及投资、扩大再生产的需要。而供消费和投资的产品，称为社会最终产品，与社会最终产品相关联的还有社会总产品和中间产品。社会总产品是指所有常住单位在一定时期内生产和提供的货物或服务价值的总和，SNA 中反映社会总产品价值量的指标称为总产出，它反映社会生产的总成果。中间产品是指生产过程中消耗的原材料、燃料、动力及各种服务的价值，称为中间投入或中间消耗。社会最终产品是指一定时期社会总产品价值中扣除本期中间产品价值后的最终产品价值，也就是本期内不再进行加工，可供社会最终用于消费和投资及出口的产品价值，反映社会生产最终成果。最终产品的价值指标，在基层单位和部门称为增加值，全社会所有常住单位的增加值之和就是国内生产总值。国内生产总值是国民收入分配和使用的基础，它在整个国民账户体系中占有重要地位。所以，进行国民经济核算，需要编制国内生产总值及使用表，一方面核算国内生产总值的数量；另一方面了解国内生产总值分配和使用去向。

（二）投入产出核算

任何生产企业（或部门）为获得一定的产出，都必须有一定的投入。这里，“投入”是指任何一个生产企业（或部门）在产品生产过程中所消耗的各种投入要素（如原材料、辅助材料、燃料、动力、固定资产折旧和劳动力等）。“产出”是指各个生产企业（或部门）生产的产品总量及其分配使用的去向和数量，分为中间产品和最终产品两大类。一个生产企业（或部门）生产需要的原材料、燃料和动力等，是其他企业（或部门）的生产成果。生产企业（或部门）生产成果的相当部分为中间产品，体现为生产资料，供其他生产企业（或部门）作为中间消耗。例如炼铁厂生产的铁，供炼钢厂使用；纺纱厂生产的棉纱，供棉布厂使用。为了全面研究各生产企业（部门）投入产出的相互关系，以及各生产企业（部门）之间相互消耗及被消耗的关系（包括直接消耗和间接消耗的关系），反映国民经济各部门之间及其与国际间的经济技术联系，说明社会总供给与总需求的关系，在国民账户体系中需要进行投入产出核算，编制相应的投入产出表。

（三）资金流量核算

产品生产出来后有两种运动形态，即实物运动和价值运动。通过流通环节形成实物运动，通过收入初次分配和再分配形成价值运动，即资金运动。产品生产出来后，一部分作为最终使用（消费和投资）；另一部分作为生产企业（或部门）的中间消耗，无论是最终使用或是中间消耗都需要资金购买，形成复杂多样的资金运动，所以需要了解资金流量的关系，进行资金流量核算。通过资金流量核算使在社会再生产中的实物运动的形成过程，与价值运动即资金运动的形成过程有机地结合起来，可以比较全面地反映一定时期内社会的购买能力。银行既存款又贷款，进行各种金融活动，而且数量很大，进行国民经济调控，离不开对资金融通情况的了解，掌握资金运动的形成过程和形成规模，揭示社会总供需平衡的内幕和全貌。因此，资金流量核算是一种重要的核算。

（四）资产负债核算

众所周知，一个生产单位或部门要从事生产活动，不但要具有非金融资产（诸如厂房、建筑物、机器设备等），还要具有金融资产和负债（诸如股票、债券、银行存款等）。生产单位或部门所拥有的这些非金融资产和金融资产和负债存量，上期留下多少，本期增加多少，减少多少，本期期末留给下期使用多少，都要通过编制资产负债表，对生产单位或部门的资产负债状况进行核算。

（五）国际收支平衡核算

在当今世界经济发展中，一个国家除了进出口商品外，还有国际借贷往来、投资往来（包括吸收外资和对外投资），以及各种援外、外援等，了解总的贸易收支状况如何，就需要进行国际收支核算，编制国际收支平衡表。

二、国民经济核算的方法

国民经济核算方法有多方面的内容，从设计、调查、取得资料、进行加工整理、分析研究和做出决策等各个阶段的核算，都运用特定的科学方法。这一切在上面有关章节中作了阐述。这里只概要介绍国民经济核算资料的描述方法。它主要有：国民经济平衡表方法、国民账户（即国民经济账户）方法、国民经济矩阵式平衡表方法、投入产出方法、经济模型方法等。下面主要介绍国民经济平衡表方法、国民账户方法和国民经济矩阵式平衡表方法。

（一）国民经济平衡表方法

国民经济各单位、各部门、各地区经常会发生各种收支活动，有货币收支，也有实物收支，但都是收支对应，数量相等。所以，根据核算对象两个相互对应的内容，如收入与支出、来源与使用、供给与需求、增加与减少等建立平衡关系，设计核算表式，利用这样一系列相互关联的平衡表来系统描述国民经济运行过程，称为国民经济平衡表法。国民经济平衡表的种类很多，从结构形式上看，大致可归纳为两种：即收付式平衡表和并列式平衡表。

1. 收付式平衡表

收付式平衡表是一种最简单也是最基本的平衡表式，它主要用来反映单一部门或单位的平衡关系。收付式平衡表的平衡项目可分为左右排列和上下排列两种。

左右排列的收付式平衡表以 T 字表为骨架，将收方项目与付方项目分别列于 T 字表的左右两方。一方表示“收入”或“资源”，记录一切收入，包括本期生产、本期收入及期初结存等；另一方表示“支出”或“使用”，记录一切支出，包括本期耗用、本期支出及期末结存等，左右两方的合计数始终相等。左右排列的收付式平衡表见表 8－1。

表 8－1 某地区某产品资源与使用平衡表（一）

来源		使用	
项　目	数量	项　目	数量
1. 期初结存 2. 本期生产 3. 进口 4. 动用国家储备 5. 其他收入		1. 生产消费 2. 基建消费 3. 牛活消费 4. 增加国家储备 5. 其他支出 6. 期末结存	
合　计		合　计	

根据国民经济活动有收有支、收支相等的原则，一个部门或单位编制的收付式平衡表，其收方项目必然与其他部门或单位的支方项目相对应，其支方项目必然与其他部门或单位的收方项目相对应，而且数量必须相等。

上下排列的收付式平衡表与左右排列的收付式平衡表项目内容完全相同，只是将“收入”或“资源”的项目放在表的上部，将“支出”或“使用”的项目放在表的下部。左右排列的收付式平衡表一目了然，容易对照比较。上下排列的收付式平衡表可改为多栏，可以将几个主要指标同时填在一个表中。上下排列的收付式平衡表见表8-2。

表8-2 某地区某产品资源与使用平衡表（二）

项目	本年	上年	增减情况	
			数量	百分比
资源： 1. 期初结存 2. 本期生产 3. 进口 4. 动用国家储备 5. 其他收入 使用： 1. 生产消费 2. 基建消费 3. 生活消费 4. 增加国家储备 5. 其他支出 6. 期末结存				

2. 并列式平衡表

并列式平衡表是多个收付式平衡表的组合，它可以同时反映多个部门或单位的平衡关系。同样并列式平衡表也是由主、宾词组成。主词一般记录产品或部门，放在左边，宾词记录收支往来项目，放在表的上方，用以反映不同部门或单位对同一产品，或者在同一部门或单位对不同产品的收支平衡关系。并列式平衡表见表8-3。

表 8-3　某地区主要产品资源与使用平衡表

产品名称	单位	来源						使用							
		期初结存	生产	进口	动用国家储备	其他收入	合计	生产消费	基建消费	生活消费	出口	补充国家储备	其他支出	期末结存	合计
甲 乙 丙 ……															

收付式平衡表和并列式平衡表的特点是对国民经济的收支活动都只做单方面的记录，又称单式平衡表。这种单式平衡表只能保持本表收支双方的平衡，不与其他平衡表发生联系，也不受其他平衡表的制约。所以，国民经济平衡表体系的结构比较松散，不能有效地反映一个相互关联、互相制约的有机整体。可见，国民经济平衡表虽然容易编制，方便使用，但要用它组成平衡表体系来反映国民经济复杂联系，显然有很大缺陷。

（二）国民账户方法

1. 国民账户

国民账户（即国民经济账户）是利用会计账户的基本原理描述国民经济运行过程的核算方法，是国民经济核算的重要方法。具体地说，国民账户就是根据有收必有支，收支必相等的原理，对国民经济运行中的各种收支加以归纳，进行双重记录（即会计复式记账），在一个账户中记收，在另一个账户中记支，要求数额相等。这样，不但使同一账户的收支双方保持平衡，而且使各个账户的项目一一对应，相互衔接，一环扣一环。因此，每个账户所反映的项目内容的来龙去脉清晰明了，整个账户体系能够把握国民经济总体的各个组成部分，形成一个完整严密的体系，有利于反映国民经济整体错综复杂的收支关系。

概括起来，国民账户有以下特点：

（1）账户所设科目均为统计指标；

（2）账户体系依据和连接的是国民经济运行过程的各阶段分设账户；

（3）账户根据平衡关系设置平衡项，账户间的联系主要通过平衡项连接；

（4）实施四式记账核算。

下面以某地区某年国民经济核算资料为例，说明国民账户的特点，以及如何通过国民账户来反映社会再生产过程中生产、分配、使用和积累等各方面的联系。

（1）生产阶段（见表8－4）

表8－4　生产总量账户

万元

使用		来源	
中间消耗	3,775	总产出	8,553
总增加值→平衡项	4,778		
劳动者报酬	2,583		
生产税净额	601		
固定资本消耗	589		
营业盈余	1,005		
净增加值	4,189		
合计	8,553	合计	8,553

（2）收入分配阶段

①收入初次分配阶段，如表8－5和表8－6；②收入再分配阶段，如表8－7。

表8－5　收入形成账户

万元

使用		来源	
劳动报酬	2,583	总增加值	4,778
生产税净额	601	固定资本消耗（－）	589
总营业盈余/混合总收入→平衡项	1,594	净增加值	4,189
固定资本消耗（－）	589		
净营业盈余/混合净收入	1,005		
合计	4,778	合计	4,778

表8－6　原始收入分配账户

万元

使用		来源	
财产收入（应付）	1,416	总营业盈余/混合总收入	1,594
原始总收入→平衡项	4,747	固定资本消耗（－）	589
固定资本消耗（－）	589	净营业盈余/混合净收入	1,005

续表

使用		来源	
原始净收入	4,158	财产收入	1,400
		劳动报酬（居民部门应收）	2,573
		生产税净额（政府部门应收）	596
合计	6,163	合计	6,163

表 8－7　收入再分配账户　　万元

使用		来源	
经常转移支出	2,914	原始总收入	4,747
现期所得税等	428	固定资本消耗（－）	589
社会缴款	1,063	原始净收入	4,158
社会福利	881	经常转移收入	2,915
其他经常转移	542	现期所得税等	429
可支配总收入→平衡项	4,748	社会缴款	1,070
固定资本消耗（－）	589	社会福利	871
可支配净收入	4,159	其他经常转移	545
合计	7,662	合计	7,662

（3）收入使用阶段（见表 8－8）

表 8－8　可支配收入使用账户　　万元

使用		来源	
最终消费支出	3,858	可支配总收入	4,748
个人消费支出	3,413	固定资本消耗（－）	589
公共消费支出	445	可支配净收入	4,159
储蓄→平衡项	890		
固定资本消耗（－）	589		
净储蓄	301		
合计	4748	合计	4,748

（4）积累阶段（见表 8－9 至表 8－10）

表 8－9　资本账户　　万元

资产变化		负债与净值变化	
资本形成总额	889	总储蓄	890

续表

资产变化		负债与净值变化	
固定资本形成总额	905	固定资本消耗（-）	589
库存变化	-16	净储蓄	301
贵重物品净获得		应收资本转移	91
固定资本消耗（-）	589	应付资本转移（-）	94
土地及其他非生产资产净购买	0		
净贷出（+）/净借入（-）→平衡项	-2		
合计	298	合计	298

表 8-10 金融账户

万元

资产变化		负债变化	
1. 黄金和特别提款权	2	净贷出（+）/净借入（-）	-2
2. 通货和存款	595	1. 黄金和特别提款权	—
3. 股票以外的证券	300	2. 通货和存款	566
4. 贷款	332	3. 股票以外的证券	328
5. 股票与其他产权	273	4. 贷款	291
6. 保险专门准备金	72	5. 股票与其他产权	302
7. 其他应收款项	56	6. 保险专门准备金	71
		7. 其他应付款项	74
合计	1,630	合计	1,630

2. 国民账户与会计账户的区别

国民账户虽然借用了会计上复式记账的方法，但与会计账户仍有很大区别。

（1）从登记的立场看，会计账户是以企业作为登记会计主体的，发生的交易从企业的立场来确定收支，复式记账反映某一交易对企业资金来源和占用的平衡；而国民账户是以各个T字表本身为登记主体的，发生的“交易”要从T字表各表本身的立场来确定收支。

（2）从类型划分上看，在会计中，账户分为资产账户和负债账户两类，收入和支出在哪一方要依账户类型而定。如资产账户是以借方表示收入，贷方表示支出，负债账户则相反。而国民账户，收和支在哪一方表示是固定的。

（3）从账户是否结清来看，会计账户有未结清账户和结清账户之分，前者收支不平衡，所有分录做完后留有余额，后者收支平衡。而国民账户则没有这种区分，所有表均收支平衡。

（4）从所登记的项目看，会计账户没有固定的经济项目，它的借贷方随着经济业务的变化而变化，且只能登记本期的实际发生额。而国民账户通常是表明国民经济状况的总量指标，内容是固定的，除了登记总额数字外，还可以登记差额。

3. 国民账户体系

国民账户体系是指描述国民经济运行过程一系列账户的整体，确立账户及账户间的联系是国民经济核算的基本方法。

（1）机构部门账户。机构部门账户是指按照经济活动的产生、分配、消费、积累和资产负债存量设置账户构成的整体。各账户间的联系主要表现在两个方面，一是存量核算与流量核算的联系；二是流量核算过程的联系。

（2）产业部门账户。产业部门账户是由货物和服务供给（产出）表、使用（投入与最终产品）表及货物和服务账户组成的整体，用于描述生产及市场供给和需求的产品（含服务）。

（3）国民经济综合账户。国民经济综合账户包括了国民经济整体总量账户和五大机构部门，即非金融企业、金融机构、政府、居民、国外等综合账户，用来描述国民经济运行过程的总量特征及联系和揭示运行中总量特征的基本结构等。

国民账户按反映经济活动内容性质可划分为经常账户、积累账户、资产负债账户，还可划分为流量账户和存量账户，见表 8－11。

表 8－11　国民账户体系一览表

（一）经常账户	1. 货物和服务账户 2. 生产账户 3. 收入分配和使用账户 （1）收入形成账户 （2）原始收入分配账户 （3）收入再分配账户 （4）可支配收入使用账户

续表

（二）积累账户	4. 积累账户 （1）资本交易（形成）账户 （2）金融交易账户 （3）资产数量其他变化账户 （4）重估价账户
（三）资产负债账户（表）	5. 资产负债账户（表） （1）期初资产负债表 （2）资产负债变化表 （3）期末资产负债表
（四）国外账户	6. 对外交易（国外）账户 （1）对外经常交易账户 （2）对外积累账户 （3）国外资产负债表

（三）国民经济矩阵式平衡表方法

国民账户（即经济账户）方法虽然简明易懂，但是每一项收支活动都要登记两次，相应地还要对同一项数字做出两次说明。对于规模庞大、结构关系错综复杂的整个国民经济来说，如果全部都采用国民账户方法，账户和记录的次数将数以百计、千计，很难给人以一个概括而清晰的概念。基于这个考虑，可采用矩阵式平衡表方法来反映国民经济部门之间以及社会再生产各个阶段之间的关系。

矩阵式平衡表是由一系列相互有联系的账户式平衡表的综合体，它可以将许多账户的内容归于一表，很清楚地反映各账户之间的联系。

概括起来，矩阵式平衡表有以下特点：

（1）矩阵表内主词和宾词（即横行和纵列的分类项目的名称）相同，且排列顺序完全相同；矩阵表的横行和纵列用来表现经济交易的收和支，通常横行表示货币的收入，纵列表示货币的支出；矩阵表内同一行列构成一个完整的账户，同行同列数字总和必相等。见表 8－12。

（2）矩阵表中的每一个数字都可以从行和列这两个方面去理解，即每一个数字都代表了这笔经济交易的收和支两重性质，代表一种具体的收支对应关系（即表示某一方的收入，也表示相应一方的支出）；矩阵表中每一个数字都代表着一个子矩阵，或者说是由某个子矩阵综合而得到的。

（3）每一项交易的性质由它在矩阵中的位置来表明。如表8－12中第一行第五列表值为52。这表明它是国内生产部门出口的产品收入，列表表明国外为进口产品的支出。

（4）在矩阵式平衡表中，每一行和它对应的交叉线（主对角线）上的位置通常都是空白的。但这空白位置是有经济内容的，它通常表现了该行列所代表部门的内部交易。

表8－12　某地区国民经济矩阵式平衡表

	生产	消费	积累	国外	总计
生产		210	47	52	309
消费	255		－19	5	241
积累		27			27
国外	54	4	－1		57
总计	309	241	27	57	

表8－12是某地区国民经济矩阵式平衡表，此表是一张该地区最基本的国民经济核算总表，它的第一行的各个数值与该地区生产账户（国内生产总值账户）资源方（收入方）的各个项目内容一一对应；第一列的各个数值与该地区生产账户（国内生产总值账户）使用方（支出方）的各个项目内容一一对应，其余类推。该地区国民经济矩阵式平衡表内的任何一个数字都在相应的两个账户中作过双重记录，其横向和纵向就代表这两个账户内该项目内容的不同含义，简化了账户，使矩阵式平衡表简明扼要。

第三节　我国国民经济核算体系的基本框架

一、我国国民经济核算的发展

如前所述，国际上曾经同时存在过两大国民经济核算体系，一个是产生于前苏联、东欧高度集中的计划经济国家的物质产品平衡表体系（简称MPS）；一个是产生于西方发达市场经济国家的国民账户体系（简称SNA）。我国国民经济核算的历史实际上是从前者向后者过渡的历史。具体说来，我国国民经济核算的发展经历了三个阶段：MPS体系建立和发展阶段；MPS体系与 SNA 体系并存阶段；在 SNA 体系下的发展阶段。

（一）MPS 体系建立和发展阶段

1952 年，国家统计局在全国范围开展了工农业总产值调查，从此开始了我国工农业总产值核算。后来，又从工农业总产值核算扩大到农业、工业、建筑业、交通运输业和商业饮食业五大物质生产部门总产值，即社会总产值核算。从 1954 年开始，国家统计局在学习前苏联国民收入统计理论和方法的基础上开展了我国国民收入的生产、分配、消费和积累核算。这些核算为当时的国民经济计划和管理提供了重要依据。1956 年，国家统计局派团对前苏联国民经济核算工作进行了全面考察，随后在我国全面推行 MPS 体系。先后编制了社会产品生产、积累和消费平衡表，社会产品和国民收入生产、分配、再分配平衡表，劳动力资源和分配平衡表等 MPS 体系中的一系列重要表式。1978 年后，国家统计局编制出两张 MPS 体系的全国投入产出表，即 1981 年投入产出表和 1983 年投入产出表。这些核算表在改革开放初期的国民经济计划和管理工作中发挥了重要作用。

（二）MPS 体系与 SNA 体系并存阶段

随着改革开放的深入和国民经济的发展，继续沿着 MPS 的方向发展的我国国民经济核算已经不能满足国家宏观经济管理工作的需要。在这种情况下，我国在继续开展 MPS 核算的同时，逐步研究和开展 SNA 核算。1985 年，开始 SNA 体系的国内生产总值核算；1987 年，开始编制 SNA 体系的投入产出表；1992 年，开始编制 SNA 体系的资金流量表。

与此同时，从 1984 年起，国务院成立了专门机构，组织领导新国民经济核算体系的研究设计工作。在这一机构的领导下，国家统计局会同有关部门在总结我国当时的国民经济核算实践经验和理论研究成果的基础上，制定了《中国国民经济核算体系（试行方案）》。该方案采纳了 SNA 的基本核算原则、内容和方法，保留了 MPS 体系的部分内容，是一个 MPS 与 SNA 的混合性体系。1992 年 1 月，国务院组织有关方面专家进行了论证，通过了这一方案。同年 8 月，国务院办公厅发出《关于实施新国民账户体系方案的通知》，要求在全国范围内分步实施这一体系。

（三）在SNA体系下的发展阶段

从1993年起，以取消MPS的国民收入核算为标志，我国国民经济核算实际上已经从MPS体系和SNA体系并存阶段，进入了SNA体系的发展阶段。在这一阶段，我国开始编制SNA体系的资产负债表和国民经济账户，并且对整个国民经济核算制度方法进行了不断的改革。从1999年开始，在总结1992年以来国民经济核算制度方法改革成果和实践经验、深入研究最新国际标准——1993年SNA的基础上，国家统计局对《中国国民经济核算体系（试行方案）》进行了系统的修订，取消了MPS的核算内容，清理了基本概念，修订了基本框架，调整了有关表式的指标设置，使之建立在1993年SNA的基础上。

二、我国国民经济核算体系的基本框架

《中国国民经济核算体系》由基本核算表、国民账户（国民经济账户）和附属表三部分组成。其中：基本核算表和国民账户是核心部分，附属表是对核心部分的补充。

（一）基本核算表

基本核算表是对国民经济总体运行情况进行全面、综合、系统的价值量核算的表式，它包括：国内生产总值（Gross Domestic Product，GDP）及其使用表、投入产出表、资金流量表、国际收支平衡表和资产负债表。

这五张表彼此衔接，构成社会再生产过程的系统描述，但它们又是各自具有相对独立的子体系。

这五张表的中心是国内生产总值（GDP）及其使用表，它核算社会生产、分配和消费、投资、进出口等社会再生产中的基本总量，并对其他核算表中的有关总量起着控制作用。

其他表是国内生产总值（GDP）及其使用表的进一步延伸和拓展。通过投入产出表反映社会生产与使用的结构，特别是各产业部门在生产中的经济技术联系；通过资金流量表反映社会生产过程中与实物运动相对应的各部门之间收入分配与金融交易等资金运动；通过国际收支平衡表反映对外经济往

来的各种联系。

以上四张表构成了对国民经济总流量和部门流量的系统描述。流量核算表的进一步延伸，是把经济流量与存量联系起来，这是通过资产负债表来实现的。

（二）国民账户（国民经济账户）

国民账户是采用T型账户和复式记账方法，把基本核算表中各种流量和存量基本指标连接起来，形成一套逻辑严密结构严谨的账户体系，用于系统描述国民经济循环过程中各环节、各部门间的内在联系。它包括两个层次的账户，即国民经济总体账户和部门账户。国民经济总体账户是以国民经济总体为对象进行核算，是国民经济账户的主体。部门账户包括国内机构部门账户和国外部门账户，其中，国内机构部门账户是国民经济总体账户的分解，反映了各机构部门经济活动及部门之间的经济联系；国外部门账户反映了国外与国内各部门经济活动及经济联系。

将各个账户连接起来，用矩阵形式加以表现，就是经济循环矩阵。经济循环账户与基本核算表是对同一经济运行过程进行系统核算采用的不同方法。将两者结合起来可以在内容上、功能上相互补充，提高国民经济核算的水平。

（三）附属表

附属表包括两类。一类是不以价值量表现的社会再生产基本条件的核算，包括自然资源实物量核算表和人口资源与人力资本实物量核算表，其内容十分重要，但它与基本表及账户没有直接的数量关系。另一类是对基本核算表的扩展和补充，包括：①主要商品资源与使用平衡表（是GDP及其使用表的补充）；②综合价格指数表（是GDP及其使用表的配套表）；③财政信贷资金平衡表（是资金流量表的补充表）；④企业部门产出表；⑤企业部门投入表。④、⑤两张表是投入产出表的补充。我国国民经济核算体系基本框架见图8－2。

- 我国国民经济核算体系基本框架
  - 基本核算表
    - 国内生产总值总表（包括：国内生产总值总表及生产法、收入法和支出法计算的国内生产总值表
    - 投入产出表（包括：供给表、使用表和产品部门×产品部门表）
    - 资金流量表（包括：实物交易表和金融交易表）
    - 国际收支表（包括：国际收支平衡表和国际投资头寸表）
    - 资产负债表（包括：期初资产负债表和期末资产负债表）
  - 国民经济经济账户
    - 经济总体账户、国内机构部门账户（包括：生产账户、收入分配及支出账户、资本账户、金融账户和资产负债账户）
    - 国外部门账户（包括：经常账户、资本账户、金融账户、资产负债账户）
  - 附属表
    - 自然资源实物量核算表
    - 人口资源与人力资本实物量核算表

图 8－2　我国国民经济核算体系基本框架（一）

三、我国国民经济核算的基本表式

（一）国内生产总值总表

1. 国内生产总值总表的结构

国内生产总值（GDP）是一个国家（或地区）所有常住单位在一定时期内生产活动的最终成果，是按当期市场价格计算的价值量。国内生产总值扣除固定资产损耗即为国内生产净值（NDP）。

国内生产总值有三种表现形态，即价值形态、收入形态和产品形态。

价值形态。它是所有常住单位在一定时期内所生产的全部货物和服务的价值超过同期投入的全部非固定资产货物和服务价值差额，即所有常住单位增加值之和。

收入形态。它是所有常住单位在一定时期内创造并分配给常住单位和非常住单位的初次分配收入之和。

产品形态。它是最终使用的货物和服务（包括出口）减去进口货物和服务的差额。

国内生产总值核算总表的结构见表 8－13。

表 8－13　2008 年某地区国内生产总值总表　　万元

生　产	金额	使　用	金额
一、生产法国内生产总值	89,468	一、支出法国内生产总值	89,341
1. 总产出	260,713	1. 最终消费	54,601
2. 中间投入	171,245	居民消费	42,896
二、收入法国内生产总值	89,468	农村居民消费	19,197
1. 劳动者报酬	42,568	城镇居民消费	23,699
2. 生产税净额	16,388	政府消费	11,705
生产税		2. 资本形成总额	32,500
生产补贴（－）		固定资本形成总额	32,624
3. 固定资产折旧	13,650	存货增加	－124
4. 营业盈余	16,862	3. 净出口	2,240
		出口	23,143
		进口（－）	20,903
		二、统计误差	127

表 8－13 的左方为生产方：反映社会生产成果的价值形成和要素构成，列出按生产法计算 GDP 的指标：总产出、中间投入和国内生产总值；GDP 按初次分配项目分为固定资产损耗（即折旧）、劳动者报酬、生产税净额、营业盈余。

表 8－13 的右方为使用方：反映社会生产成果的最终使用，列出总消费、资本形成总额和净出口及统计误差。

2. 国内生产总值的计算方法

根据“三面等值”的原理，国内生产总值的核算有生产法、收入法和支出法三种方法。用这三种方法计算的国内生产总值可通过国内生产总值总表来反映。

（1）生产法国内生产总值（GDP）

生产法国内生产总值（GDP）是从生产角度计算国内生产总值的方法。具体方法是在计算出常住单位或产业部门增加值的基础上，将所有常住单位或产业部门的增加值相加即得国内生产总值。用公式表示为：

国内生产总值＝各产业部门（机构部门）的增加值总和

＝所有产业部门（机构部门）总产出－所有产业部门（机构部门）中间消耗

总产出（总产值）是指常住单位在一定时期内生产的货物和服务的价值总和。总产出中既包括核算期内新增加的价值，也包括中间投入的转移价值，它反映了国民经济各个部门生产活动的总规模。总产出允许在不同生产单位（不同产业活动单位或企业）之间的重复计算。

中间投入是指常住单位在一定时期内生产货物和提供服务的过程中，消耗和使用的所有原材料、燃料动力等货物和各种服务的价值，通常它是一次性投入到生产经营过程中。中间投入也称中间消耗（包括货物和服务投入）。

增加值是指在一定时期内常住单位在生产过程中创造的新增价值和固定资产的转移价值。增加值反映生产单位或部门在一定时期内生产经营活动的最终成果，也是本单位或部门对国内生产总值的贡献。

注意：从核算角度看，微观生产单位的增加值仅有价值形态，而没有相对应的实物内容，因为没有哪一组实际的货物或服务能够与个别生产者或产业部门的总增加值等同。但作为各微观生产单位的增加值求和后所得的国内生产总值，却有相应的实物形态，即全社会的最终产品。由上表资料可得该地区生产法国内生产总值计算过程如下：

$$国内生产总值 = 总产出合计 - 中间投入合计 = 260713 - 171245 = 89468（万元）$$

（2）收入法国内生产总值（GDP）

收入法国内生产总值（GDP）是从增加值的初次分配角度计算国内生产总值的方法，以要素收入形式体现国内生产总值的内容和结果。具体项目包括劳动者报酬、固定资产折旧、生产税净额及营业盈余。把所有部门的上述项目加总起来，就是国内生产总值。公式表示为：

$$国内生产总值 = 劳动者报酬 + 固定资产折旧 + 生产税净额 + 营业盈余$$

劳动者报酬是劳动者从事生产活动而获得的全部报酬。劳动者报酬是指劳动者从其所在生产单位的各种渠道得到的所有货币形式或实物形式的收入。它包括工资、奖金、福利费用、各种补助和补贴，以及单位替劳动者缴纳的社会保险金等。个体劳动者通过生产经营获得的纯收入全部视为劳动者报酬，包括个人所得的劳动报酬和经营获得的利润。

生产税净额是生产税减生产补贴的差额。生产税指政府针对生产单位从事生产、销售和经营活动以及因从事这些活动使用某些生产要素所征收的各种税、附加费和规费。生产补贴指政府对生产单位在生产和经营活动中由于政策性的原因而产生的亏损所给予的财政补贴，它实质上是一种负生产税。在我国目前生产补贴包括价格补贴和亏损补贴两部分。

注意：生产税不包括对生产单位的利润、盈余及其他收入所征的税（这些收入税属于收入分配环节上的货币流量，而并非生产环节上的货币流量）。

固定资产折旧（也称固定资产消耗）是指生产单位在一定时期内因生产活动使用固定资产而损耗的固定资产价值。它反映了固定资产在当期生产过程中的转移价值。它一般是指固定资产正常使用的磨损部分。

营业盈余是生产单位的总产出扣除中间投入后，再减劳动者报酬、固定资产折旧和生产税净额后的余额。营业盈余是指常住单位所创造的增加值在对劳动者进行了分配，上缴国家税收（不包括所得税），对固定资产进行了价值补偿以后，所余下的单位从事增加值的创造而应得到的份额，它是生产单位在生产环节所获得的营业利润。

营业盈余可从会计损益表税前纯收入（营业利润）中调整出来，即：

营业盈余 = 税前纯收入 - （已收利息 - 已付利息） -
已收其他财产收入（包括股利、债券利息等收入） - 财产持有资产损益

由上表资料可得该地区收入法国内生产总值计算过程如下：

国内生产总值 = 劳动者报酬 + 生产税净额 + 固定资产折旧 + 营业盈余

= 42568 + 16388 + 13650 + 16862 = 89468（万元）

（3）支出法国内生产总值（GDP）

支出法国内生产总值（GDP）是从最终产品的使用角度计算国内生产总值的方法。一国在一定时期生产的最终产品可用于以下三个方面：被国内常住单位使用，包括用于消费和投资，出口到国外。由于国内使用包括一部分进口产品，因而计入国内生产总值的应是出口减去进口的净值。这样，从使用角度计算国内生产总值的基本公式为：

国内生产总值 = 总消费 + 总投资 + 净出口

总消费（即最终消费）指常住单位在一定时期内对货物和服务的全部最终消费支出，也就是常住单位为满足物质、文化与精神生活的需要，从本国经济领土和国外购买的货物和服务的支出，不包括非常住单位在本国的消费支出。最终消费包括居民消费和政府消费。

总投资（即资本形成总额）是常住单位在一定时期内获得的固定资产减去处置的固定资产的价值总额，包括固定资本形成总额和存货增加。

净出口是指货物和服务出口总额减货物和服务进口总额。其中：出口指常住单位在向非常住单位出售或无偿转让的各种货物和服务的价值；进口指常住单位从非常住单位购买或无偿得到的各种货物和服务的价值。由于服务的进出口并不发生出入境的现象，一般把常住单位从国外得到的服务作为进口，把常住单位向国外提供的服务作为出口。

由上表资料可得该地区支出法国内生产总值计算过程如下：

国内生产总值 = 总消费 + 总投资 + 净出口 = 54601 + 32500 + 2240 = 89341（万元）

注意：采用生产法和收入法计算的国内生产总值结果相同，但采用支出法计算的国内生产总值与前两种方法结果不同，需要用统计误差调整。

（二）投入产出表

投入产出核算是我国国民经济核算体系一个重要组成部分。与国内生产总值核算一样，投入产出核算也属于生产核算的范畴，它是以投入产出表的形式反映其核算内容，投入产出表从详细的部门角度，系统地记录了国民经济中的生产、收入形成和使用过程，是对国内生产总值核算的细化。

投入产出分析方法产生于 20 世纪 30 年代，是美国经济学家沃西里·列昂惕夫提出来的。投入产出表是以矩阵表的形式，描述国民经济各部门在一定时期（通常为一年）生产活动的投入来源和产出使用去向两个方面，反映产品在各部门之间的运动过程，揭示国民经济各部门之间相互依存相互制约的关系。投入产出表是反映、研究和分析社会再生产过程中各领域（生产、分配、交换、消费）之间，国民经济各部门之间及其与国际间的经济技术联系的主要方法之一。它体现了社会总供给与总需求，国民收入的分配与再分配、产业结构、积累与消费、中间产品与最终产品等国民经济重要比例关系等，是加强国民经济综合平衡，提高宏观管理水平，加速经济决策科学化的重要工具。投入产出的结构见表 8 - 14。投入产出表的说明及表中平衡关系，见表 8 - 15。

表 8－14　投入产出表

投入＼产出		中间产品：农业	工业	…	服务业	合计	最终产品：最终消费	固定资本形成	库存增加	净出口	合计	总产出
中间投入	农业	x_{11}	x_{12}	…	x_{1n}			y_1				X_1
	工业	x_{21}	x_{22}	…	x_{2n}			y_2				X_2
	…	…	…	…	…	Ⅰ		…			Ⅱ	…
	服务业	x_{n1}	x_{n2}	…	x_{nn}			y_n				X_n
	合计											
最初投入（增加值）	劳动者报酬 生产税净额 固定资产消耗 营业盈余 合计	v_1	v_2	…	v_n	Ⅲ					Ⅳ	
	总投入	X_1	X_2	…	X_n							

注：表中Ⅰ、Ⅱ、Ⅲ、Ⅳ分别表示各个象限。

表 8－15　投入产出表中各个象限的含义及表中平衡关系

	我国对产业部门的分类采用两个层次划分：三次产业、国民经济行业部门		
第Ⅰ象限	由若干产业部门纵横交错形成，是投入产出表的核心，反映产业部门间相互依存相互制约的技术经济联系		
第Ⅱ象限	反映最终产品的规模和结构，包括消费、投资、出口的结构和最终产品的产业部门结构		
第Ⅲ象限	反映各部门增加值分配或最初投入构成情况		
第Ⅳ象限	反映再分配关系（目前还是一个空象限，其内容还有待研究）		
第Ⅰ、Ⅱ象限	反映各产业部门的产品分配和使用去向		
第Ⅰ、Ⅲ象限	反映各产业部门在生产中的投入和来源，也反映生产过程的价值形成		
结构		主栏	宾栏
	第Ⅰ象限	中间投入	中间产品（中间使用）
	第Ⅱ象限	中间投入	最终产品或使用
	第Ⅲ象限	增加值或最初投入构成	产业部门
平衡关系	1. 纵向：中间投入＋最初投入＝总投入		
	2. 横向：中间使用＋最终使用＝总产出		
	3. 每个部门的总投入＝每个部门的总产出		
	4. 第Ⅱ象限的总量＝第Ⅲ象限的总量		

（三）资金流量表

1. 资金流量核算的内容及资金流量表的结构

资金流量核算是以收入分配和社会资金运动为核算对象的核算，它是GDP核算的进一步深化和逻辑延伸，它以生产活动形成的增加值（国内生产总值）为起点，通过收入初次分配和再分配核算，可支配收入及其使用核算，以及金融交易核算，来反映资金运动的全过程。其中，收入初次分配是指根据各生产要素所有者和政府针对当期生产的参与状况和贡献，对生产成果——增加值的分配。在分配过程中，劳动者获得劳动报酬，政府获得生产税净额（生产税减补贴），资产所有者获得财产收入，分配的结果是在增加值基础上进一步形成各机构部门的原始收入。收入再分配是指在收入初次分配基础上，通过转移收支进一步在机构部门之间和机构部门内部所做的分配，再分配形式主要是财政、捐赠、救济等各种经常性收支转移，再分配结果形成各部门的可支配收入。

从国民经济总体来看，可支配收入使用的主要方向是消费，因为生产的目的，就是为了满足人民的消费需求，在各机构部门的可支配收入中，扣除消费之余就是储蓄，储蓄是各机构部门进行投资活动的基本资金来源。但在不同机构部门，消费和储蓄的结构则表现出不同的特点。居民部门可支配收入的较大部分用于自身消费，少部分用于储蓄；政府部门的绝大部分用做公共消费，储蓄所占比例较小；金融机构和企业部门则因自身没有消费职能，其可支配收入全部转化为储蓄。但出于投资和扩大再生产等对资金的需要，对于资金短缺的机构部门（如企业部门）等，需要通过金融市场，进行金融交易，以筹集资金。

资金流量表的基本结构是交易项目×机构部门的矩阵表式，主栏为交易项目，宾栏为机构部门。资金流量表的基本表式有三种类型：一是只核算金融交易的基本表式；二是除金融交易外，还包括储蓄和资本形成总额；三是既核算金融交易，又核算实物交易（我国采用这种模式）。目前，我国资金流量表的表式见表8-16和表8-17。

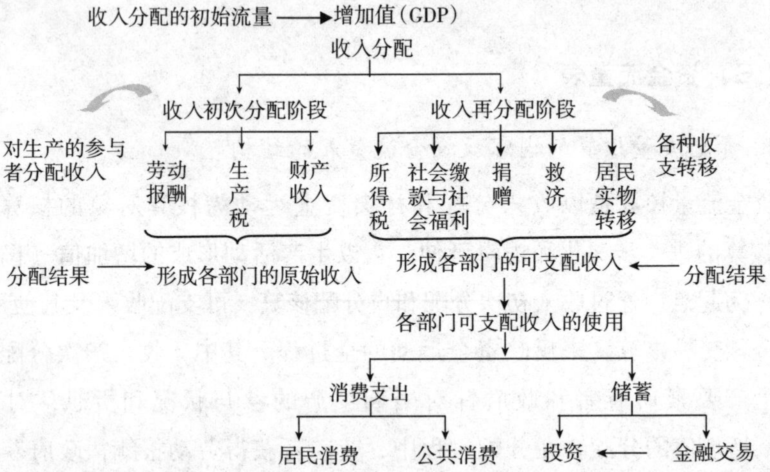

图 8－3　我国国民经济核算体系基本框架（二）

表 8－16　资金流量表——收入与分配部分或称实物交易表（示例）

部目 项门	顺序号	居　民		企　业		行政事业		财　政		金　融		国　外		合 计	
		来源	使用	来源	使用	来源	使用	来源	使用	来源	使用	来源	使用	来源	使用
		1	2	3	4	5	6	7	8	9	10	11	12	13	14
一、部门增加值	1														
二、劳动者报酬	2														
三、上缴财政	3														
四、财政拨款	4														
五、财产收入	5														
六、其他转移	6														
合　计	7														
七、可支配总收入	8														
八、总消费	9														
九、总储蓄	10														
十、资本转移	11														
十一、总投资	12														
1. 固定资本形成	13														
2. 库存增加	14														
十二、净金融投资	15														

表8-17 资金流量表——金融交易表（示例）

项目 部门	顺序号	居民		企业		行政事业		财政		金融		国外		合计	
		来源	使用	来源	使用	来源	使用	来源	使用	来源	使用	来源	使用	来源	使用
		1	2	3	4	5	6	7	8	9	10	11	12	13	14
一、总储蓄与总投资差	1														
二、国内金融交易	2														
1. 通货	3														
2. 活期存款	4														
3. 定期存款	5														
4. 政府债券	6														
5. 其他债券及集资	7														
6. 短期贷款	8														
7. 长期贷款	9														
8. 财政借款	10														
9. 其 他	11														
三、国外金融交易	14														
长期资本往来	15														
1. 直接投资	16														
2. 股 票	17														
3. 借 款	18														
4. 其 他	19														
短期资本往来	20														
1. 借 款	21														
2. 其 他	22														
四、储备资产	23														
1. 黄金	24														
2. 外汇储备	25														
3. 特别提款权	26														
4. 在基金组织的储备头寸	27														
5. 对基金信贷的使用	28														

资金流量表——收入与分配部分或称实物交易表的主栏为按收入分配和资本形成排列的交易项目；宾栏按照各机构部门分列，每一部门下设资金来源和资金使用两栏。

资金流量表——金融交易表的主栏为按金融资产类型排列的交易项目；宾栏按照各机构部门分列，每一部门下设资金来源和资金使用两栏。一个部门的资金使用形成其金融资产，一个部门的资金来源形成其金融负债。主宾栏交叉结合，便能在资金使用和来源，即金融资产和负债两个方面，反映资金在各部门之间的流量和流向，从而反映社会资金运动的全过程。

编制资金流量表的主要资料来源有：

（1）统计局编制的各种统计资料；

（2）各综合经济部门的各种财务决算和统计资料；

（3）专项调查资料；

（4）国民经济核算资料。

2. 资金流量表的主要平衡关系

（1）在资金流量表——收入与分配部分或称实物交易表中，从每一部门纵列来看，该表反映了各部门内部收入分配及使用过程形成的平衡关系，即：部门增加值 - 分配性收入 = 分配性支出 + 可分配总收入；可分配总收入 = 总消费 + 总储蓄；总储蓄 - 资本转移净收入 = 非金融投资 + 净金融投资。从每一部门横行来看，该表反映了各部门之间的外部的平衡关系。对分配性交易各行，来源合计等于使用合计。

（2）在资金流量表——金融交易表中，若储蓄投资差 >0，表明资金有盈余，为资金净供应部门；若储蓄投资差 =0，为资金平衡部门；若储蓄投资差 <0，表明资金有缺口，为赤字部门，即资金净需求部门。

（四）资产负债表

1. 资产负债表的结构

资产负债核算是我国国民经济核算体系的重要组成部分，它是以一个国家或地区经济资产的存量为对象的核算。它反映某一时点上机构单位、机构部门及经济总体所拥有的财力、物力的历史积累和与之相对应的债权债务关系，反映一个国家或地区的资产负债总规模及结构、经济实力和发展水平。所以，资产负债表是指在特定的时点编制的关于资产和金融债权价值的报告。资产负债表的结构见表 8 - 18。

表 8－18 国民资产负债表（期末）（示例）

项目 / 部门	顺序号	居民		企业		行政事业		财政		金融		国外		合计	
		来源	使用	来源	使用	来源	使用	来源	使用	来源	使用	来源	使用	来源	使用
		1	2	3	4	5	6	7	8	9	10	11	12	13	14
一、非金融资产	1														
1. 固定资产	2														
（1）固定资产原值	3														
（2）固定资产折旧（－）	4														
2. 库存	5														
3. 其他资产	6														
二、国内金融交易	7														
1. 通货	8														
2. 存款	9														
3. 贷款	10														
4. 证券	11														
5. 其他	12														
三、国外金融资产与负债	13														
1. 长期资本往来	14														
2. 短期资本往来	15														
四、储备资产	16														
五、统计误差	17														

由表 8－18 可见，资产负债表是采用资产与负债项目×机构部门的矩阵表式，主栏为资产与负债项目，宾栏为机构部门，在每一机构部门下设使用项和来源项，资产方列在使用项下，负债方及资产负债差额列在来源项下。

资产负债表有多种形式，按编制时间不同，它分为期初资产负债表、期末资产负债表和资产负债变化表；按编表的主体范围不同，它分为机构单位资产负债表、机构部门资产负债表和国民资产负债表；按资产种类多少，分为单一资产负债表和多种资产负债表。

2. 资产负债表中的主要指标

资产负债表中的指标有非金融资产和金融资产与负债两大类。

（1）非金融资产。它包括固定资产、库存和其他非金融资产。

（2）金融资产与负债。它又分为国内金融资产与负债和国外金融资产与负债。国内金融资产与负债包括通货、存款、贷款、股票及其他股权、证券（不含股票）、保险准备金、其他金融资产与负债等。国外金融资产与负债包括直接投资、证券投资、其他投资、储备资产、资产负债差额（资产净值）等。

编制资产负债表的主要资料来源是：全国汇总会计决算报表（国有经济单位和集体经济单位）、全国外商投资企业资产负债汇总表、国家资金流动表、国际投资头寸表、国内有价证券发行情况表、中国金融年鉴、中国统计年鉴、城市市政建设投资表、全国城乡私营企业基本情况统计表和全国城乡个体工商业基本情况统计表、城乡住户抽样调查资料及其他统计调查资料。

3. 资产负债表中的主要平衡关系

（1）非金融资产＋国内外金融资产＋储备资产＝国内外金融负债＋资产负债差额；或：非金融资产＋国内外金融资产－国内外金融负债＋储备资产＝资产负债差额

（2）非金融资产＝固定资产＋存货＋其他非金融资产

（3）固定资产＝固定资产净额－土地资产＋再建工程

（4）存货＝存货＋特准备物质

（5）其他非金融资产＝土地估价＋无形资产＋递延资产＋其他资产

（6）金融资产＝国内金融资产＋国外金融资产

（7）金融负债＝国内金融负债＋国外金融负债

（8）资产负债差额（净资产值）＝资产总额－负债总额

（9）在国民经济总体范围内，国内金融资产＝国内金融负债

（五）国际收支平衡表

1. 国际收支平衡表的结构

国际收支是以一个国家（或地区）作为一个经济整体，同世界其他国家和地区在一定时期所发生的经济交易的系统记录。国际收支核算包括国际收支平衡表和国际投资头寸表。

国际收支平衡表是国际收支流量统计，它反映一个国家（或地区）在一定时期内常住单位和非常住单位（居民）之间所发生的经济交易。国际投资头寸表是国际收支存量统计，是随着国际经济形势的发展而产生的。国际收支平衡表的结构见表8－19。

2. 国际收支平衡表中的项目

(1) 经常项目

经常项目是对涉及货物、服务、收益、经常转移等非金融性经济价值的对外交易的归纳，记录了对外交易中实际资源的流动。经常项目是国际收支平衡表中最基本、最重要的项目，起着主导作用。一般情况下，经常项目的变化决定国际收支总差额的趋势。经常项目主要包括对外贸易、非贸易往来和无偿转让。

①对外贸易：又称有形贸易，是经常项目中的主要项目。进口形成支出，意味着国内经济资源的增加，出口形成收入，表示经济资源的减少。

②非贸易往来：又称无形贸易，是除商品进出口和资本往来以外的收支。可分为三类：伴随商品及人员的国际收支往来而发生的服务收支，如货物运输、保险费、旅游、邮电等收支；由于资本的国际往来而产生的利润和利息等收入；政府机构交往和其他劳务收支等。其中政府交往收入是指外国驻华大使馆、代表团汇入的经费和在我国兑换的外汇；而政府交往支出则是我国机关团体、企业驻外机构在国外的经费、专家经费、留学生经费的支付等。我国非贸易往来一直是顺差，对平衡我国的国际收支发挥了积极作用。

③无偿转让：又称单方面转让，是指没有得到相应价值补偿的一种经济往来活动。随着国际交往的扩大，特别是第二次世界大战以后，出现了大规模的无偿援助和捐赠等无须相应价值交换的经济活动。

表 8-19　某地区某年国际收支平衡表（示例）　　亿美元

项目	差额	借方	贷方	项目	差额	借方	贷方
国际收支总计							
一、经常项目				3. 国际组织贷款			
(一) 对外贸易				4. 外国政府贷款			
1. 出口				5. 银行贷款			
2. 进口				6. 地方、部门借款			
(二) 非贸易往来				7. 延期付款			
1. 货运				8. 延期收款			
2. 港口供应与服务				9. 加工装配、补偿贸易中应付客商作价设备款			
3. 旅游收支							
4. 投资收支				10. 租赁			

续表

项目	差额	借方	贷方	项目	差额	借方	贷方
5. 其他非贸易往来				11. 对外贷款			
其中：政府交往收支				12. 其他			
劳务承包收支				（二）短期资本往来			
（三）无偿转让				1. 银行借款			
1. 与国际组织往来				2. 地方、部门借款			
2. 无偿援助和捐赠				3. 延期付款			
3. 侨汇				4. 延期收款			
4. 居民其他收支				5. 其他			
二、资本往来项目				三、误差与遗漏			
（一）长期资本往来				四、储备资产增减额			
1. 直接投资				1. 黄金储备			
（1）外国和我国港澳台地区在华直接投资				2. 外汇储备			
				3. 特别提款权			
（2）中国大陆在外国和港澳台地区直接投资				4. 在基金组织储备头寸			
				5. 对基金信贷的使用			
2. 证券投资							
（1）外国和我国港澳台地区在华证券投资							
（2）中国大陆在外国和港澳台地区证券投资							

（2）资本往来项目（资本和金融项目）

资本往来项目反映资本输出和输入、债权和债务的变化情况，是国际收支平衡表的重要组成部分。资本往来项目顺差是资金的净流入，说明对外金融负债的增加或对外金融债权的减少；逆差是资金的净流出，说明对外金融负债的减少或对外金融债权的增加。资本往来项目主要包括长期资本往来和短期资本往来。

①长期资本往来：指偿还期限超过一年或未规定偿还期的资本往来。其中，直接投资是为了获得长远利益，我国在境外或外商在我国境内经营企业进行的投资。投资者的目的是要在该企业的管理机构中获得有效的发言权。国际上没有统一的划分直接投资的标准，目前我国一般把独资、合资、合作经营和合作开发视作直接投资。

证券投资是指对长期债券和不属于直接投资的股票、股份等有价证券的投资。有价证券通常在有组织的市场上发行和交易，持有者以利息和红利的形式取得固定货币收入。

国际组织贷款是反映从世界银行等国际组织（不包括国际货币基金组织）取得和偿还贷款本金情况。其特点是偿还期长、利率低。

②短期资本往来是指按合同规定偿还期为一年或一年以下（含既期往来）的资金往来。

短期资本往来具有不稳定的性质，各国之间银行利率的差别或者一些临时性的政治或经济因素都会造成短期资本在国与国之间流动，从而对外汇市场上的供求施加重要影响。因为这些因素是暂时的，所以短期资本往来是频繁和不稳定的，但它对于一个国家的货币的汇价上涨或下跌有较大影响。

（3）误差与遗漏

误差与遗漏是指在编制国际收支平衡表的过程中，由于搜集资料的渠道不同，有些资料不完整，加上各种外币的折算差额等，难免造成误差与遗漏。在实际工作中，误差与遗漏项目的数据是根据本期储备资产增减额与经常项目差额和资本项目差额之和的差求得的。它是为使国际收支核算保持平衡而设置的平衡项目。

（4）储备资产增减额

储备资产增加额是反映我国拥有可以直接和有效控制对国外支付的储备资产的变化情况。储备资产不仅是解决国际收支不平衡的唯一手段，而且是承担和清偿债务、对外贷款的基础。储备资产增加额主要包括黄金储备、外汇储备、特别提款权、在基金组织的储备头寸和对基金信贷的使用。

①黄金储备：是我国中央银行集中掌握的货币化黄金，不包括工业和其他部门生产用黄金和分散于个人掌握的黄金。发生国际收支逆差，又筹集不到足够的外汇时，就到国际市场出售黄金换取外汇以清偿债务。

②外汇储备：是储备资产的主要组成部分，它是我国拥有的自由兑换的外国货币资产。外汇储备是清偿能力的来源和干预外汇市场的重要手段。由于各国货币汇率升值或贬值的趋势不一致，汇率的变化必将对外汇储备的增减产生一定的影响。为了避免和减少外汇汇率变动的不利影响，要经常根据行情分析和判断，及时调整外汇货币的结构。

③特别提款权：又称纸黄金，是国际货币基金组织创设的一种记账单位。它既不是真正货币，又不能兑换黄金，而是由国际货币基金组织分配给各成员国的一种使用资金的权利。特别提款权创设于1969年，当时一个特别提款权含金量为0.888671克，后采用一篮子货币定值。特别提款权具有以下特点：第一，它是一种有名无实的政府储备资产，私人不能持有和使用；第二，它是人为资产，由国际货币基金组织按份额比例分配给各成员国，而不是通过盈余、投资和贷款收入得到；第三，它的用途有限，不能作为支付手段和流通手段，是成员国在国际货币基金组织的特别提款权账户上的一种账面资产，用于政府之间计价和结算。

④在基金组织的储备头寸：是国家在国际货币基金组织中的资产。可分为两部分，一是国家根据规定向国际货币基金组织用特别提款权缴纳的那部分份额；另一部分是各国向国际货币基金组织的贷款。

⑤对基金信贷的使用：是国家在国际货币基金组织的储备头寸全部提取以后的其他提款，是国家对国际货币基金组织的负债。

3. 国际收支平衡表中各主要差额的计算关系

一国的国际收支实际上总是不平衡的，不是收大于支，就是支大于收，通常人为地使其达到平衡。在国际收支统计实践中，常用一条水平线将国际收支平衡表的全部项目划分为两部分，一部分叫线上项目，包括经常项目、资本和金融项目、误差与遗漏。另一部分叫线下项目，即为储备资产增减额。

线上项目所包括的交易称为自发性交易，纯粹是为了经济上某种目的而自动进行的，如商品、劳务的输入输出等。

线下项目的交易称为调节性交易，这类交易是对自发性交易的反映，当自发性交易收支不能相抵时，就用这类交易来弥补差额。

一国的国际收支差额，指的就是线上项目收支相抵后的差额，如果表现为“净贷”则为顺差，若为“净借”则为逆差。储备资产增减额作为线下项目，其借贷差额与国际收支差额数额相等，但符号相反，表现了线下项目对线上项目借贷差额的弥补调节作用。

国际收支平衡表的平衡关系有：借方总额 = 贷方总额；差额 = 贷方 - 借方

国际收支总差额 = 经常项目差额 + 资本往来项目差额 + 误差与遗漏差额

经常项目差额 + 资本往来项目差额 + 误差与遗漏差额 + 储备资产增减额 = 0

国际收支总差额 + 储备资产增减额 = 0

对存货、珍贵物品、其他非金融资产（如资源资产、无形资产等）应按编表时的各自现期市场价格估价或按预计未来收益的净现值来估价。

对各类金融资产和负债，一般地，对在有组织的金融市场上进行交易的金融资产和负债，应按现期市场价格来估价，对不在有组织的金融市场上交易的金融资产和负债，应按债务人为偿清债务必须向债权人支付的当期金额估价。

对储备资产和其他对外交易的金融资产与负债应按核算期时点的国际市场价格和官方公布的外汇汇率的中间价估价。

4. 国际收支平衡表的编制

国际收支平衡表运用会计复式记账原理编制。表中每一项目都分为借贷两方，分别记录本项目的国际支出和收入。

借方记录支出性经济行为，记录对国外支付的所有款项。包括实际资源增加（如进口）、金融资产增加（如购买国外证券，即证券投资）和负债减少（如归还借款）。

贷方记录收入性经济行为，记录从国外收入的所有款项。包括实际资源减少（如出口）、金融资产减少（如出售所持国外证券）和负债增加（如对外发行证券）。

按照发生的国际收入和支出金额分别记入贷方和借方，对应每一项目，用贷方发生额减借方发生额所得差额记入表中“余额”一栏，表示各具体项目的国际收支差额。一般借大于贷时差额为负，表示该项目支大于收的国际收支逆差；贷大于借时差额为正，表示收大于支的国际收支顺差。

本章小结

国民经济核算是以一个国家（或地区）经济和社会再生产过程为对象的宏观核算。它以一定的经济理论为指导，综合应用统计、会计和数学等方法，对一个国家（或地区）在一定时期内的经济活动及其结果进行全面、系统的计算、测定及描述，从数量上反映国民经济运行状况及社会再生产过程中生产、分配、交换、消费（使用）各环节间以及国民经济各部门之间的内在联系，为国家宏观经济管理提供依据。

国民经济核算是近代经济发展的产物。在国民经济核算的发展过程中曾经出现过两个并行的核算体系，一个是国民账户体系（SNA），另一个是国民经济平衡表体系（MPS）。

国民经济核算的基本概念主要有：国民经济核算的单位和部门、国民经济核算中的交易、国民经济核算中的生产范围、国民经济核算中的消费范围、国民经济核算中市场价格、国民经济核算的原则以及经济流量与经济存量等。

国民经济核算分别通过国内生产总值，国民原始收入（国民总收入）、国民可支配收入，最终消费支出和储蓄等一系列总量指标来描述国民经济运行和再生产循环各阶段的经济关系和数量联系。

国民经济核算的内容，可归纳为下列五个方面，即国内生产总值核算、投入产出核算、资金流量核算、资产负债核算和国际收支核算。

国民经济核算的方法主要有：国民经济平衡表方法、国民账户方法、国民经济矩阵式平衡表方法、投入产出方法、经济模型方法等。

我国国民经济核算体系的基本框架由基本核算表、国民经济账户和附属表三部分组成。基本核算表包括：国内生产总值（GDP）及其使用表、投入产出表、资金流量表、国际收支平衡表和资产负债表。国民经济账户包括两个层次的账户，即国民经济总体账户、部门账户（分为国内机构部门账户和国外部门账户）。附属表包括两类，一类是不以价值量表现的社会再生产基本条件的核算；另一类是对基本核算表的扩展和补充。

本章练习题

1. 简述国际两大核算体系 MPS 和 SNA 的区别。
2. 简述国内生产总值的三种计算方法。
3. 国内生产总值和国民总收入有何区别和联系？
4. 简述我国国民账户体系的基本框架结构。

附表1

二项分布临界值表

在 $p = q = \frac{1}{2}$ 下，x 或 $n - x$（不论何者为大）的临界值

n	单侧检验（α）		双侧检验（α）	
	0.05	0.01	0.05	0.01
5	5	—	—	—
6	6	—	6	—
7	7	7	7	—
8	7	8	8	—
9	8	9	8	9
10	9	10	9	10
11	9	10	10	11
12	10	11	10	11
13	10	12	11	12
14	11	12	12	13
15	12	13	12	13
16	12	14	13	14
17	13	14	13	15
18	13	15	14	15
19	14	15	15	16
20	15	16	15	17
21	15	17	16	17
22	16	17	17	18
23	16	18	17	19
24	17	19	18	19
25	18	19	18	20
26	18	20	19	20
27	19	20	20	21
28	19	21	20	22
29	20	22	21	22
30	2	22	21	23

附表 2

正态分布概率表

$$F(Z) = P\{(|x-\bar{x}|/\sigma) < Z\}$$

Z	F (Z)	Z	F (Z)	Z	F (Z)	Z	F (Z)
0.00	0.0000	0.35	0.2737	0.70	0.5161	1.05	0.7063
0.01	0.0080	0.36	0.2812	0.71	0.5223	1.06	0.7109
0.02	0.0160	0.37	0.2886	0.72	0.5285	1.07	0.7154
0.03	0.0239	0.38	0.2961	0.73	0.5346	1.08	0.7199
0.04	0.0319	0.39	0.3035	0.74	0.5407	1.09	0.7243
0.05	0.0399	0.40	0.3108	0.75	0.5467	1.10	0.7287
0.06	0.0478	0.41	0.3182	0.76	0.5527	1.11	0.7330
0.07	0.0558	0.42	0.3255	0.77	0.5587	1.12	0.7373
0.08	0.0638	0.43	0.3328	0.78	0.5646	1.13	0.7415
0.09	0.0717	0.44	0.3401	0.79	0.5705	1.14	0.7457
0.10	0.0797	0.45	0.3473	0.80	0.5763	1.15	0.7499
0.11	0.0876	0.46	0.3545	0.81	0.5821	1.16	0.7540
0.12	0.0955	0.47	0.3616	0.82	0.5878	1.17	0.7580
0.13	0.1034	0.48	0.3688	0.83	0.5935	1.18	0.7620
0.14	0.1113	0.49	0.3759	0.84	0.5991	1.19	0.7660
0.15	0.1192	0.50	0.3829	0.85	0.6047	1.20	0.7699
0.16	0.1271	0.51	0.3899	0.86	0.6102	1.21	0.7737
0.17	0.1350	0.52	0.3969	0.87	0.6157	1.22	0.7775
0.18	0.1428	0.53	0.4039	0.88	0.6211	1.23	0.7813
0.19	0.1507	0.54	0.4108	0.89	0.6265	1.24	0.7850
0.20	0.1585	0.55	0.4177	0.90	0.6319	1.25	0.7887
0.21	0.1663	0.56	0.4245	0.91	0.6372	1.26	0.7923

续表

Z	F（Z）	Z	F（Z）	Z	F（Z）	Z	F（Z）
0.22	0.1741	0.57	0.4313	0.92	0.6424	1.27	0.7959
0.23	0.1819	0.58	0.4381	0.93	0.6476	1.28	0.7995
0.24	0.1897	0.59	0.4448	0.94	0.6528	1.29	0.8030
0.25	0.1974	0.60	0.4515	0.95	0.6579	1.30	0.8064
0.26	0.2051	0.61	0.4581	0.96	0.6929	1.31	0.8098
0.27	0.2128	0.62	0.4647	0.97	0.6680	1.32	0.8132
0.28	0.2205	0.63	0.4713	0.98	0.6729	1.33	0.8165
0.29	0.2282	0.64	0.4778	0.99	0.6778	1.34	0.8198
0.30	0.2358	0.65	0.4843	1.00	0.6827	1.35	0.8230
0.31	0.2434	0.66	0.4907	1.01	0.6875	1.36	0.8262
0.32	0.2510	0.67	0.4971	1.02	0.6923	1.37	0.8293
0.33	0.2586	0.68	0.5035	1.03	0.6970	1.38	0.8324
0.34	0.2661	0.69	0.5098	1.04	0.7017	1.39	0.8355
1.40	0.8385	1.75	0.9199	2.20	0.9722	1.90	0.9962
1.41	0.8415	1.76	0.9216	2.22	0.9736	2.92	0.9965
1.42	0.8444	1.77	0.9233	2.24	0.9749	2.94	0.9967
1.43	0.8473	1.78	0.9249	2.26	0.9726	2.96	0.9969
1.44	0.8501	1.79	0.9265	2.28	0.9774	2.98	0.9971
1.45	0.8529	1.80	0.9281	2.30	0.9786	3.00	0.9973
1.46	0.8557	1.81	0.9297	2.32	0.9797	3.20	0.9986
1.47	0.8584	1.82	0.9312	2.34	0.9807	3.40	0.9993
1.48	0.8611	1.83	0.9328	2.36	0.9817	3.60	0.99968
1.49	0.8638	1.84	0.9342	2.38	0.9827	3.80	0.99986
1.50	0.8664	1.85	0.9357	2.40	0.9836	4.00	0.99994
1.51	0.8690	1.86	0.9371	2.42	0.9845	4.50	0.999994
1.52	0.8715	1.87	0.9385	2.44	0.9853	5.00	0.999999
1.53	0.8740	1.88	0.9399	2.46	0.9861		

续表

Z	F (Z)	Z	F (Z)	Z	F (Z)	Z	F (Z)
1.54	0.8764	1.89	0.9412	2.48	0.9869		
1.55	0.8789	1.90	0.9426	2.50	0.9876		
1.56	0.8812	1.91	0.9439	2.52	0.9883		
1.57	0.8836	1.92	0.9451	2.54	0.9889		
1.58	0.8859	1.93	0.9464	2.56	0.9895		
1.59	0.8882	1.94	0.9476	2.58	0.9901		
1.60	0.8904	1.95	0.9488	2.60	0.9907		
1.61	0.8926	1.96	0.9500	2.62	0.9912		
1.62	0.8948	1.97	0.9512	2.64	0.9917		
1.63	0.8969	1.98	0.9523	2.66	0.9922		
1.64	0.8990	1.99	0.9534	2.68	0.9926		
1.65	0.9011	2.00	0.9545	2.70	0.9931		
1.66	0.9031	2.02	0.9566	2.72	0.9935		
1.67	0.9051	2.04	0.9587	2.74	0.9939		
1.68	0.9070	2.06	0.9606	2.76	0.9942		
1.69	0.9090	2.08	0.9625	2.78	0.9946		
1.70	0.9109	2.10	0.9643	2.80	0.9949		
1.71	0.9127	2.12	0.9660	2.82	0.9952		
1.72	0.9146	2.14	0.9676	2.84	0.9955		
1.73	0.9164	2.16	0.9692	2.86	0.9958		
1.74	0.9181	2.18	0.9707	2.88	0.9960		

附表3

t 分布临界值表

$$P\left\{t(n) > t_{\alpha}(n)\right\} = \alpha$$

自由度 n	单侧 双侧	α =0. 10 α =0. 20	0. 05 0. 10	0. 025 0. 05	0. 01 0. 02	0. 005 0. 01
1		3. 078	6. 314	12. 706	31. 821	63. 657
2		1. 886	2. 920	4. 303	6. 965	9. 926
3		1. 638	2. 353	3. 182	4. 541	5. 841
4		1. 533	2. 132	2. 776	3. 747	4. 604
5		1. 476	2. 015	2. 571	3. 365	4. 032
6		1. 440	1. 943	2. 447	3. 143	3. 707
7		1. 415	1. 895	2. 365	2. 998	3. 499
8		1. 397	1. 860	2. 306	2. 896	2. 355
9		1. 383	1. 833	2. 262	2. 821	3. 250
10		1. 372	1. 812	2. 228	2. 764	3. 169
11		1. 363	1. 796	2. 201	2. 718	3. 106
12		1. 356	1. 782	2. 179	2. 681	3. 055
13		1. 350	1. 771	2. 160	2. 650	3. 012
14		1. 345	1. 761	2. 145	2. 624	2. 977
15		1. 341	1. 753	2. 131	2. 602	2. 947
16		1. 337	1. 746	2. 120	2. 583	2. 921
17		1. 333	1. 740	2. 110	2. 567	2. 898
18		1. 330	1. 734	2. 101	2. 552	2. 878
19		1. 328	1. 729	2. 093	2. 539	2. 861
20		1. 325	1. 725	2. 086	2. 528	2. 845
21		1. 323	1. 721	2. 080	2. 518	2. 831
22		1. 321	1. 717	0. 074	2. 508	2. 819
23		1. 319	1. 714	0. 069	2. 500	2. 807
24		1. 318	1. 711	0. 054	2. 192	2. 797
25		1. 316	1. 708	2. 060	2. 485	2. 787
26		1. 315	1. 706	0. 056	2. 479	2. 779

续表

自由度 n	单侧 双侧	α = 0.10 α = 0.20	0.05 0.10	0.025 0.05	0.01 0.02	0.005 0.01
27		1.314	1.703	2.052	2.437	2.771
28		1.313	1.701	2.048	2.467	2.763
29		1.311	1.699	2.045	2.462	2.756
30		1.310	1.697	2.042	2.457	2.760
40		1.303	1.684	2.021	2.423	2.704
50		1.299	1.676	2.009	2.403	2.678
60		1.296	1.671	2.000	2.390	2.660
70		1.294	1.667	1.994	2.381	2.648
80		1.292	1.664	1.990	2.374	2.639
90		1.291	1.662	1.987	2.368	2.632
100		1.290	1.660	1.984	2.364	2.626
125		1.288	1.657	1.979	2.357	2.616
150		1.287	1.655	1.976	2.351	2.609
200		1.286	1.653	1.972	2.345	2.601
∞		1.282	1.645	1.960	2.326	2.576

附表 4

F 分布临界值表（$\alpha=0.05$）

$$P\left\{F(n_1, n_2) > F_{\alpha}(n_1, n_2)\right\} = \alpha$$

n_2 \ n_1	1	2	3	4	5	6	8	10	15
1	161.4	199.5	215.7	224.6	230.2	234.0	238.9	241.9	245.9
2	18.51	19.00	19.16	19.25	19.30	19.33	19.37	19.40	19.43
3	10.13	9.55	9.28	9.12	9.01	8.94	8.85	8.79	8.70
4	7.71	6.94	6.59	6.39	6.26	6.16	6.04	5.96	5.86
5	6.61	5.79	5.41	5.19	5.05	4.95	4.82	4.74	4.62
6	5.99	5.14	4.76	4.53	4.39	4.28	4.15	4.06	3.94
7	5.59	4.74	4.35	4.12	3.97	3.87	3.73	3.64	3.51
8	5.32	4.46	4.07	3.84	3.69	3.58	3.44	3.35	3.22
9	5.12	4.26	3.86	3.63	3.48	3.37	3.23	3.14	3.01
10	4.96	4.10	3.71	3.48	3.33	3.22	3.07	2.98	2.85
11	4.84	3.98	3.59	3.36	3.20	3.09	2.95	2.85	2.72
12	4.75	3.89	3.49	3.26	3.11	3.00	2.85	2.75	2.62
13	4.67	3.81	3.41	3.18	3.03	2.92	2.77	2.67	2.53
14	4.60	3.74	3.34	3.11	2.96	2.85	2.70	2.60	2.46
15	5.54	3.68	3.29	3.06	2.90	2.79	2.64	2.54	2.40
16	4.49	3.63	3.24	3.01	2.85	2.74	2.59	2.49	2.35
17	4.45	3.59	3.20	2.96	2.81	2.70	2.55	2.45	2.31
18	4.41	3.55	3.16	2.93	2.77	2.66	2.51	2.41	2.27
19	4.38	3.52	3.13	2.90	2.74	2.63	2.48	2.38	2.23
20	4.35	3.49	3.10	2.87	2.71	2.60	2.45	2.35	2.20
21	4.32	3.47	3.07	2.84	2.68	2.57	2.42	2.32	2.18
22	4.30	3.44	3.05	2.82	2.66	2.55	2.40	2.30	2.15
23	4.28	3.42	3.03	2.80	2.64	2.53	2.37	2.27	2.13
24	4.26	3.40	3.01	2.78	2.62	2.51	2.36	2.25	2.11
25	4.24	3.39	2.99	2.76	2.60	2.49	2.34	2.24	2.09
26	4.23	3.37	2.98	2.74	2.59	2.47	2.32	2.22	2.07

续表

n_2 \ n_1	1	2	3	4	5	6	8	10	15
27	4. 21	3. 35	2. 96	2. 73	2. 57	2. 46	2. 31	2. 20	2. 06
28	4. 20	3. 34	2. 95	2. 71	2. 56	2. 45	2. 29	2. 19	2. 04
29	4. 18	3. 33	2. 93	2. 70	2. 55	2. 43	2. 28	2. 18	2. 03
30	4. 17	3. 32	2. 92	2. 69	2. 53	2. 42	2. 27	2. 16	2. 01
40	4. 08	3. 23	2. 84	2. 61	2. 45	2. 34	2. 18	2. 08	1. 92
50	4. 03	3. 18	2. 79	2. 56	2. 40	2. 29	2. 13	2. 03	1. 87
60	4. 00	3. 15	2. 76	2. 53	2. 37	2. 25	2. 10	1. 99	1. 84
70	3. 98	3. 13	2. 74	2. 50	2. 35	2. 23	2. 07	1. 97	1. 801
80	3. 96	3. 11	2. 72	2. 49	2. 33	2. 21	2. 06	1. 95	1. 79
90	3. 95	3. 10	2. 71	2. 47	2. 32	2. 20	2. 04	1. 94	1. 78
100	3. 94	3. 09	2. 71	2. 46	2. 31	2. 19	2. 03	1. 93	1. 77
125	3. 92	3. 07	2. 68	2. 44	2. 29	2. 17	2. 01	1. 91	1. 75
150	3. 90	3. 06	2. 66	2. 43	2. 27	2. 16	2. 00	1. 89	1. 73
200	3. 89	3. 04	2. 65	2. 42	2. 26	2. 14	1. 98	1. 88	1. 72
∞	3. 84	3. 00	2. 60	2. 37	2. 21	2. 10	1. 94	1. 83	1. 67

附表5

F 分布临界值表（$\alpha=0.01$）

$$P\left\{F(n_1, n_2) > F_\alpha(n_1, n_2)\right\} = \alpha$$

n_2 \ n_1	1	2	3	4	5	6	8	10	15
1	4.52	4999	5403	5625	5764	5869	5981	6065	66157
2	98.50	99.00	99.17	99.25	99.30	99.33	99.37	99.40	99.43
3	34.12	30.82	29.46	28.71	28.24	27.91	27.49	27.23	26.87
4	21.20	18.00	16.69	15.98	15.52	15.21	14.80	14.55	14.20
5	16.26	13.27	12.06	11.39	10.97	10.67	10.29	10.05	9.72
6	13.75	10.92	9.78	9.15	8.75	8.47	9.10	7.87	7.56
7	12.25	9.55	8.45	7.85	7.46	7.19	6.84	6.62	6.31
8	11.26	8.65	7.59	7.01	6.63	6.37	6.03	5.81	5.52
9	10.56	8.02	6.99	6.42	5.06	5.80	5.47	5.26	4.96
10	10.04	7.56	6.55	5.99	5.64	5.39	5.06	4.85	4.56
11	9.65	7.21	6.22	5.67	5.32	5.07	4.74	4.54	4.25
12	9.33	6.93	595	5.41	5.06	4.82	4.50	4.30	4.01
13	9.07	6.70	5.74	5.21	4.86	4.62	4.30	4.10	3.82
14	8.86	6.51	5.56	5.04	4.69	4.46	4.14	3.94	3.66
15	8.86	6.36	5.42	4.89	4.56	4.32	4.00	3.80	3.52
16	8.53	6.23	5.29	4.77	4.44	4.20	3.89	3.69	3.41
17	8.40	6.11	5.19	4.67	4.34	4.10	3.79	3.59	3.31
18	8.29	6.01	5.09	5.58	4.25	4.01	3.71	3.51	3.23
19	8.18	5.93	5.01	4.50	4.17	3.94	3.63	3.43	3.15
20	8.10	5.85	4.94	4.43	4.10	3.87	3.56	3.37	3.09
21	8.02	5.78	4.87	4.37	4.04	3.81	3.51	3.31	3.03
22	7.95	5.72	4.82	4.31	3.99	3.76	3.45	3.26	2.98
23	7.88	5.66	4.76	4.26	3.94	3.71	3.41	3.21	2.93
24	7.82	5.61	4.72	4.22	3.90	3.67	3.36	3.17	2.89
25	7.77	5.57	4.68	4.18	3.85	3.63	3.32	3.13	2.85
26	7.72	5.53	4.64	1.14	3.82	3.59	3.29	3.09	2.81

续表

n_2 \ n_1	1	2	3	4	5	6	8	10	15
27	7. 68	5. 49	4. 60	4. 11	3. 87	3. 56	3. 26	3. 06	2. 78
28	7. 64	5. 45	4. 57	4. 07	3. 75	3. 53	3. 23	3. 03	2. 75
29	7. 60	5. 42	4. 54	4. 04	3. 73	3. 50	3. 20	3. 00	2. 73
30	7. 56	5. 39	4. 51	4. 02	3. 70	3. 47	3. 17	2. 98	2. 70
40	7. 31	5. 18	4. 31	3. 83	3. 51	3. 29	2. 99	2. 80	2. 52
50	7. 17	5. 05	4. 20	3. 72	3. 41	3. 19	2. 89	2. 70	2. 42
60	7. 08	4. 98	4. 13	3. 65	3. 34	3. 12	2. 82	2. 63	2. 35
70	7. 01	4. 92	4. 07	3. 60	3. 29	3. 07	2. 78	2. 59	2. 31
80	6. 96	4. 88	4. 04	3. 56	3. 26	3. 04	2. 64	2. 55	2. 27
90	6. 93	4. 85	4. 01	3. 53	3. 23	3. 01	2. 72	2. 52	2. 42
100	6. 90	4. 82	3. 98	3. 51	3. 21	2. 99	2. 69	2. 50	2. 22
125	6. 84	4. 78	3. 94	3. 47	3. 17	2. 95	2. 66	2. 47	2. 19
150	6. 81	4. 75	3. 91	3. 45	3. 14	2. 92	2. 63	3. 44	2. 16
200	6. 76	4. 71	3. 88	3. 41	3. 11	2. 89	2. 60	2. 41	2. 13
∞	6. 63	4. 61	3. 78	3. 32	3. 02	2. 80	2. 51	2. 23	2. 04

附表6

随机数字表

03 47 43 73 86	36 96 47 36 61	46 98 63 71 62	33 26 16 80 45	60 11 14 10 95
97 74 24 68 62	42 81 14 57 20	42 53 32 37 32	27 07 36 07 51	24 51 79 89 73
16 76 62 27 66	56 50 26 71 07	32 90 79 78 53	13 55 38 58 59	88 97 54 14 10
12 56 85 99 26	96 96 68 27 31	05 03 72 93 15	57 12 10 14 21	88 26 49 81 76
55 59 56 35 64	38 54 82 46 22	31 62 43 09 90	06 18 44 32 53	23 83 01 30 30
16 22 77 94 39	49 54 43 54 82	17 37 93 23 78	87 35 20 96 43	84 26 34 91 64
84 42 17 53 31	57 24 55 06 88	77 04 74 47 67	21 76 33 50 25	83 92 12 06 76
63 01 63 78 59	16 95 55 67 19	98 10 50 71 75	12 86 73 58 07	44 39 52 38 79
33 21 12 34 29	78 64 56 07 82	52 42 07 44 38	15 51 00 13 42	99 66 02 79 54
57 60 86 32 44	09 47 27 96 54	49 17 46 09 62	90 52 84 77 27	08 02 73 43 28
18 18 07 92 43	44 17 16 58 09	79 83 86 19 62	06 76 50 03 10	55 23 64 05 05
26 62 38 97 75	84 16 07 44 99	83 11 46 32 24	20 14 85 88 45	10 93 72 88 71
23 42 40 64 74	82 97 77 77 81	07 45 32 14 08	32 98 94 07 72	93 85 79 10 75
52 36 28 19 95	50 92 26 11 97	00 56 76 31 38	80 22 02 53 53	86 60 42 04 53
37 85 94 35 12	83 39 50 08 30	42 34 07 96 88	54 42 06 87 98	35 85 99 48 93
70 29 17 12 13	40 33 20 38 26	13 89 51 03 74	17 76 37 13 04	07 74 21 19 30
56 62 18 37 35	96 83 70 87 75	97 12 25 93 47	70 33 24 03 54	97 77 46 44 80
99 49 57 22 77	88 42 95 45 73	16 64 26 16 00	04 43 18 66 79	94 77 24 21 90
16 08 15 04 72	33 27 14 34 09	45 59 34 68 49	12 72 07 34 54	99 27 72 95 14
31 16 93 32 43	50 27 89 87 19	20 15 37 00 49	52 85 66 60 44	38 68 88 11 80
68 34 30 13 70	55 74 30 77 40	44 22 78 84 26	04 33 46 09 52	68 07 97 06 57
74 57 25 65 74	59 29 97 68 60	71 91 38 67 54	13 58 18 24 76	15 54 55 95 52
27 42 37 86 53	48 55 90 65 72	96 57 69 36 10	96 46 92 42 45	97 60 49 04 91
00 39 98 29 61	66 37 32 20 30	77 84 57 03 29	10 45 65 04 26	11 04 96 67 24
29 98 98 94 24	68 49 69 10 82	53 75 91 93 30	34 55 20 57 27	40 48 73 51 92

附表 7

χ^2 分布临界值表

$$P\{\chi^2(n) > \chi^2_\alpha(n)\} = \alpha$$

n	显著性水平(α)												
	0.99	0.98	0.95	0.90	0.80	0.70	0.50	0.30	0.20	0.10	0.05	0.02	0.01
1	0.0002	0.0006	0.0039	0.0158	0.0642	0.148	0.455	1.074	1.612	2.706	3.841	5.412	5.635
2	0.0201	0.0404	0.103	0.211	0.446	0.713	1.385	2.403	3.219	4.505	5.551	7.824	9.210
3	0.115	0.185	0.352	0.548	1.005	1.424	2.365	3.665	4.542	6.251	7.815	9.837	11.341
4	0.297	0.429	0.711	1.064	1.649	2.195	3.357	4.878	5.989	7.775	9.488	11.668	13.277
5	0.554	0.752	1.145	1.610	2.343	3.000	4.351	6.064	7.289	9.236	11.070	13.388	15.068
6	0.872	1.134	1.635	2.204	3.070	3.828	5.348	7.231	8.558	10.645	13.592	15.033	16.812
7	1.239	1.551	2.167	2.833	3.822	4.671	6.346	8.383	9.803	12.071	14.067	16.522	18.475
8	1.546	2.032	2.733	3.490	4.594	5.527	7.344	9.524	11.030	13.362	15.507	18.168	20.090
9	20.98	2.532	3.325	4.168	5.380	6.393	8.343	10.656	12.242	14.685	16.919	19.579	21.666
10	2.558	3.059	3.940	4.865	6.179	7.267	9.342	11.781	13.442	15.987	18.307	21.151	23.209
11	3.053	3.609	4.575	5.578	6.989	8.148	10.341	12.899	14.631	17.275	19.675	22.618	24.725
12	3.571	4.178	5.225	6.304	7.807	9.301	11.340	14.011	15.812	18.549	21.062	24.054	26.217
13	4.107	4.765	5.892	7.042	8.634	9.526	12.340	15.119	16.985	19.812	22.362	25.472	27.688
14	4.660	5.368	6.571	7.790	9.467	10.821	13.339	16.222	18.151	21.064	23.685	26.873	29.141

续表

n	显著性水平(α)												
	0.99	0.98	0.95	0.90	0.80	0.70	0.50	0.30	0.20	0.10	0.05	0.02	0.01
15	5.229	5.985	7.261	80547	10.307	110721	14.339	17.322	19.311	22.307	24.966	28.259	30.578
16	5.812	6.614	7.962	9.312	11.152	12.624	15.338	18.413	20.465	23.542	26.296	29.633	32.000
17	6.403	7.255	8.672	10.035	12.002	13.531	16.338	19.511	21.615	24.769	27.587	30.955	33.409
18	7.015	7.906	9.390	10.855	12.357	14.440	17.338	20.601	22.760	25.989	28.869	32.346	34.805
19	7.633	8.567	10.117	11.651	13.716	15.352	18.338	21.689	23.900	27.204	30.144	33.687	36.191
20	8.260	9.237	10.851	12.443	14.578	16.266	19.337	22.775	25.038	28.412	31.410	358.020	37.566
21	8.897	9.615	11.591	13.240	15.445	17.182	20.337	23.858	26.171	29.616	32.671	35.343	38.932
22	9.542	10.600	12.338	13.041	16.314	18.101	21.337	24.939	27.301	30.813	33.924	37.659	40.289
23	10.196	11.253	13.091	14.848	17.187	19.021	22.337	26.018	28.428	32.007	35.172	37.968	41.638
24	10.856	11.952	13.848	15.659	18.062	19.943	23.337	27.095	29.553	33.196	36.415	40.270	42.980
25	11.524	12.697	14.611	16.473	18.940	20.867	24.337	28.172	30.675	34.382	37.552	41.566	44.314
26	12.198	13.409	15.397	17.292	19.820	21.792	25.337	29.245	31.795	35.563	38.885	42.856	45.612
27	12.857	13.125	15.151	18.114	20.703	22.719	26.337	30.319	32.912	36.741	40.113	44.140	42.963
28	13.585	14.847	16.928	18.930	21.588	23.647	27.337	31.391	34.072	37.915	41.337	45.419	48.278
29	13.256	15.574	17.708	19.768	22.475	24.577	28.337	32.461	35.193	39.087	42.557	46.693	49.538
30	14.693	16.306	18.493	20.599	23.364	25.508	29.337	33.530	36.250	40.256	43.773	47.962	50.892